真
故
TRUMANSTORY

真实打动世界

门阀

南朝 著

台海出版社

图书在版编目（CIP）数据

门阀 / 南朝著 . — 北京：台海出版社，2023.7（2023.12 重印）
ISBN 978-7-5168-3573-9

Ⅰ . ①门… Ⅱ . ①南… Ⅲ . ①中国历史－魏晋南北朝
时代－通俗读物 Ⅳ . ① K235.09

中国国家版本馆 CIP 数据核字（2023）第 099203 号

审图号：GS（2023）1695 号

门 阀

著　　者：南　朝
出 版 人：蔡　旭
责任编辑：王　萍
策划编辑：盛　亮　　　　　　　　　　文字编辑：邵博文
封面设计：介末设计　　　　　　　　　版式设计：李梦溪

出版发行：台海出版社
地　　址：北京市东城区景山东街 20 号　　　邮政编码：100009
电　　话：010-64041652（发行、邮购）
传　　真：010-84045799（总编室）
网　　址：www.taimeng.org.cn/thcbs/default.htm
E - mail：thcbs@126.com

经　　销：全国各地新华书店
印　　刷：河北盛世彩捷印刷有限公司
本书如有破损、缺页、装订错误，请与本社联系调换

开　　本：710 毫米 ×1000 毫米　　　　　1/16
字　　数：230 千字　　　　　　　　　　　印　　张：19.75
版　　次：2023 年 7 月第 1 版　　　　　　印　　次：2023 年 12 月第 6 次印刷
书　　号：ISBN 978-7-5168-3573-9

定　　价：58.00 元

目录

序 章
"卧冰求鲤"的权力逻辑

东晋永昌元年（公元 322 年）正月，大将军王敦从今天的湖北鄂州举兵东下，打败了南京城的皇帝司马睿。在他与自己的堂弟王导共同执掌朝政后，他们的家族控制了整个王朝，史称"王与马，共天下"。"马"即皇室司马氏，"王"就是两人出身的琅琊王氏。

唐人刘禹锡有诗曰：旧时王谢堂前燕，飞入寻常百姓家。其中的"王"指的就是他们这个家族。

根据毛汉光先生考证，仅仅是在两晋南北朝这二百多年中，琅琊王氏官居五品以上的族人就有一百六十一人，而这个时期五品以上的官员累计也就一千七百多人，琅琊王氏几乎占据了十分之一。

宋人《古今姓氏书辩证》也记载，琅琊王氏有五十多人官至宰相，二十五人官至吏部尚书，做到刺史、太守等类似今日省长、市长级别的官员更是不可计数。

更为一般人所知的是，他们在书法、文学、音乐等文化领域人才辈出，家族有一百多人名传后世，比如"书圣"王羲之，他是王敦、王导的侄子。这个家族被视为中国历史上最有权势的家族之一，人称"华夏首望"，或者"中古第一望族"。

南朝史学家沈约曾慨叹：自开辟以来，未有爵位蝉联，文才相继，如王氏之盛者也。

在将家族推上权势巅峰的那一刻，王敦、王导兄弟或许会想起这个家族的奠基人——他们的伯祖王祥，想起他如何胼手胝足地为家族积累起原始资本的故事。

王祥出生于东汉末年的乱世，祖籍琅琊郡，也就是今天山东省东南部的临沂市。三国诸葛亮的家族也发源于此，史称"琅琊诸葛"，但若论到对中国历史的影响，琅琊王氏可能还要远超琅琊诸葛。

王祥的另一个身份可能更为人所知：因"卧冰求鲤"而被画入二十四孝图的著名孝子。

历史上真实的王祥却并不是这个模样。

他确实有孝顺的美名，但绝对不是迂腐之辈，会脱光了衣服躺在结冰的河面上。

《晋书》载：

母常欲生鱼，时天寒冰冻，祥解衣将剖冰求之，冰忽自解，双鲤跃出，持之而归。

王祥的后母想吃鲜鱼，但天寒地冻，河面结冰。王祥"解衣将剖冰求之"。

据此判断，他只是解开衣服，更好地发力剖冰。

大冬天干活，是否有必要解开衣服又值得怀疑。至于鲤鱼被王祥的孝心感动到破冰而出，更是过于夸张。

整个故事中唯一可信的，大概就是王祥确实做出了孝顺的举动，即使在大冬天，也会想办法给经常虐待他的继母弄来活鱼尝鲜。

他因为这种孝顺而被乡里称赞，继而被州郡长官邀请当官。在他所生活的那个年代，一个人可能因为孝顺而被察举为"孝廉"，进入官府做官。

王祥拒绝了，这是非常清醒的举动，那时乱世方起，进入仕途危险重重。

他带着继母和弟弟离开山东老家，南下安徽庐江一带隐居避乱。直到六十岁左右，他才在弟弟的劝说下出任徐州别驾。

此时曹魏早已统一北方，曹丕代汉称帝。这时入世当官在理论上风险更小。王祥的这个选择，以及后来一系列的举措都证明，他不仅不迂腐，反而有极强的务实精神，能够在乱世中保全自身，并在恰当的时机获取地位。

"别驾"这个职位很重要，是州政府最高行政长官的首席属官。州是当时最高一级地方行政单位，相当于今天的省区。最高行政长官称为刺史，别驾则辅佐刺史管理行政事务，出行时可以拥有自己独立的车驾，故有此称。

对时代背景稍作考察，我们就能知道王祥获得这个职位并不容易。

东汉以来，"世家大族"这种全新的权力组织逐渐孕育成型。它以家族为枢纽，族中世代有人做官，甚至都官居三公九卿。比如袁绍出身的汝南袁氏号称"四世三公"，家族的四代人中，都有人官至三公。

其他如东汉司徒王允为代表的太原王氏，曹魏杨修出身的弘农杨氏，荀彧背后的颍川荀氏，还有司马懿壮大的河内司马氏等，都是名动天下的世家大族。他们掌握了上至中央的三公九卿，下到地方州郡的刺史太守等核心位置。与之相对的是，皇权不断衰落，不得不接受与世家大族共同治理天下的现实。

就连以用人不拘一格著称的曹操，在政治上也主要任用颍川荀氏、清河崔氏等大族名士。唐长孺先生在《东汉末期的大姓名士》一文中，就明确指出：曹操仍然只能从大姓、名士中选用他所需要的人才，也仍然需要大姓、名士推荐他所需要的人才。

这些家族多是书香门第，通过对知识的垄断控制仕途晋升之道。

我们知道，在印刷术普及以前，知识被限定在竹简、布帛、手抄书等载体上，难以大面积传播。西汉建立后，设太学，讲授儒家典籍，功臣后代或出身低微的才华卓越者都有机会入学，考试通过后可入仕做官。东汉后期，太学废弛，知识传授逐渐转移到大家族内部。正像陈寅恪先生《隋唐制度渊源略论稿》说的那样：汉代学校制度废弛，博士传授之风气止息以后，学术中心移于家族。

这些家族不仅藏有典籍，还有能力传道解惑。

而后者尤其重要。

秦朝焚书坑儒后，汉时的典籍大多来自民间私藏、后人传抄，版本混乱，错漏极多，需要进行勘校、考据、解读。往往几千字的原文，解读多至十万字。

这个专业门槛极高又耗时耗力的工作，往往只有出身大族的知识分子能够胜任。比如汝南袁氏擅长解读《易》，弘农杨氏则专攻《尚书》。

凭借着这种读书特权，大家族的子弟入仕为官，又为下一代积累更好的政治资源与经济实力，如此循环往复，往下传递两到三代，就有可能成为世代高官厚禄的世家大族。阎步克教授在《波峰与波谷》中做了精准的总结，他们"猎得官场权势，反过来又能强化了财富的占有，雄厚的家族财力，又足以保障子孙继续接受教育、成为士人"。

到了王祥入仕的曹魏时代，世家大族垄断官场的趋势已经无可挽回。为了获得他们的支持，曹魏开国皇帝曹丕颁布了九品官人法，以制度的形式巩固了大家族的当官特权。

根据这个制度，每个州、郡设立"中正"这样一个职位，根据门第、能力、德行三个指标，将该地士人划分为三六九等，按等级授予官职。而中正最看中的，也是最能进行量化评价的，就是门第，也就是士人祖辈的官爵、功勋。

与世家大族对应的，则是低等士族，又称寒门。家族中也有人当官，但多是刺史、太守府中的属官，或者县令等低阶官员，也缺乏世代积累。家族中的人想要进入仕途，往往先是去刺史、太守府中从低阶幕僚做起，获得长官赏识举荐，才有获得正式官职的可能。

王祥就出自这样的家族。

他的祖父王仁曾做到青州刺史的高位，父亲王融则终身未仕。到了他这一代，家族已经陷入困顿，以至于连活鱼都购买不起。

在这种情况下想要入仕，一条比较容易的路径就是修德。正如我们在前面提到的那样，在魏晋时期，一个人可能因为德行出众而为乡里所知，进而被州、郡长官征辟入府。而"孝"是当时最被看重的德行。

王祥隐居三十年不问世事，一出山就获得了别驾高位。这说明在这三十年中，他的孝名始终远扬。而且越是隐而不出，名声越是响亮。东汉以来，社会上就兴起一种崇隐的风气。《汉书》说"是故清节之士，于时为贵"，清节之士指的就是不沾染官场俗气的隐士。他们越是隐居深山，越被人认为德行高尚，到了最后，也越容易被举荐为官。

王祥的发迹路径正好暗合了这套逻辑。

至于这个过程是自然而然，还是王祥有意为之，今天已经很难判断。

唯一能确定的是，孝行给王祥带来了切实的政治回报，而且这种回馈还将在司马懿的后代掌权以后结出更丰硕的果实。

当然，王祥并不是沽名钓誉的无能之辈。他出任徐州别驾不久，就带兵平定了州内叛乱。史书说王祥"率励兵士，整肃州界，政化大行"，赢得了极好的舆论效果。百姓称赞"邦国不空，别驾之功"。这个细节也再次证明，王祥隐居期间，不仅时刻关注天下形势，也没有落下在行政、军事方面的学习。正像他的后人如王导所表现出来的那样，这个家族的杰出人才总是长于韬光养晦，在漫长的蛰伏期间做好扎实充分的准备。

在徐州的牛刀小试并不值得大书特书，因为对王祥和他的家族来说，一切才刚刚开始。

十年之后，公元 254 年，曹魏政权走向末路，倒数第二个皇帝曹髦即位。王祥因"参与定策"有功，被封为关内侯。

"参与定策"四字格外意味深长。

曹髦之前的皇帝是曹芳。正是在曹芳时代，司马懿发动高平陵政变，诛杀曹氏宗亲曹爽，掌握曹魏大权。司马懿死后，长子司马师接管权柄。

曹芳准备趁司马师立足不稳，将其除掉。手段凌厉的司马师先发制人，以"沉迷女色，不理朝政"为由将曹芳贬为齐王，拥立十三岁的曹髦为帝。

这个废黜的借口具有极强的黑色幽默色彩，皇帝曹芳如果当真"沉迷女色，不理朝政"，司马师或许会放他一马。现在他要夺回天下，亲理朝政，司马师则不能同意。

年轻的曹髦即位不久，就被迫授权司马师统领全国兵马，甚至包括皇城内外的禁军。这是司马氏家族夺取曹魏权力路上至为关键的一步。

王祥参与了废黜曹芳的整个过程。此时的他已经从多年前的别驾升为掌管财政的大司农，为九卿之一，位高权重。司马师的废立大计自然要争取到他的拥护或者至少是默许。他或许走得更远，直接参与了废立的军事行动，并立下大功。因为他在事后被封为关内侯。

根据秦汉二十等爵制度，关内侯位列第十九等，也就是第二等级的赏赐，常常授予立下军功的将领。当年刘邦进入关中后，就封手下有功之将樊哙、周勃等为关内侯。

这说明在司马氏与曹魏的权力博弈中，王祥已经坚定地站到了司马氏阵营中。另一个佐证是，此事之后的第二年，王祥还随同司马昭参与平定淮南叛乱，又因功增加食邑四百户。

王祥生于汉末，本为汉人，但不应州郡征召，直到曹魏代汉平定北方，才入魏为官，并且很快政绩斐然，一路高升直至九卿。等到曹魏衰微，司马氏崛起，王祥又顺利跨入司马氏阵营，实现封侯。

自古忠孝并举，王祥所为似乎有污过去"卧冰求鲤"的美名，后世也多以此讥讽王祥不忠。

这种评价其实相当偏颇，最大的问题在于默认了"忠君"是贯穿中国两千年帝制社会的绝对政治正确。

而事实并非如此。

即使秦始皇早在公元前就统一了天下，之后汉武帝又通过"君权神授"的逻辑确认了君权的至高无上，但在帝国的实际运作过程中，君权不断受到藩王、外戚、后党、权臣等各种势力的挑战，忠君观念并不像后来集权巅峰期的明清时代那么理所当然。

一个非常重要的原因是，在科举制出现之前，高踞九五之尊的帝王并没有完全掌握人事权。我们知道，对于包括封建帝国在内的任何一个组织而言，挑选人才、搭建管理系统才是权力的基本盘。

这种情况因为世家大族的崛起而变得更加突出，上到中央，下到地方州郡，人事权大多控制于大族手中。

士人入仕凭借的是家族荫庇而非天子洪恩，他们"只知其家，不知其国"也就是理所当然的了。

《三国志·邴原传》裴松之注引《邴原别传》中记载的一件事情生动地说明了这一点。当时尚为曹魏世子的曹丕宴请宾客，酒酣耳热之际，突然问了这么一句话：

君父各有笃疾，有药一丸，可救一人，当救君邪，父邪？

君王和父亲都身患重病，现在只有一粒药能起死回生，是救君王，还是救父亲呢？

这是一个危险而又敏感的问题，曹丕或许想以此测试臣子们的忠心。若放在明清时代，臣子们只能选择救君王。但现在是魏晋。

曹丕的话刚问出来，属下邴原就给出了确定无疑的回答：

救父！

曹丕讪笑不能言。

邴原出身寒门，尚能有此认知，更不用说需要依靠家族出头的大族子弟。

当时战争连绵、政权更迭频繁的事实让世家子弟更加清醒地意识到，只要家族势力不衰，不论谁当皇帝，他们都能得到重用。所谓"流水的皇帝，铁打的世家"，家族利益的考量是要放在对皇帝的忠诚之前的。

因此魏晋之际，类似王祥这样一人转仕多朝的情况屡见不鲜。

王祥在六十岁之前始终隐居，但对天下大势的分合拥有极为灵敏的嗅觉和判断。他总能通过在前一个政权中积累的权势，在下一个新政权中掌握高屋建瓴的优势，攫取更大的权力。这个技巧如同在巨浪中滑翔，凭借着一个浪头冲上另一个更高的浪头。

这是乱世中最危险的政治游戏，王祥把分寸掌握得如此精准，以至于既能顺利过渡，又不致过于狼狈。

公元 260 年，已经登基六年的曹髦不甘于成为司马氏傀儡。在喊出千古名句"司马昭之心，路人皆知"后，他带兵冲出皇宫，试图亲手诛杀权臣司马昭。但刚到宫门口，就被司马昭的部下成济用长戈刺死。

有意思的是，这个成济本身无足轻重，他的直属领导也不是司马昭，而是司马昭的心腹贾充。直接下达杀死皇帝命令的也是此人。

贾充有个女儿叫贾南风，在他帮助司马昭杀死曹魏皇帝的时候才三岁。很多年后，她将嫁给司马昭的孙子司马衷，成为司马氏天下的掘墓人。

这都是后话，我们仍然回到皇帝被杀的现场。

真正追究起来，这起弑君大罪的最终责任自然应该落到司马昭的头上。但他并没有感受到太多的道德压力，他轻飘飘地将所有的罪责都推到成济头上，将其杀死，夷灭三族。事情就此结束。

对曹魏王室来说，这是比皇帝被杀更大的羞辱。

这个时候王祥出现了，他因为德高望重已经升为皇帝曹髦的老师，教以"君臣之道"。面对学生的尸体，他没有安慰曹魏宗室，也没有责备司马昭，只是大哭，哭完之后，说了这样一句话：

都是老臣之过啊。

听到这句话后，司马昭笑了。

王祥觉得自己有什么罪过呢？

难道是没有保护好皇帝？

不是。

他是皇帝的老师，最大的罪过是教导无方。

因为教导无方，学生曹髦才会做出征讨司马昭的莽撞举动。

归根结底，都是皇帝自己的错。

随后郭太后等人对曹髦的定性也是"悖逆不道，自陷大祸"。

综合各方面史料来看，曹髦并非昏庸之主。他聪明好学，有复兴曹魏的大志，但在君弱臣强的背景下，像他这样励精图治、准备重振乾坤的年轻君主注定走向悲剧性的结局。

冲冠一怒，旋即身死，年仅二十岁。

曹髦死后不久，王祥升为司空，为三公之一。曹操挟天子以令诸侯的时候就自领司空。这是司马氏对他那场大哭的报酬。

又过了五年，司马昭之子司马炎逼迫曹魏末代皇帝曹奂退位，建立西晋。而王祥再度高升，位至太保，更在三公之上，达到了一生荣耀的巅峰。

王祥六十岁始入仕，费二十五年之功从一介布衣升为古代文臣品秩之巅的太保，不可不谓青云直上。

除了在每一个关键节点都精准站位外，另一个核心原因是他很好地担任了司马氏的"形象大使"。

司马氏以臣子身份篡夺曹魏大权，不敢以"忠"统御群臣百姓，于是高举"孝"旗，自称"以孝治天下"。

而王祥自小以孝闻名，正好能被司马氏塑为楷模，装点门面。关于王祥的纯孝，除了卧冰求鲤外，还有"黄雀入幕"的传说。说的是王祥继母吃完鲤鱼后又想吃黄雀，于是黄雀争相飞到王祥屋中自投罗网。

这些故事除了证明王祥继母是个吃货以外皆不可信。我们不得不怀疑，正是司马氏有意助长了这些神话的创造与传播，他们需要王祥充当"孝感天地"故事的主角。而王祥自己也深知这一点，也愿意被司马氏利用。这是一场打着道德旗帜却无关道德的利益交换。

很多年后，司马家的后人、东晋的第二个皇帝跟王导谈起先祖司马昭杀曹髦一事。他将脸埋在床上，羞愧地说道：晋朝权力的源头如此肮脏，又怎么能够期待国祚永久？

这大概算是一次迟到了半个世纪之久的忏悔和歉意。

史书没有记载王导的反应，不知道他是否想起了伯祖当年在朝堂上的那一次大哭。

或许那一次大哭也有王祥的一丝无奈和悔恨掺杂其中？

我们不得而知。

唯一能确定的是，在乱世中崛起的世家大族，尤其是第一代的积累，必然充斥着处心积虑，甚至是残酷血腥的阴谋。

王祥这个在后世被奉为孝道楷模的人，也难以置身事外。

当历史走到王敦、王导这一代时，琅琊王氏已经积累三代，发展成为真正的世家大族。同样得到发扬光大的还有王祥在乱世中攫取地位的手段，我们可以将其粗略理解为"成大事者，慢半拍"。

王祥原本可以在年纪轻轻的时候就入仕为官。但当时天下大乱，为官风险极高。他后退一步，选择了全身避祸。

更重要的是，他清楚自己孝顺的美名远没有传播开来，即使入仕，也需要从幕僚这样的低阶属员做起，长路漫漫。因此他选择了隐居。当是时，越是隐而不出，名声越是响亮。这是一个不断蓄势的过程。等到六十岁左右，名声传遍天下时，他刚刚出山，就能得到别驾这样的重要职位。当然，等待过程的自我抑制、延迟满足是煎熬的，痛苦的，但也唯有深藏于九地之下的人，方能动于九天之上。

成小事，逐小利，或许要先下手为强。但成大事，创百年基业，不妨慢人半拍。

《世说新语》记载了当时琅琊王氏的辉煌：

有人诣王太尉，遇安丰、大将军、丞相在坐；往别屋，见季胤、平子。还，语人曰："今日之行，触目见琳琅珠玉。"

有人去见太尉王衍，看到王戎、王敦、王导、王诩、王澄等琅琊王氏兄弟都在，回家后忍不住说道：今天走这一趟，满眼看到的都是珠宝美玉。

以上琅琊王氏兄弟，都身居高位，且都是当世名士。其中王戎年纪最大，为竹林七贤之一，官至三公。他的弟弟王衍是当时名士之首，同样官至三公之一的太尉。王敦是晋武帝司马炎的女婿，在首都洛阳为官。王澄则官居刺史，为封疆大员。王导年纪最小，但已经被视为有宰辅之才。

不过他们此时的权势，距离我们本书的主题"门阀"仍然还有一定距离。

"门"者，院门，只有巨室大族才有广阔的庭院与高大的院门。

"阀"者，柱子，用来记录家族历代的功勋。

合二为一，指的就是历代都有高官，并拥有强大经济实力的豪门大族，是世家大族的终极版本。按照田余庆先生的说法，只有东晋的琅琊王氏、陈郡谢氏、颍川庾氏、谯郡桓氏等才可称为门阀。他们是王朝的幕后操纵者，是隐形皇帝，权力一度凌驾于皇室之上，左右一国兴衰。

这是两千年帝制史上全新的权力模型，权力的运作逻辑，国家的治理方式都截然不同。

　　而这种模式的开创者就是王导、王敦兄弟。

　　本书就是关于他们的故事。

第一章 八王之乱与灭门危机

王导：将相之器

公元 307 年初，在徐州下邳，也就是今日徐州市东南方向七十公里处的古邳镇，几个年轻的贵族公子相继走进一座围着院墙的宅子。

当时还是深冬，北方的大地幽远而寂寥。下邳虽然地处南北交通要道，但寒气逼人的天气中，路上往来的行人、牛车都减了不少。当人开口说话时，嘴里会哈出一阵阵白气。

主人将他们引入院子，一直往深处走。在确定所有人都到齐之后，他安排下人关紧大门，并令他们就在院子门口守着。没有他的吩咐，谁都不允许进来。

主人叫王导，前来的也都是他们琅琊王氏的族人。

东晋人裴启所写的《语林》记载了这次家族集会：

大将军、丞相诸人在此时闭户共为谋身之计。

《语林》专门记载两晋人物言行，《世说新语》的写作风格以及内容多承自此书。多亏了这条珍贵的记载，我们能大致还原当时的会议情况。

其中的大将军是王敦，而丞相是王导，这是两人日后的职位，此刻两人还远没有如此显赫。

王导此时在西晋琅琊王司马睿军府中担任司马，主管军事。司马睿前一年开始驻扎下邳，所以王导在这里也置办了一所宅子。堂兄王敦则刚刚卸任了都城洛阳的官职，等待朝廷新的安排。

这一年王导三十二岁。

据史载，王导"少有风鉴，识量清远"，也就是风度豪迈，目光敏锐，对时事有极强的洞察力。

他们生活的魏晋时代盛行人物品藻，尤其是豪门贵族，多重视一个男人的外貌、风度，以及精神气质，并以此预见一个人的未来。比如名士嵇康被誉为"龙章凤姿"，这是对外貌的赞美。曹操年轻时则被评价为"治世之奸贼，乱世之英雄"，这则是对能力和品行的判断。

王导的这个评价也极高，相貌上可能没有嵇康那么挺拔特秀，但风度极迷人。早在十四岁那年，就有当时名士评价他说：此儿容貌志气，将相之器也。

成年后的王导没有辜负这个评价，长袖善舞，深不可测，是个天生的政治家，时人甚至将其与管仲相提并论。

他的堂兄王敦则是另外一副容貌，"旧有田舍名，语音亦楚"。说话腔调土里土气，近乎楚地蛮人。同时根据记载，他面色较黑，因此有"阿黑"的小名。

长得又黑、声音又土，于是被时人视作乡巴佬。每当同时代那些出身豪门的贵公子坐下来谈论音乐歌舞、诗词歌赋的时候，王敦都像个格格不入的乡下人。

但若以此就轻视王敦那就大错特错了，《世说新语》曾留下一个特别生动的例子。

武帝唤时贤共言伎艺事，人皆多有所知。唯王都无所关，意色殊恶。

晋武帝司马炎还在世的时候，把一帮贵族子弟召集起来谈论音乐、舞蹈等艺术。王敦也在座，他不仅是琅琊王氏的公子，还是晋武帝的女婿。

其他贵族子弟都精通书画、乐舞，高谈阔论，风度翩翩，唯有王敦对此一窍不通，因此"意色殊恶"。他感到出离地愤怒，觉得自己遭到了鄙视。他骨子里是个非常骄傲的人。

于是他对晋武帝大声说，我虽然不懂乐舞，但是会击鼓。

击鼓经常发生在战场上。两军对垒，鼓声震天。在眼下华丽庄严的宫室中，显然并不合适。

但王敦并不在乎。

他"振袖而起"。把袖子一拂，猛地站了起来，大步走到鼓前，扬槌奋击。

鼓声浩荡，有如雷霆。

满座皆惊，而王敦旁若无人。

无论是长袖善舞的圆融通透，还是旁若无人的顾盼自雄，都是适合乱世生存的个性，而眼下的王导、王敦兄弟两人，以及他们的整个家族都非常需要这一点。

现在是西晋末年，历史上著名的八王之乱刚刚结束。坏消息不断从王都洛阳传了过来，最令他们感到不安的，是太傅司马越与皇帝失和的传闻。

当今皇帝是年仅二十四岁的司马炽，聪明、勤奋，登基不到两月，已经露出了新朝的迹象。

《资治通鉴》记载：

（司马炽）始遵旧制，于东堂听政。每至宴会，辄与群官论众务，考经籍。

他的前任，是那个因问出"何不食肉糜"而"名留青史"的傻皇帝司马衷。软懦迟钝的司马衷在公元 290 年登基后，其妻贾南风以及至少六十个司马氏的叔伯兄弟参与了对最高权力的争夺。七个藩王曾短暂夺取最高权力，又很快被后来者杀死。其中有个藩王甚至被"炙而杀之"，也就是被活活烤死。

这场混战长达十六年，很可能是两千年帝制史上最残忍血腥的皇族内斗。就连亲身参与其中的人都曾感叹：

载籍以来，骨肉之祸未有如今者也，臣窃悲之！

自从有历史记载以来，皇家骨肉之间的残杀，从来没有今天这么惨烈，真让人感到悲哀啊！

在经历了这么多年的混战和残杀之后，西晋终于有了一个拨乱反正、励精图治的皇帝。大臣们又重新燃起了希望，兴奋地说道：今日复见武帝之世矣！

今天终于又见到了晋武帝当初的局面啊！

令人遗憾的是，这只是臣子们的一厢情愿。朝廷的真正实权掌握在皇帝的远房叔叔，当今太傅司马越手中，而司马越并不喜欢侄子的勤奋。

司马越是西晋奠基者司马懿四弟的孙子，属于王室支脉，血统疏远，原本没有机会染指最高权力，但他却可能是司马氏藩王中最接近司马懿个性的人，诡诈残酷，长于蛰伏。

司马衷登基伊始，他还只是一个低阶将军。八王之乱爆发后，王室嫡系血脉相继死于自相残杀，属于偏支的司马越趁机崛起，靠着军事胜利夺取了大权，官居太傅。

这个职位多由功勋卓著的老臣担任，既是皇帝的老师，也辅佐君王管理国家。在皇帝年幼或者缺位时候，可以代为管理天下。西周的周公就曾担任此职，司马懿在曹魏时期也曾担任此职，权势凌驾于皇帝之上。

新皇帝司马炽也是司马越拥立的，他年轻，没有政治积累，方便司马越挟天子以令诸侯。但皇帝试图亲政的行为打乱了他的计划。

史载：帝观览大政，留心庶事；太傅越不悦，固求出藩。

皇帝亲政，司马越不悦，要求离开洛阳，回到自己的封地东海国，也就是今天的山东郯城一带。这是对新皇帝的敲打和威胁。或许是担心他回到自己的封地后拥兵自重，再度作乱，皇帝没有接受这个申请，要求太傅留在洛阳，继续辅佐自己。

但太傅没有退让，"固求出藩"，坚持要走。

两人的冲突，对整个天下来说都是雪上加霜的事情。虽然八王之乱稍微落定，真正的危机才刚刚开始。在中原王朝被内斗削弱后，北边的游牧民族匈奴人趁势崛起，铁骑南侵，已经占据了并州、冀州，也就是今日的山西、河北一带。只要渡过黄河，就能兵临洛阳城下。

如果皇帝与太傅齐心协力，共御匈奴，形势未尝不会有变好的可能。毕竟相比匈奴，中原王朝在组织、管理上仍有无可置辩的优势。

但在战乱中成长起来的王导等人清楚，越是这种时候，越是内斗的高潮时刻。在没有安全感的大环境下，大多数人都会不可避免地滑向保守，宁可固守私利、锱铢必较，也不会团结一致，拓展更大的生存可能。

这就是王敦、王导兄弟召开家族会议的原因，《语林》载"共为谋身之计"。在这场愈演愈烈的新内斗中，他们必须提前谋划家族的出路。

根据洛阳最新的消息，既然皇帝不允许太傅回到自己的封地，那司马越就准备带兵驻扎许昌。

很多人将此视为太傅的妥协，也许两人不在一处，就能有效地避免摩擦。但王导清楚，既然太傅选择了许昌，那就没有准备退让。

许昌在都城洛阳东南方向，相距一百七十多公里。曹操挟天子以令诸侯以来，就驻扎许昌，将其经营为都城，为这座城市积累起超越其他城市的政治影响力。太傅正是看准了它的政治价值，才屯兵此处。王导们有理由怀疑他想在这里建立第二个政治中心。

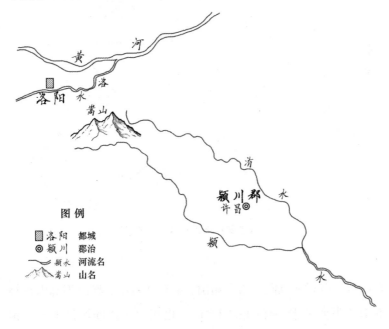

图例

洛阳　都城
颖川　郡治
颖水　河流名
嵩山　山名

西晋末年许昌位置示意简图

不能再犹豫了，在新的内斗彻底爆发前，他们必须提前确定自己的站位。越是像他们这样的大家族，越是会不可避免地被卷入朝堂斗争。

支持皇帝，扎根洛阳或许应该是首先考虑的选择。皇帝虽然年轻，仍有不可置疑的政治合法性，也有重整河山的雄心。如果能通过皇帝凝聚人心，未尝不能有所作为。

但王敦、王导都是熟悉军事的人，清楚地知道洛阳并不是一个能够长久自守的城池。

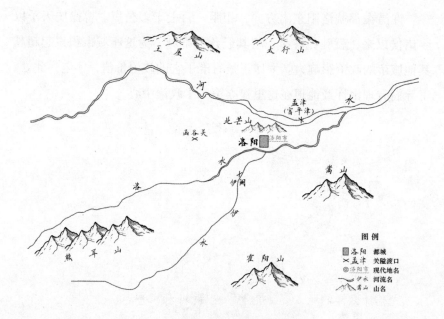

西晋末年洛阳位置示意简图

它虽然北有黄河天险，西有崤山，南有熊耳山、嵩山等群山环绕，却没有形成类似关中一样的封闭空间，山川河谷之间尽是出口，很容易遭到外敌入侵。

洛阳所在的洛阳盆地也只有一千平方公里，不到关中的十分之一。地狭物薄，难以获得足够的兵力、粮草供应，一旦陷入包围，就难以久战。如今匈奴已经占据山西、河北大部分地区，南渡黄河，围困洛阳迫在眉睫。

所以也有人说，太傅去许昌是为了逃出洛阳这个早晚都会陷落的城市。

既然如此，跟太傅一起去许昌未尝不是一个选择。这个家族的族长王衍早在几年前已经是太傅阵营中的核心角色。王导猜测，在太傅司马越南下许昌后，王衍或许会留在洛阳帮他留心朝政。

善守者藏于九地之下

根据历史记载，王衍是当时著名的美男子。他生活的这个时代重视男人外貌、风度，涌现出一批留名史籍的美男子，诸如嵇康、潘安、卫玠等。而王衍风度之迷人，与这些人相比，即使不能说尤有过之，至少也是平分秋色。

他外形清秀俊美，风度优雅倜傥，一双眼睛仿若闪电。即使处在贵公子群中，也是鹤立鸡群。竹林七贤之一的山涛看到他的时候都忍不住感慨道：何物老妪，生宁馨儿！

究竟什么样的老太婆，能生出这样的孩子？

今天我们夸孩子漂亮时用到的"宁馨儿"就来源于此。

王衍不仅长得好看，还风度潇洒，是西晋名士之首，一举一动，都对后进士人有巨大的号召力。

《晋书·王衍传》载，王衍"声名籍甚，倾动当世"，"后进之士，莫不景慕仿效"。

司马越掌权后，不论是王衍的个人影响力，还是他背后琅琊王氏的家族底蕴，都让他成为司马越必须拉拢的对象。他被任命为司徒。司徒与司空、太尉合称三公，自两汉以来分掌宰相职权。魏晋时期，三公职权削弱，但依然是最高荣誉职位。

不久后，王衍又兼任尚书令，相当于得到了宰相的实权。后人常说的"王与马，共天下"，其实最早应始于这个时候。王导原本也在司马越府中担任参军，后转入司马睿军府任司马，而司马睿也从属于司马越阵营。由此来看，王家人大多都可以被看作太傅司马越的人。

对于嗅觉没有王导、王敦那么敏锐的人来说，紧跟族长王衍的步调，协助司马越对内巩固大权、对外抗击匈奴也许是个不错的选择，不仅能建功立业，还能继续扩展家族权势。

但现实远比表象残酷得多。王导、王敦都是务实的人，他们很快就意识到，无论是他们的族兄王衍，还是现在的西晋掌舵者司马越，很可能都不是那个能够力挽狂澜的人。

王衍之所以被时人推崇，并非有过人的军功、政绩，而是因为长于清谈。

清谈起于魏晋之际，类似于今天的文化沙龙。几个出身豪门、饱读诗书的贵公子围坐一起，或点评古今人物，或就《老子》《庄子》《周易》中的某个议题展开辩论。

这项文雅的活动有诸多评判标准，比如说理透彻、言辞简约等。发展到后来，甚至还要求辩论时仪态优美，声韵动听。

王衍就是其中的佼佼者。但凡清谈，都手执白玉柄的麈尾。这是一种类似拂尘一样的物件，在鹿尾的末端装上象牙柄或者玉柄，以手持之，优雅挥动。原本用来驱赶蚊虫或者扫尘，后逐渐发展成一种点缀优雅的装饰品，类似宋人作诗时候的手摇折扇。

王衍每次摇动麈尾时，宽松的袖子就落了下来，露出跟玉柄一样白皙的手臂。姿态优雅，令人倾倒。

这就是后人常常提到的"魏晋风度"。

若王衍只是隐居山林的诗人、樵夫，此番风度，确实令人倾倒。但他现在是西晋的宰相，西晋正风雨飘摇，需要他遴选人才、考核官吏、征收赋税、组织军事后勤。

但王衍对这种俗事、琐事没有兴趣。他也没有这个务实的能力。

史书记载了一个细节：当匈奴快要打到洛阳城下的时候，城中百姓纷纷逃难，王衍却卖掉了家里的牛车，告诉大家事情还没糟糕到亡国跑路的程度。

这是一种精英式的傲慢与昏聩。他们出身高贵，在特权的保护中享受优渥的物质生活，沉湎于优雅的精神世界，对真实的社会运转一无所知。

后世学者柏杨对王衍式清谈厌恶至极，称之为"穷嚼蛆"，不能说毫无道理。

王导、王敦也喜好清谈，对族兄的风雅也多有赞美。但这不至于蒙蔽他们对族兄政治能力的判断。

这次家族会议中就没有王衍的身影，应该是王导等有意避开了他。

跟族兄王衍不同，王导对时局有清醒的洞察，谨慎地隐藏了自己的锋芒。

东晋袁宏著有《名士传》一书，记载魏晋名士十八人，其中有竹林七贤，也有西晋末年的王衍、谢鲲（谢安的叔叔）等人，却独独没有王敦、王导兄弟。

名士多指出身士族、学问渊博、风度潇洒的贵公子，王敦不长于文采，被排除在外也是无可厚非，为何王导也不在其中呢？

根据王导后来的表现，我们知道他既长于清谈，也风姿潇洒，是东晋士林翘楚。那么他在西晋末年的无闻，或许可以猜测是有意为之的深藏不露。他应该很早就看出政局的衰败颓唐，因此隐藏锋芒，全身避祸。

一个佐证就是他在司马越集团只担任参军一职，这是很多士族刚入仕就能获得的初阶职位。以他琅琊王氏的出身，以及他后来协助司马睿开创东晋时表现出的运筹帷幄，这个职位于他实在有些大材小用。即使他的同辈兄弟中，也有多人官居刺史、太守，独掌一州、一郡大权，比如王澄、王旷、王廙（yì）等。唯独王导还是一个不惹人注意的低阶幕僚。

他不想过多卷入司马越集团。前年司马越去关中征战的时候，王导就不动声色地转入了司马睿的军府中。司马睿名义上也从属司马越阵营，但他行事更加低调谨慎。

根据王导这几年的观察，太傅司马越只是靠着暂时的军事优势勉强维持权力，并没有在朝廷建立起稳固的根基。公元307年，皇帝司马衷暴毙，据说就是死于他的毒杀。虽然至今没有确凿证据，但已经很大程度地影响了各大家族对他的信任。以此行事，即使去了许昌，或许也难扎下根来。

王敦对司马越可能也没有太多的好感。虽然他自己就是一个野心勃勃、强悍霸道的人，但他可能不会太欣赏司马越的专权跋扈。这不是因为司马越的道德瑕疵，而是出于王敦本人的骄傲。

根据《晋书·王敦传》记载，八王之乱开始时，王敦是司马衷的太子的幕僚。贾南风将太子赶出洛阳的时候，曾经下旨不许百官相送，但王敦还是"冒禁于路侧望拜流涕"。他对贾南风的反抗不能只从忠

琅琊王氏世系简图

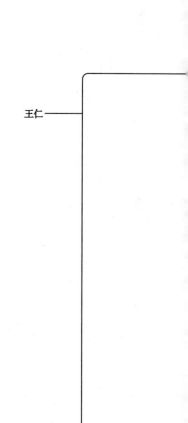

王仁

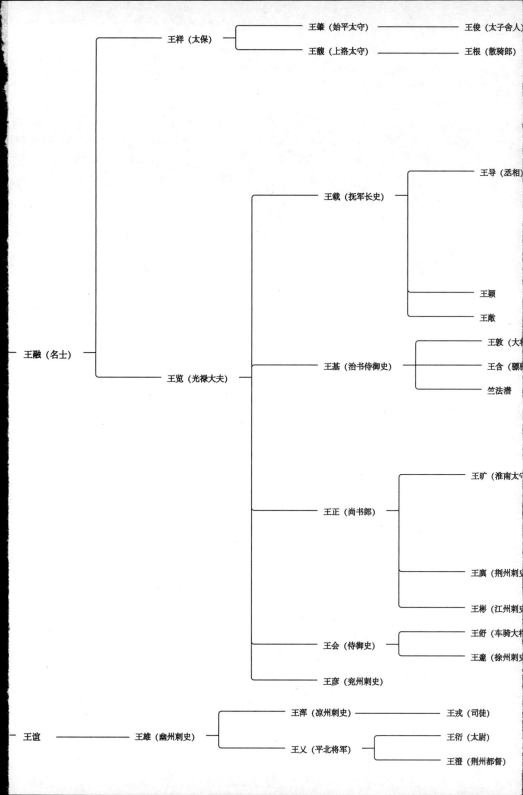

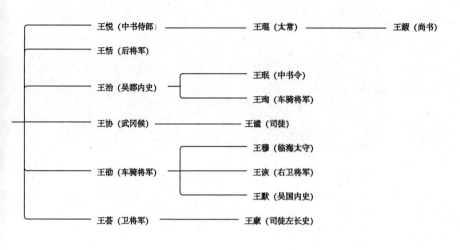

王遐（郁林太守）

王悦（中书侍郎）————————王琨（太常）————————王螣（尚书）

王恬（后将军）

王洽（吴郡内史）————王珉（中书令）

王珣（车骑将军）

王协（武冈候）————————王谧（司徒）

王穆（临海太守）

王劭（车骑将军）————王诔（右卫将军）

王默（吴国内史）

王荟（卫将军）————————王廞（司徒左长史）

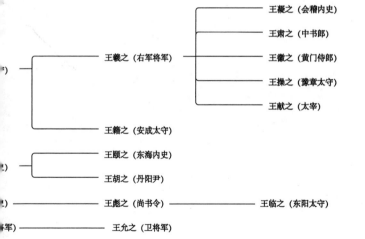

王应（武卫将军）

王瑜（散骑常侍）

王凝之（会稽内史）

王肃之（中书郎）

王羲之（右军将军）————王徽之（黄门侍郎）

王操之（豫章太守）

王献之（太宰）

王籍之（安成太守）

王颐之（东海内史）

王胡之（丹阳尹）

王彪之（尚书令）————————王临之（东阳太守）

王允之（卫将军）

诚这个道德角度进行分析，根据他后来的所作所为，我们可以清楚地知道他不是一个有着太重道德包袱的人。

真正重要的原因是他并不喜欢贾南风这种外强中干的野心家，他对司马越的感情大抵也是如此。

当两兄弟对当下形势做了一番分析之后，事实逐渐明朗：既不能留守洛阳，也不能继续跟随司马越南下许昌。

或许，他们可以像其他家族一样找个僻远之地的深山躲藏起来，读书耕田，弹琴赋诗，老此一生，竹林七贤大多如此。或者在战乱平息后再出山入仕，后来与琅琊王氏齐名的颍川庾氏的庾亮就跟着父亲躲到了江南的会稽。

但这不是王敦、王导的选择。脱离司马越集团后，他们追求的不只是保全自己和家族，而是一个可以趁乱崛起的机会。就像他们伯祖王祥曾经做到的那样，在乱世中抓住机会，更上一层。

他们克制、清醒，但也野心勃勃。

那他们就必须冒险走出第三条路径：开拓独属于自己的根据地。

但乱世汹汹，纵有天下之大，他们又能走向哪里呢？在这次会议之前，他们应该就有过多次讨论，但都没有拿出一个好的方案。

会议一下子陷入僵持，王敦、王导等人也沉默不语。仔细听，窗外是冬天的风，再远处，甚至能够听到泗水河面冰层破裂的"咔嚓"声响。孔子就曾站在奔流的泗水之滨，感叹道：逝者如斯夫，不舍昼夜。

就在他们开会的间隙，匈奴的铁骑依然在不断南下，前锋已抵黄河北岸，越过大河，即可直击都城洛阳。

留给他们的时间真的不多了。

伯祖王祥去世时，曾留下遗言：扬名显亲，孝之至也。

守护并壮大家族，这才是真正的孝顺。

这是出身世家大族的子弟，必须背负的宿命。

于是王敦、王导等重新振作起来，对当前的形势做了一个分析。

王羲之的父亲

当时河北、山西在匈奴手中，自然是不能去的。陕西、四川等地关山四塞，便于防守甚至割据，却被司马越的几个亲弟弟占据。

王朝最南边的广州、交州是还没有完成开发的瘴气弥漫之地，不适合琅琊王氏这样的世家大族。

那么，最后剩下的就只有东南方向的扬州，还有东边的徐州、青州。

徐州可能是个不错的选择。

这里的徐州不是今天的徐州市，而是由山东南部、江苏北部组成的行政区，级别类似今天的省。如今的徐州市在那时还叫彭城县，也归徐州管辖。

琅琊王氏祖籍临沂，即今日山东临沂市一带，在徐州境内的东北角。

魏晋时期，世家大族多是地方的核心力量，家族子弟往往出任本州郡主要官员，同时在该地占据大量田产，经营山川湖泽，积累下大量粮食和财富。遇到战时，以此凝聚宗族、同乡，以及本地读书人，自成战阵，圈地防守。

王祥初入仕途就担任徐州别驾，一个重要的原因就是当时刺史需要借助他本地人的身份，凝聚地方势力，平定本地叛乱。王祥很好地完成了这个使命，百姓称赞"海沂之康，实赖王祥"。"海沂"指的就是徐州境内的琅琊国、东海国，都在今天的临沂一带。

也许王导等人可以在徐州重现伯祖的辉煌，发挥琅琊王氏的宗族力量，扎根徐州，在乱世中经营出自己的一方天地。

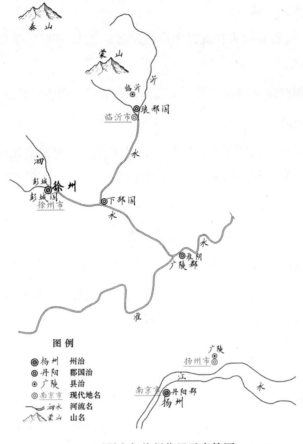

图例

◉ 扬州 州治
◉ 丹阳 郡国治
○ 广陵 县治
◎ 南京市 现代地名
〰 泗水 河流名
⛰ 蒙山 山名

西晋末年徐州位置示意简图

然而，徐州地处四战之地，无险可守，同时又有苏北平原产粮区，是历来兵家必争之地。三国时期，曹操、刘备、吕布就在此反复争夺。

如今匈奴已经进入河北，只要顺势南下，渡过黄河，就能争夺徐州。琅琊王氏虽然宗族强盛，恐也难以抵御匈奴铁骑。

似乎所有的生路都已被阻塞。

但就在这时，一个意料之外的人出现了。

《语林》记载道：

大将军、丞相诸人在此时闭户共为谋身之计。王旷世弘来，在户外，诸人不容之。

旷乃剔壁窥之曰："天下大乱，诸君欲何所图谋？将欲告官！"

遽而纳之。

突然出现的人叫王旷，字世弘，是王导、王敦的堂兄弟。他在家族中向来不被重视，但他有个很有名的儿子——"书圣"王羲之。

上述引文是说：

王敦、王导等兄弟在家中密谋出路。

王旷突然出现，守在院门的下人怕事情泄漏，将其拒之门外。

王旷猜到了他们在屋子里有所谋划，就扒墙往里窥视，大喊道："如今天下大乱，你们是不是搞什么阴谋？我这就去官府告发你们！"他说着就装作要往外走。

冬天的下邳格外寂静，王旷的叫喊也就格外令人心惊。王导等人害怕，只好让他进屋。

不论是在家族内部，还是在历史上，王旷都是一个不被接纳的局外人。

但历史和后人都严重低估了他。

王旷此时刚刚三十出头，但早已转战南北，从政资历甚至超过了王敦和王导。他最早在皇帝司马衷身边担任侍中一职。我们知道，在任何权力谱系中，越接近作为权力核心的皇帝本人，权力就越大，即使像宦官、嫔妃这种无官无职的人都因为能够直接影响最高领导人而获得话语权。

侍中就是这样一个职位，能够直接陪在皇帝身边，在国家大事上出谋划策，在权力巅峰期几乎等同于宰相。唐代仍然延续了这个传统，唐玄宗时期曾将这个职位名称改为"左相"，也就是左丞相。

西晋末年，皇帝大权旁落，侍中自然没有太多实权，但仍然是一个非常重要的职位，只有被实际掌权者司马越信任的人，才会被安排到皇帝身边。王旷得到这个任命，说明他是司马越信任并器重的人。

后来的事实也证明了这个判断，八王之乱后期的公元305年，王旷被司马越任命为丹阳郡太守。

丹阳是江南重镇，管辖包括今日南京在内的十一个县，是整个扬州的核心地带。它的稳定不仅关乎江南局势，还牵涉到对北方的粮草供应。这年八月，扬州刺史曹武与时任丹阳太守朱建不和，将其杀害，丹阳政坛动荡。司马越急需一个有能力的人前去协助曹武镇守扬州。

王旷就是那个被选中的人。如果他能稳定扬州，那后面的一切历史都可能改写。

但历史在冥冥之中似乎有自己固定的轨迹。

王旷八月去南京担任丹阳太守，十二月，西晋将军陈敏就在扬州发动叛乱。王旷战败，逃回徐州，来见王导等人，也就有了上面一幕。

他之前并没有被邀请参加这次密谋，主动来了也被拒之门外。仔细分析，大概有两个原因。

一是王旷与王导等人可能原本就不亲近。从家族谱系来看，三人都是堂兄弟，源自一个共同的祖父。史书上关于王导、王敦两兄弟交往的记载极多，却少有他们与王旷之间的交流或者书信往来。

当然，他被拒之门外恐怕主要还是他被视为司马越的人，而王导、王敦等现在正密谋脱离司马越阵营，绝对不能让王旷知道。

王旷只好假意吓唬，逼得王导等邀他参与家族会议。

既然已经被王旷识破，进屋之后，王导也就将他们的想法透露给了王旷。

出乎意料的是，王旷并不反对家族另谋出路，而且还提出了自己的计划：

南渡江东。

也就是举家南迁，占据东南方向的扬州。

此时在场的所有人，甚至是王旷本人都没有预料到，这个计划不仅改变了琅琊王氏的命运，更决定了整个天下的未来。十多年后，琅琊王氏和司马睿在江南建立东晋王朝，成为东汉末到隋唐初四百年乱世中，坚持时间最久的汉人政权。琅琊王氏也跃升为与皇权平起平坐的门阀，百年不衰。

后来的历史大多把"南渡江东"的功劳算在王导身上，其实第一个提出计划并推动执行的是王旷。

这确实是一个诱人的提议，但也极其危险。

王氏一族的根基在徐州琅琊，他们世代任职北方，所有的政治资本，包括庄园等经济资源都在中原。一旦南渡，几乎是一穷二白。而江东被本土世家大族把持，琅琊王氏作为外来者必然遭到排斥。这也是为什么面对即将入侵的匈奴，大多数家族，比如河东裴氏、颍川荀氏等依然选择坚守北方的原因。

最重要的是，江东刚刚经历了西晋将军陈敏的叛乱，正是兵荒马乱之际。此时南渡，无异于飞蛾扑火。

但王旷不以为然。

作为陈敏之乱的亲历者，他更了解江东局势。甚至可以说，正是陈敏的叛乱，让他看到了琅琊王氏立足江东的可能性。

乱世中，百姓看到灾祸，野心家看到机会

陈敏出身安徽庐江的寒门，原本在洛阳管理仓库，但敏锐的眼光以及蓬勃的野心让他在乱世中迅速崛起。

司马氏诸王混战之初的公元301年，陈敏自告奋勇，要去东南方向的扬州筹集粮草。根据他后来的举动推断，他一开始的目的应该就是躲到江东，避免被卷入中原乱局。

执政者走马灯一样不断替换，看不清形势的人仍然在前赴后继地选边站队，试图火中取栗。而陈敏的头脑足够清醒，主动离开了是非之地。

扬州位于西晋的东南方向，以今日长江以南的江苏、安徽、福建为核心，同时覆盖长江以北、淮河以南的部分区域，与三国时期的东吴大体重合。在中原经历百年混战不断走向凋敝后，扬州的粮草、布匹供应对于中原王朝越来越重要。

陈敏恰好担任度支一职，负责粮草的收集、转运，并掌握了一支督运粮草的军队。

乱世之中，手中有了军队，就有了立足的根本。

两年后的公元303年，长江上游的荆州发生叛乱。叛首石冰带着一支军队顺江东下，很快就攻占了扬州。

原本应该承担平叛重任的是掌握扬州兵权的都督刘准，但他见石冰势如破竹，不知所措。关键时刻，正在扬州筹集粮草的陈敏站了出来，表示要用自己手中督运粮草的几千水军前去讨伐石冰。

刘准并不看好这个计划，叛军势大，远不是陈敏的几千水军所能抗衡。

而陈敏早已洞悉了取胜的关键，他告诉刘准：此等本不乐远戍，故逼迫成贼。乌合之众，其势易离。

叛军的老家都在上游的荆州，并不愿意在异地他乡作战。此次出征，纯属被逼无奈。最重要的是，这些叛军都是为了在乱世混口饭吃，并不是死心塌地地要造反。一旦发兵强攻，就能打败这些乌合之众。

陈敏一针见血的分析说服了刘准。

当年十一月，陈敏发兵扬州，奋战四个月，打败石冰，基本平定了叛军。他因此官升广陵国相，负责藩国内的日常管理，职权等同于一郡太守。

野心也在他的心中悄然萌发。

石冰的叛乱让他看出了西晋在江东一带统治的虚弱，而江东有长江天险，自三国以来就是极好的割据之地。他隐隐生出了划江自守的心思。眼下时机也好，整个北方正被卷入司马越和司马颙的大战，两人都无心也无力顾及江东。

《晋书·陈敏传》记载，他把这个想法偷偷透露给了父亲。父亲听后大惊失色，预言说：灭我门者，必此儿也。

将来招致灭门之祸的，一定是我这个儿子。

父亲成功预判了结局，只是他很快因病死去，没能阻止儿子走向覆灭。

父亲死后，陈敏离职守丧。

如果他就此远离纷争，或许尚能保全家族于乱世。但历史的宿命终究无可回避。来年十二月，北方的司马越带大军前去关中与司马颙决战，为了避免被身后的豫州（今河南一带）势力牵掣，他起用陈敏，任其为右将军、前锋都督，并"假节"。

"假"是借的意思，"节"是符节。两汉魏晋时期，皇帝给某个军事将领下达临时任务的时候，为了提升他的权威，会把符节借给他用，任务完成之后再归还，因此称"假节"。假节的将领有权在军事行动中处置违反军令的人。

司马越为了拉拢陈敏，不仅给了他假节的职权，还写了一封言辞恳切的长信，恭维陈敏"建谋富国，则有大漕之勋"，就是说他之前在江南筹集粮草，有力地支援了中原的战争。

陈敏接受了司马越的邀请。他带着部队从扬州往西北方向的豫州进发，司马越从北往南进攻。

两人试图南北夹击，没想到都败给了豫州刺史刘乔。

失败是一件令人沮丧的事情，陈敏却在这个过程中有了新发现：原来此时势力最强大的司马越也并不像想象中的那么不可战胜。

于是当司马越继续西入关中，陈敏没有跟随。

他请求东归扬州。

司马越同意了。

回到扬州当月，陈敏就宣布独立。

这是一个千载难逢的时机，司马越的势力此刻都集中在遥远的陕西。他的侄子司马虓虽然控制了豫州，但驻军许昌，距离扬州有六百多公里的距离。更重要的是，如果司马虓移兵南下，洛阳一带就防备空虚，很可能被北边的匈奴乘虚而入。

陈敏再一次准确地判断了形势。他驱逐扬州刺史刘机、南京的丹阳太守王旷，自命扬州刺史，接管江东。他的割据也得到了江东世家大族的支持，这是他能立足江东的政治基石。但是在执掌江东一年零两个月之后，也就是永嘉元年（公元307年）二月，陈敏政治举措失当，遭到江东大族抛弃，兵败被杀。

乱世之中，百姓看到的是灾祸，野心家看到的是机会。石冰的叛乱给了陈敏灵感，陈敏的叛乱又启发了王旷。

王旷从中至少得到两点启示：

第一，江东空虚，没有强有力的人物镇守。

第二，江东人愿意推举一个强有力的人物守护江东。

陈敏失败一个很重要的原因就是出身微贱，缺乏足够的政治号召力。江东人抛弃他的时候，曾说他是"六品下才"。魏晋时期，出仕人物被按照家庭出身、能力、道德划分为九个等级，一品最高。陈敏是六品，足见出身低微。

而琅琊王氏为顶级豪门，正可在江东无主的时候，乘虚而入。

这看起来是一个近乎完美的计划。

于是，在公元307年初的深冬季节，在下邳那座门庭幽深的宅子中，王敦、王导不由得心动起来。下邳地处南北运河的北端，是江东粮草北上中原后进行转运的枢纽。早在王旷北归前，王导的任务就是在下邳协助司马睿转运陈敏从江东收集来的粮草。这让他有机会认识到以江东的粮草之丰、土地之肥沃，确实是割据自保的理想之地。

计划已定，想要真正落地，还缺少最后一环：一个来自司马家的代表人物。

琅琊王氏虽然要脱离司马越阵营，但并不准备圈地自守，取代司马氏的统治。他们要做的是推举一个有希望的藩王作为名义上的代表，自己则在幕后进行操控。

这是世家大族最熟悉也最擅长的权力游戏。早在三国时代，舞台上的主角虽然是曹操、刘备、孙权等草莽枭雄，背后起到支撑作用的却是各自领地的大族、豪强。

幸运的是，早有一个人物在历史中等候他们多时——琅琊王司马睿。

第二章 隐秘的盟友

司马睿：后下手为强

多年后，司马睿将成为东晋的开国皇帝，在富庶的江南延续司马氏国祚。但此时的他只是王室支脉，没有太多的政治影响力。

他是西晋奠基者司马懿的曾孙，祖父司马伷与西晋王朝的开创者司马师、司马昭兄弟同父而异母，血统从这里就开始疏远。

他十五岁的时候，继承了父亲的琅琊王爵，封国正是琅琊王氏祖籍所在。他本人留在都城洛阳担任散骑常侍。所谓"入则规谏过失，出则骑马散从"，是皇帝身边的侍从，一般都由贵族子弟担任。

这个时期的司马睿没有什么了不起的事迹，在王室子弟中也不突出。《晋书·元帝纪》说他"不显灼然之迹，故时人未之识焉"。为了替他稍作辩解，史书说他是为了在乱世中保全自己，时刻谨慎退让。

这的确是某种程度上的事实。在司马家族那些年轻的王爷中，司马睿表现出了少有的隐忍和克制。当他那些同辈兄弟前赴后继地涌入舞台中央，争夺最高统治权的时候，他克制住自己的野心和欲望，在漫长的煎熬中等待自己时代的到来。

他的隐忍还有一个更为实际的原因：血统疏远的他还没有机会挤入权力中心。在八王之乱前期登上舞台的司马玮、司马亮、司马同等人都是王室嫡系血脉，而司马睿只是一个远远的看客。

根据一个没有得到证实也无法证伪的传言，他甚至不是司马家的骨血。

《晋书·元帝纪》载：

恭王妃夏侯氏竟通小吏牛氏而生元帝。

翻译过来就是司马睿生母夏侯氏不守妇德，与王府中一个姓牛的小吏私通，生下司马睿。

让这件事更加具有传奇色彩的是，据说早在司马懿时代，就有谶纬曰"牛继马后"，也就是说将来牛家人会取代司马家族的统治。

当时司马懿手下正好有个叫牛金的人，曾跟随他驻军关中，对抗北伐的诸葛亮。司马懿不能允许自己的事业最后被牛家人接管，于是以毒酒将牛金杀死。不料多年之后，家族中的媳妇还是与一个牛姓人（据说也叫牛金）私通，生下后代。而这个后代在西晋覆灭后，于江南建立了全新的政权东晋。

当然，以上传闻过于离奇，几乎不可信。但这种闺房秘闻总是具有极强的感染力和传播力，不管真假，都会给司马睿的身份蒙上一层暧昧的阴影，继而影响到他的政治前途。即使司马睿后来开创了东晋王朝，还有人私下将其蔑称为"牛睿"。

因为这层原因，司马睿早期在西晋王朝中的默默无闻也就更好理解了。

他当时唯一的依靠是叔叔司马繇。这是一个长着漂亮胡须且有着大好政治前途的人物。司马繇在八王之乱前期因为支持贾南风，官升右卫将军，掌管一支禁军，后来再升尚书右仆射，相当于副宰相。遗憾的是，他很快在权斗中落败，后来虽然复起，又很快因为母亲去世而到邺城守丧。邺城在今天邯郸南边的临漳县，距离洛阳六百多里。

这直接改写了司马睿的命运。

永兴元年（公元304年）七月，司马越挟持皇帝北上攻打邺城的侄子司马颖，在洛阳为官的司马睿随军。在这场被后世称为荡阴之战的交锋中，司马越大败，逃回了自己的封地徐州。被抛弃的司马睿成了堂兄弟司马颖的俘虏，司马繇则因为有串通司马越的嫌疑而被杀。

司马睿失去了唯一的依靠，从现在开始，要自谋生路了。

在一个风雨交加的夜里，他趁着守卫松懈逃了出去，孤身南下，潜逃六百里，直到黄河北岸。在眼看就能脱离司马颖的势力范围时，却不幸被关卡守军拦住。

当时司马颖有令，各个关口不准放贵族出入。

那时候也许雨仍在下，风还在刮，黄河的水涨了起来。司马睿环顾四周，尽是一片苍茫。他还什么都没实现，就要这样籍籍无名地死去了。

幸运的是，就在生死之际，落在后面的随从宋典赶到了。

史书关于宋典的记载不多，只说他是司马睿的"从者"。应该是始终跟随司马睿左右的随从人员，跟他一起被关押，也一起在大雨之夜逃了出来。只是司马睿逃命心切，马不停蹄，跑在了宋典的前面。这个细节也让我们看到了司马睿当时的狼狈不堪。

见司马睿被守关人员拦住，宋典赶上前去，用马鞭子抽了一下司马睿的马，故意嘲讽道：舍长，官禁贵人，汝亦被拘邪？

舍长，就你这样的一个人也被当成达官贵人拦住了吗？

舍长指的是管理客栈的人，地位低下，后来经常跟仆妇相提并论。

守关人听了宋典的话，才给两人放行。

史书说，当司马睿还在洛阳时就跟王导相识，王导经常劝他不要在洛阳逗留，早日回到自己的封国。也许那时候的王导就已经看出了西晋王朝的摇摇欲坠。

经此一难的司马睿，终于想起了王导当年的提醒。他渡过黄河，到洛阳找到家人后，就逃回自己的封国琅琊。

琅琊国在徐州东北方向，再往南就是司马越的封地东海国。州郡长官为了巩固统治，一般都会招揽本地世家大族子弟入府任职，像司马越、司马睿这样的封王也不例外。王导此刻正在司马越府中担任参军，负责在军事上出谋划策。

一年后的公元 305 年，司马越为了壮大势力，西去关中与另一个藩王司马颙决战，建立自己的军事联盟。没有背景的司马睿被他任命为平东将军，留守徐州，负责转运粮草物资。

曾被司马越抛弃的他同意了，但提了一个小小的条件。

他请司马越的参军王导协助自己。

这是对日后天下形势至关重要的一刻，但那时候司马越所有的目光都聚焦在关中的对手身上，并没有看清自己阵营中司马睿、王导的能力和野心。

他轻易地同意了这个请求。

于是王导自此转入司马睿府中担任司马。

司马比参军的职位重要多了，负责军政大事，在战时可领兵打仗。日后携手在江南开创东晋的王导与司马睿终于走到了一起。

《晋书·王导传》载：

时元帝为琅邪王，与导素相亲善。导知天下已乱，遂倾心推奉，潜有兴复之志。

这里的元帝就是司马睿，他与王导志趣相投，都有匡扶天下的大志。在王导任职司马期间，司马睿对他非常信任，"军谋密策，知无不为"。

当王旷出现在下邳王导家中，并提出南渡计划时，王导依然在司马睿军府中任职司马。他们的初步合作顺利投契，让王导有信心说服司马睿参与他们的计划。

而司马睿也正在想方设法离开危险重重的下邳。

这个地方最早是那位讽齐王纳谏的邹忌封地，因为他被封为下邳成侯，此地得名下邳。

图例

◎ 下邳　郡国治
◎ 临沂市　现代地名
～ 泗水　河流名

西晋末年下邳位置示意简图

下邳地处苏北平原，通过穿城而过的泗水连接北面的黄河、南边的淮河两大水系，是南北势力运输粮草、物资，集结兵力的枢纽之一，为兵家必争之地。三国时期，下邳为吕布所据，曹操久攻不下，掘泗水冲击下邳城，吕布投降被杀，史称"水淹下邳"。

下邳再往南不到百里，就是淮河一线。这里更是南北争夺的主战场。北方的势力想要统一天下，必须越过淮河南下。南方势力准备进取中原，也往往以淮河一线为跳板，在此囤积粮草、兵力。即使为了自保，南方势力也往往争夺淮河一线，作为长江之外的第二道防线。历史上曹魏与东吴的对峙、蒙古与南宋的交锋，多在淮河一线展开。

眼下匈奴势力不断南侵，早晚都会进入淮河一带。

司马睿不得不为自己的前途早做筹划，他在司马越阵营中只处在权力的第二梯队，真正被司马越重用的是他的三个亲弟弟，以及手中握有强兵的苟晞、王浚等悍将。当初荡阴战败时，司马越完全没有顾及他的安危。他意识到如果继续驻扎下邳，既不能掌握大权以自保，还有随司马越一道万劫不复的风险。

根据后来的历史，我们知道司马睿其实是一个非常聪明的人，生性冷静、清醒。长于隐藏自己，在潜伏中冷静地洞察局面，然后在机会来临的时候果断出手。在被司马越等血统高贵的族人们冷落、忽视的漫长时间里，他早已清楚地看清了时局，并不动声色地做出了选择。

他知道是时候离开了。

找到关键角色，事就成了一半

史书没有记载王导等人说服司马睿南渡的具体过程，说明此事并非难题。两人是布衣之交，相互期许，且对时局有共同的认知。当然，王导也不能直接走到司马睿面前，告诉他现在天下大乱，太傅司马越刚愎自用，早晚必败，咱们得趁早逃避他处。

即使是他俩之间，这种真心话也是不能直说的，毕竟司马睿还是西晋王朝的藩王。王导也不能让司马睿将南渡看成是琅琊王氏的自保之举。

他只用告诉司马睿，现在中原荒弊，粮草不继。陈敏死后，再无人从江南运粮。你作为藩王，我作为臣子，都得为国分忧。现在该是我们去江东承担这个使命了。

司马睿是个聪明人，话说到这个份儿上就足够了。

真正困难的是如何说服司马越，让他允许司马睿携手王导等人南下江东。

此时的司马越正在焦头烂额之际，外有匈奴的压力，在内面临新皇帝和群臣的围攻，正需要凝聚联盟力量以自固。一旦南渡计划被视为脱离联盟的自保行为，司马睿和王导等或有性命之忧。

这也是为什么《晋书·王导传》中会说王导与司马睿"潜有复兴之志"。"潜"是私下、偷偷的意思，他们不敢在司马越面前暴露自己的野心。

幸运的是，年初发生的一件事给了他们机会。

《资治通鉴》载，永嘉元年（公元307年）二月，平东将军周馥，代替原扬州都督刘准镇守寿春。

周馥出身汝南（今河南驻马店）周氏，为当地大族。他为官正直，疾恶如仇，身逢乱世，有匡扶天下的大志。司马越在公元305年建立自己的军事联盟时，曾推荐周馥任中领军，以示拉拢。

中领军是宫廷禁军将领，关系重大。曹魏时期，司马师就曾凭借着担任中领军的便利，协助父亲司马懿发动政变，诛杀曹爽集团。

周馥断然拒绝了这个好意，他向来不满司马越挟天子以令诸侯，也从来不掩饰自己的不满。

现在周馥担任扬州都督，出镇寿春，对司马越来说就构成了越来越大的威胁。

寿春在今天安徽寿县，位于淮河南岸，是南北交通的枢纽所在。寿春向北，可通过淮河支流颖水联结中原腹地；向南，下合肥，入长江，可攻东南腹心。其历来是南北交战的核心战场。

曹魏、西晋都在寿春驻扎大军，作为向东吴用兵的基地。而南方的东吴孙权想要统一天下，就必须向北突破寿春城。

西晋末年寿春位置示意简图

周馥控制了寿春，就能影响整个江东。

这还只是从长远考虑会产生的风险，更紧急的是迫在眉睫的掣肘。司马越南下许昌，原本是要利用它连接江东的便利征集粮草。许昌可通过颍水南下淮河，继而在寿春再南下合肥、巢湖，最后渡江。若让周馥全权掌握寿春，司马越的粮草运输很可能会被卡死。他急需一个人去江东牵制周馥。

这，就是司马睿和王导的机会。

王导等人为此制订了一个详细计划，分三路说服司马越。

第一路是王旷，他曾受到司马越重用。他熟悉江东形势，可以向司马越说明，司马睿南渡江东有助于掣肘周馥。同时陈敏死后，没有人能从南方为司马越筹集粮草、物资。司马睿正好可以填补这个空缺，他在下邳时就负责转运粮草。

第二路是王导，他会通过同僚裴邵说服司马越的妻子，让她帮忙吹吹枕边风。裴邵出自与琅琊王氏齐名的河东裴氏。他的妹妹嫁给了司马越，也就是历史上著名的裴妃。此时裴邵在司马睿府中主管政务，位置还高于王导。

王导与他私交深厚，可以通过他让司马越的妻子帮忙说情。几年后司马越死于战乱，裴妃沦为奴隶，辗转多年才到了江东投靠司马睿。司马睿念及她当年说情之恩，待她极厚。

第三路是王敦，他去跟族兄王衍说明南渡江东对家族的意义。王衍在司马越集团中深受倚重，整个琅琊王氏中，就数他最有可能说动司马越。

虽然王衍并不认为西晋已经到了不可挽救的地步，但是将家族中的一支势力提前安插到江东，符合他一贯的投机主义作风。

有这样一条记载能够清晰地说明王衍的投机风格：

早在八王之乱前期，当贾南风跟太子党争斗时，王衍将两个女儿分别嫁给了太子和贾南风的侄子。后来太子被囚禁，通过妻子向老丈人王衍求救。王衍不仅视而不见，还令女儿跟太子离婚。

王衍没有太大政治作为，但至少明白狡兔三窟的道理。

当然，说服的工作并不容易，耗时长达半年之久。直到永嘉元年（公元307年）七月，在三路人马的请求、暗示、怂恿下，司马越终于首肯。司马睿被任命为安东将军，都督扬州江南诸军事，驻扎建康，也就是今日的南京。

南渡计划正式启动。

第三章 衣冠南渡，深入江东

深入江东

永嘉元年（公元 307 年）七月十一日，西晋王朝的琅琊王司马睿带着自己的家眷、属官、私人护卫从徐州下邳出发，前往目的地建康。

陪在他身边的是王导、众多琅琊王氏族人，还有司马睿封地琅琊国的一千多户人家。《宋书·州郡志》载：晋乱，琅琊国人随元帝过江千余户。

那时候平均每户五到六人，算下来整个南渡队伍在六千人左右，还有各种家具、衣物，路上需要的粮食，甚至是家禽等，这样庞大的队伍最好是走水路。

他们出下邳城，进入泗水，往东南航行二百多里进入淮河，然后在淮河南岸的淮阴，也就是今天的淮安市往南拐，进入中渎水。

中渎水的前身是邗沟，世界上最早的运河之一，由春秋时期的吴王夫差开凿。位于江苏南部的吴国为了北上攻打山东半岛的齐国，就从长江北岸的扬州一路往北开凿运河，直到淮河南岸的淮阴。后来这段运河成为京杭大运河的南段，直到今天依然在发挥作用。

王导、司马睿等顺着邗沟往南航行三百里，就到了今日长江北岸的扬州市。他们在这里第一次见到了浩浩荡荡的长江。

那时候扬州江面宽达四十公里，波涛翻滚，犹如汪洋，是抵挡北方铁骑进入江南的天堑。曹丕即位后曾两度南征，到了扬州后也只能望洋兴叹：嗟呼！固天所以限南北也。

逃难的司马睿和王导眼见长江浩渺，不免心中凄凉。在他们身后，山河破碎，百姓流离失所。而他们此番南渡，恐怕再无归期。

这种难以抑制的悲伤在当时人心中经常涌现。魏晋史研究大家唐长孺先生在《三至六世纪江南大土地所有制的发展》中就曾总结道：东晋以前，长江流域的文化经济落后于中原，汉族士人南渡都属于万般无奈，很多士人过江时潸然泪下。

比如以清谈和美貌闻名当时的卫玠在渡江时就"形神惨悴"，忍不住对身边人说道：见此芒芒，不觉百端交集。他口中的"芒芒"指的正是浩渺苍茫的长江水面。

遥想王导、司马睿当时心境，恐怕也别无二致。

船队进入长江后，激烈的水流凶猛地拍打着航船，发出"砰砰"的巨响，但并没有阻挡他们往西逆流而上的决心。经过一个多月的航行，他们终于到达了目的地建康。

那是阴历九月初一，江南已进入深秋时节。空气中有明显的凉意，长江的风从北边刮来，裹挟着潮湿的腥味。

长途跋涉后的王导、司马睿都筋疲力尽，面色狼狈。

矗立在他们面前的建康城，曾是东吴的都城。凭借着北边长江天险，它挺过了汉末三国乱世，以及西晋末年不断爆发的地方叛变。

从今以后，它就是司马睿、王导的家了。此时的司马睿和王导不过才三十许。他们年轻，富有才华。司马睿继承了曾祖司马懿的隐忍坚毅，懂得韬光养晦，后来居上。王导则出身两晋第一等豪门，长袖善舞，深不可测。

虽然身处乱世，但他们幸运地找到一个落脚之地，凭借着长江天险，短时间内足以抵御北方匈奴的铁骑。江南土地丰饶，假以时日，足以自养。只要两人同心同德，携手努力，未来还有无限的可能。

大家族的乱世生存法则

这里需要单独提出来的是，南渡队伍中没有王敦、王旷的身影。当王敦跟王衍透露了南渡计划后，王衍对计划做了一个调整：在司马睿和王导被派往江东的同时，族弟王敦被任命为青州刺史，胞弟王旷被任命为淮南太守。

《晋书·王衍传》载：

（衍）说东海王越曰：**中国已乱，当赖方伯，宜得文武兼资以任之。**

王衍劝说司马越道：现在天下大乱，需要文武兼备的人才出镇各个军事要地。

这个建议从理论上来说确实有助于稳定乱局，所以能得到司马越的支持。但站在王衍的角度，可能还是南渡计划提醒了他，应该早日将家族势力拆分为几支，散到各处，规避同归于尽的风险。这是大家族在乱世常用的保全策略，当年诸葛亮兄弟几人就分别入仕魏、蜀、吴三国。

王敦出任的青州在今日山东半岛北部地区，以临淄、寿光为主要城市。山东半岛像一个巨大的楔子一样斜插进华北平原，北接河北，南靠江苏，历来是控制南北战争局势的关键。河北军队想要南下江淮，必然会被山东所阻。明初朱棣从北京南下，想要渡江攻打南京，每次都被山东牵制，以至于两三年内都出不了河北。

南方势力图谋中原，也往往先北上占据山东，作为进攻河南、河北的基地。朱元璋灭元，就是在先拿下山东后，才敢进入河北。

青州往北越过黄河，即是河北。如今匈奴骑兵正顺着河北南下，这里是抵挡他们进入淮河一线的关键屏障。

青州另一个引人注意的是它剽悍的民风，这里曾是黄巾起义爆发的重灾区。曹操当年就是通过平定青州的黄巾起义，收服青州兵中的精锐，才有了逐鹿天下的资本。

如今王敦出任青州刺史，有助于收拢人心，巩固北方防守力量。

在出任青州刺史之前，王敦因为在八王之乱中的功劳，先后担任散骑常侍、左卫将军、侍中，都是守在皇帝身边的要职，其中左卫将军的职位还让他拥有了掌管一支皇宫禁军的权力。他不仅出身琅琊王氏，还是晋武帝司马炎的女婿，在西晋年轻一辈贵族子弟中声名显赫。

他在家族中的地位也高于王导，因此受到族长王衍重用，出镇青州。不过他在这个职位上不会耽搁太久，很快就会南下江东与王导会合。

除了派王敦前往青州，王衍还派自己的亲弟弟王澄出任荆州都督。荆州也就是今天的湖北、湖南一带，历来是南北交战的中路战场。

王衍曾对两个弟弟说道：荆州有汉水、长江天险，青州背靠大海，都是能够割据一方的好地方，我在洛阳与你们内外呼应。

这是王衍的狡兔三窟之计。他从王旷的南渡计划中得到灵感，提前将家族的两支力量安插到朝廷的关键位置，不论洛阳最后是否沦陷，都能延续琅琊王氏的权力。

再说王旷。

作为南渡计划的提出者，他却无缘南渡，被改派到江北的淮南郡担任太守。淮南郡位于淮河以南，治所在寿春（今安徽寿县），位于合肥以北一百二十公里处。这是一个连接南北的关键位置，向北顺着淮河支流颍水即可进入中原；向南越过长江，即可进入江东。

王旷在这里既可接应北方的朝廷，又能掩护江东的司马睿。不过对司马越来说，王旷在这里的首要任务还是牵制扬州都督周馥。

扬州的管辖范围除了江南，还有江北的淮南、庐江两郡。在司马睿南渡之前，整个扬州军事都归都督周馥管辖。为了削弱周馥的力量，司马越将扬州一分为二，江南等地都给了司马睿，所以司马睿的头衔叫"都督扬州江南诸军事"，也就是负责掌管扬州江南部分的军权。

江北两郡还归周馥管理，司马越依旧不放心，派王旷出任淮南太守。魏晋时期，都督管一州军事，相当于军区司令；刺史管理一州行政，相当于省长。太守则是管理州下一级行政单位郡的政务，相当于市长。

通过以上对王敦、王旷的任命，我们可以发现司马越、王衍依然把重心放在固守中原正朔，没有意识到可以把政权转移到江东。南渡江东的司马睿、王导等人在他们的联盟中依然只处于权力的第二梯队，只是负责去江东筹集粮草。

这是司马越最大的失败，他失去了挽救自己、挽救西晋朝廷的最后机会。

但站在司马越的视角来看，这一切又是理所当然。在西晋之前，还从来没有任何一个少数民族如此南侵，以至于最后颠覆中原政权。不管从文化意义还是政治意义来讲，中华文明的正朔都必然是屹立在以长安、洛阳等北方都城为核心的中原地带。从周到秦，从汉到晋，代代如此。

这是中原政权的政治潜意识，也是他们的骄傲所在。后来的南宋、南明朝廷可以参照东晋故事，但此时的司马越没有任何参考。

当然，司马睿、王导的局面也并不乐观，甚至比此时的司马越更加艰难。在他们之前，还没有任何一支北方力量在江东成功立足。建康城的第一代主人东吴孙权，本身就发家于江东三吴地区。刚刚失败的陈敏尸骨未寒，更是一个惨烈的教训。

江南的一切都是新的、危险的。他们这群中原政权的流浪者，就这样贸然闯入了潮湿溽热、雾气弥漫的江南。

根据以往的军事经验，想要立足江南，首先以建康为依托，然后沿着长江一线布防，向上游控制夏口（今武汉）、武昌（今鄂州）等重镇，向下游掌握广陵（今扬州）、京口（今镇江）等地。如果有余力，再北上控制淮水一线，打造江东的第二道防线。对江东来说，如果长江是家门口，那么淮水就是院门口。

但对此时的司马睿、王导来说，这一切都太过遥远，他们眼下能依托的唯有建康城。

收服人心的艺术

在孙权建都建康之前，这里还是一个叫作"秣陵"的县城。它背靠长江，距北方势力的威胁太近，离富足的太湖平原一带又较远。

因此东吴最早扎根于太湖一带而非建康。赤壁之战后，三分天下的格局初步形成，孙权为了更好地对抗曹操、刘备势力，将都城迁往秣陵，并改名"建业"，寓意"建立王之业"。

西晋灭吴后，改"建业"为"建邺"，当王导、司马睿南下江东时，它依然被这样称呼。后来为避皇帝司马邺的讳，又改为"建康"，这是沿用时间最久的一个名字，史书提到这个地方时，也多用此称。等到我们用"南京"称呼这个地方，已经是明朝的事了。

但为行文方便，我们后面直接用"南京"这个称呼。

南京当时最重要的防守位置是西北方向的石头山，也就是今日所说的清凉山。山上有城，即石头城。

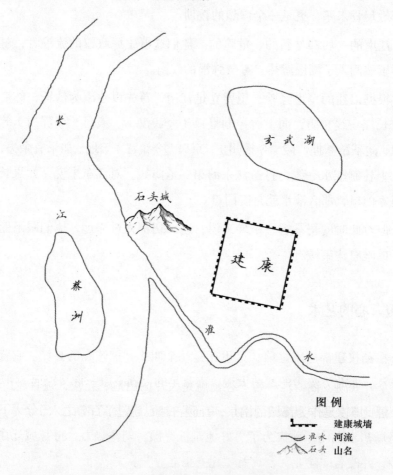

图例

╗ 建康城墙

∼ 河流

⛰ 山名

东晋初期建康位置示意简图

石头山西边就是长江天险，从长江上游来的势力一般都在石头山登陆。孙权为了守护南京城，曾在石头山筑城，驻扎军队，储藏粮草、兵械。他还在山上铸造了烽火台，一旦遭遇战争，点燃烽火，即可被整个东吴地区看到。

为了输送太湖地区的粮草、物资，他还修了一条人工运河，连接南京与太湖两地。经过东吴几代人的开发，南京成为江东大城。东吴之后，东晋、宋、齐、梁、陈先后建都于此，它因此有了六朝古都的美誉。

然而，南京城只是给王导他们提供了一个落脚之地，想要真正管理江东又是另外一回事情。

早在春秋时期，这块土地就以民风剽悍著称。上到贵族豪门，下到贩夫走卒都躁动好武，不畏生死。战国四大刺客之一，帮助吴王阖闾刺杀政敌的专诸就是南京人。三国时期，包括南京在内的丹阳兵、长江下游的镇江兵都被称为精兵。

徐州刺史陶谦就靠着丹阳兵对抗曹操，后来还分出三千丹阳兵给刘备，成为后者的起家资本。今浙江一带的会稽同样盛产精兵。秦朝末年，项羽就是在会稽起事，领着八千子弟兵征战天下。

好战的民风与江南地理环境有很大关系。今日江南土地肥沃，渔产富饶，是温润纤细的鱼米之乡。但在唐代以前，江南的开发主要集中在今日太湖、钱塘江一带。往南就是大片的山地、丘陵，被百越山民占据。即使是作为都城的南京，丘陵占地也超过了百分之六十。

艰苦的生存环境下，平原人与山地人冲突不断，在战术、武器、民风等各方面相互浸染，培养出好战逞强的普遍风气。

《宋书·五行志》记载，即使在西晋攻占东吴多年后，江东地区依然人心摇动，眷恋东吴政权，有童谣曰"宫门柱，且莫朽，吴当复在三十年后",又曰"鸡鸣不附翼,吴复不用力"。

大一统的西晋政权在他们看来依然是外来的闯入者,民众心心念念的是失败的孙氏政权。当然,孙氏的统治并非真的那么美好,只是作为本土政权,加上失败的悲伤结局让江东人在想起他们时,会有一层不自觉的滤镜。

这些都会对西晋的统治造成动摇。

晋武帝曾对此忧心忡忡,跟江东名士华谭请教说:东吴人凶暴好战,该怎么管理呢?

这个问题一直没有得到解决,地方叛乱不断。几十年之后,司马睿南渡江东,遭遇了同样的困境。

他也没能力解决。

但王导有个思路。回顾往昔,每到需要解决问题的时候,王导总是有思路。他总能抓住问题的核心。

在他看来,管理江东的核心,就是得到本土大族的支持。就像北方政权的基础是琅琊王氏这样的世家大族一样,江东同样被当地豪门控制。

南京城的上一任主人东吴孙氏,主要依靠的就是吴郡的"顾、陆、朱、张"四大家族。

吴郡就是今天的苏州一带,以太湖为核心,向四周平原辐射。密集的水网既便利航运,又能灌溉肥沃的平原土壤。

早在春秋时期,吴国就大力开发太湖平原,并建都苏州。顾、陆、朱、张四大家族作为江南本地大族,最早定居于此。

经过累世经营,他们在经济上占有土地,经营庄园;在政治上渗透进了各级政府,到了孙吴时期,他们已经进入中央,与孙氏共治江东。

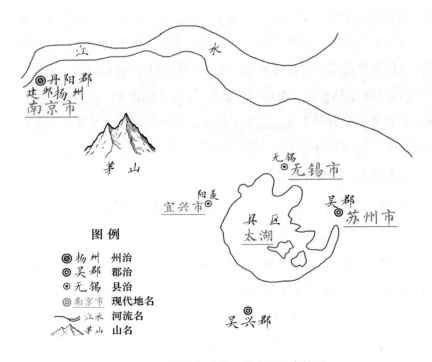

西晋末年太湖一带位置示意简图

司马睿想要在这块陌生的土地上扎下根来，就不得不争取这些本地大族的支持。

遗憾的是，这些大族对司马睿并没有好感。

他们早把江东看成了自家领地，任何外来势力都会被视为一种侵占和抢夺。唐长孺先生曾在《三至六世纪江南大土地所有制的发展》中分析说，江南以孙氏为首的旧统治集团渴望恢复其独立王国。即使在孙氏覆灭后，他们划江自守的心态依然没有太大变化，支持陈敏作乱就是一个例证。

司马睿与陈敏不同，他是司马氏藩王，代表正统的中原政权，这是江东大族三十年来最为抵触的统治对象。二十七年前，司马睿的祖父司马伷曾参与西晋灭吴之战，并亲自接受了东吴末代皇帝孙皓的投降。这段历史毫无疑问会增加江东本土大族对司马睿的敌意。

据记载，司马睿到了南京一个多月，东吴大族没有一人登门拜访。司马睿对此一直耿耿于怀，以至于几年之后他收服了东吴人心，还对东吴士族首领顾荣说过这样一句话：

寄人国土，心常怀惭。

寄居在你们的土地上，我心里经常感到惭愧不安啊。

《晋书》中还记载了这么一件事：

元帝始镇建业，公私窘罄，每得一豘，以为珍馐。项上一脔尤美，辄以荐帝，群下未敢先尝，于时呼为"禁脔"。

司马睿等人刚到江东时候，生活窘迫，连猪肉都吃不起。偶尔弄来一头猪，就视为佳肴。猪脖子上那块肉尤其好，王导等人都不吃，献给司马睿。

足见当时的困顿与狼狈。

但王导不是坐以待毙的人。他身段灵活，长袖善舞，擅长在复杂的局面中团结一切可以团结的力量。

《世说新语》有这样一个生动的例子：

王丞相拜扬州，宾客数百人并加沾接，人人有说色。

王导官拜扬州刺史时，宾客数百，济济一堂，王导都能一一接待，人人有悦色。

唯有临海一客姓任及数胡人为未洽。公因便还到过任边，云：君出，临海便无复人。任大喜说。

唯有一个来自临海郡（今天浙江临海市）的任姓客人和几位西域僧人没能融入环境。

王导就走到任姓客人前，说道：您来到我这里，那临海就没有人才了啊。

客人大悦。

因过胡人前，弹指云：兰阇，兰阇！群胡同笑，四坐并欢。

安抚好任姓客人后，王导再走到西域僧人面前，弹着手指说：兰阇，兰阇！

"兰阇"（lán dū），梵语中的褒赞之辞，弹手指大概也是当时对待西域僧人的礼节。

僧人大笑，四座皆欢。

这件事虽然发生在他帮助司马睿收服江东以后，但他左右逢源，收服人心的灵活手腕可见一斑。

现在他准备为司马睿去争取江东大族的支持。同样作为豪门贵族，他自忖能够洞悉这些江东大族的需要和恐惧，只要因势利导，他有足够的信心和耐心争得他们的信任。

他把目光首先投向了陆、顾两大家族。

第四章 江东四大家族

华亭鹤唳

陆家的代表人物是三国后期名将陆逊。他在夷陵之战中火烧刘备，一战成名，被视为东吴最后的拯救者。他以荆州为据点，北抗曹魏、西拒巴蜀，成为守护东吴的西部屏障。但孙权出于巩固皇权的需要，打压东吴大族，将陆逊逼死。

司马睿、王导南渡江东时，陆家已经式微，但影响力仍在。王导于是向当时的陆家代表人物陆玩提出联姻。

陆玩是陆逊的侄孙，宽厚儒雅，处事公允，在江东一带名声卓著。若能得到他的支持，王导也就能够吸纳更多江东士族进入司马睿军府。

联姻也是江东大族惯用的政治手段。孙吴政权就通过联姻拉拢陆氏、顾氏。孙策之女嫁给了陆逊，另一个女儿嫁给了顾氏家族的顾邵。吴郡四大家族之间也累世联姻，结成荣辱与共的联合体。

王导与陆玩年纪相当，子女年龄想必也相差不大。从门第来讲，式微的陆氏能够与正如日中天的琅琊王氏结亲，也有助于他们在愈演愈烈的乱世中保全自己。

出乎意料的是，一向宽厚的陆玩断然拒绝了王导的政治联姻，他说：

培无松柏，薰莸不同器。玩虽不才，义不为乱伦之始。

小土坡长不出松柏一般的大树，香草和臭草不能放在一个篮子里。我虽然不才，也不能干这种乱伦的事情。

这话看似是说陆家配不上琅琊王氏，实际上是不屑与王导代表的北方士族为伍。语气之硬，态度之倨傲，实非一般人能够忍受。

其中"不为乱伦之始"中的"始"字尤其意味深长，就是说我们陆家作为江东士族的代表，不能开这个跟北方联姻的头，不能做不好的示范。这既是陆家的门第骄傲，也是明确告诉王导，不要想着借助我们陆家，拉拢其他江东大族。

这是一种非常决绝的对抗。

深入分析，这与当时南北地域歧视不无关系。

北方所在的中原地带历来是王朝正统所在，拥有先天的政治优越性。而南方经济开发较晚，直到东汉时期，牛耕技术才传到南方。

长江以南，除了太湖平原，以及钱塘江两岸的宁绍平原，大多是丘陵、山区，潮湿溽热，瘴气弥漫，属于还未充分开发的蛮荒之地。

因此，北方人瞧不起南方人。北方人关羽就经常骂吴人是"貉子"。这是一种长得像狐狸的野生动物，因为生长在河谷、山区，向来遭到轻视，比如"一丘之貉"。

西晋灭吴，北方势力征服了江东，这让北方人的优越感有了更为扎实的基础。

陆逊的孙子、著名文学家陆机进入洛阳后，北方人就说：难道貉奴也懂得带兵吗？貉就是关羽说的那个貉子。虽然陆机祖上两代都是赫赫名将，依然被拿来跟奴隶相提并论。

被北方轻视的南方人自然要报复回去，称北方人为"伧人"，就是粗鄙、缺乏教养的人。

《晋书》记载，王导曾邀请陆玩到家里吃奶酪。

南方人陆玩吃不惯，回家后就生病了，应该是拉肚子或者发烧。他就写信给王导说：仆虽吴人，几为伧鬼。

我虽然是南方人，但差一点就成了你们北方鬼啊。

奶酪最早出现在魏晋时期，由南移的北方草原民族带入中原，当时被视为滋补佳品，权贵才有资格享用。王导请陆玩吃补品，原本是好心拉拢，谁知陆玩并不领情。

除了地域因素，陆玩抵触王导、司马睿更深一层的原因，恐怕还是他们家曾经卷入过司马家的内斗，并付出了夷灭三族的代价。

西晋灭吴后，为了装点一统天下的门面，积极吸引江东人入朝为官。出身吴郡陆氏的陆机是重点征召对象。

虽然两个哥哥都在西晋灭吴之战中死去，陆机对朝廷的征召并没有太大抵触。跟江东其他士族不同，他对南北没有那么强烈的分别心。他是正统的儒家知识分子，《晋书》说他"伏膺儒术"。陆机倾心儒术，想要匡扶的不只是东吴政权，而是整个天下。

东吴覆灭后，他花了九年时间闭门读书，研究东吴惨败的历史教训，写出了流传至今的《辩亡论》。

他得出结论，东吴败亡的根本是晚期打压士族，失去了人才的支撑。

这的确是一针见血的洞察，他也自认为看清了整个天下的运作规律。当西晋朝廷发出征召令后，他带着自己的研究，偕同弟弟陆云踌躇满志地北上洛阳。

不幸的是，陆机北上两年，就被卷入八王之乱，险遭处死。当时同样在洛阳为官的顾家代表人物顾荣劝他一道南归江东，他拒绝了。

他觉得还有希望实现治国理想，因为自己终于遇到了一个年轻有为的藩王——成都王司马颖。

司马颖是司马炎的第十六个儿子，傻皇帝司马衷的弟弟，是当时最有可能夺得天下的人。陆机在差点被前一个藩王处死的时候被司马颖所救。

他觉得此人礼贤下士，有王者之风。

《晋书·陆机传》载：

（陆机）见朝廷屡有变难，谓颖必能康隆晋室，遂委身焉。

可惜这是陆机的误判。

公元303年，司马颖从河北南下攻打洛阳。陆机被任命为代理都督，掌管二十万大军。在进入中央朝廷的江东人中，还从来没有谁像陆机一样手握大权。

陆机一开始拒绝了，作为南方人掌握这么大的权力，很容易遭到猜忌。

司马颖不许。

他说将军你只管努力打仗，成功之后我任命你为尚书。

这是陆机一直以来的梦想，他想要匡扶乱世，想要建立功名。他亲眼见证了东吴的覆灭，自己的家族也付出了惨重的代价。他认为自己在这个过程中已经得到了足够的教训和智慧，现在是重振家风、建功立业的时候了。

这一年他已经四十三岁了，他需要一个机会证明自己。

但他依然有所担忧。在最终接受任命前，他对司马颖说了一句意味深长的话：今日之事，在公不在机也。

为什么呢？

因为"昔齐桓任夷吾以建九合之功，燕惠疑乐毅以失垂成之业"。

齐桓公因信任管仲，成为春秋一霸；燕惠王因为怀疑乐毅，失去光大燕国的机会。所以咱们这次事业能否成功，关键在您不在我啊！

历来大战，只有得到君王全力信任和支持的将领才能放手一搏。这曾被历史反复证明，陆机希望司马颖能够完全信任他。

但这话被司马颖身边的人听到后，就变成了另一番味道。

他们对司马颖说：

陆机这是把您比作燕惠王这样的昏君啊。

司马颖沉默不语，但怀疑的种子已经被种了下来，生根发芽只需要一个契机。

而这个契机很快就来了。

《资治通鉴》记载说，陆机领兵到达洛阳后的第一战就被击败，而且败得很惨烈：溃兵被赶入城北的河水中，水为之不流。

作为名将之后，这一仗打得确实狼狈。分析其中原因，很可能是他作为南方将领，很难凝聚军中人心，屡遭掣肘。当他领兵南下的时候，军中的一个北方将领就讽刺他说："难道貉奴也懂得带兵吗？"

也可能是他本来就以文学出名，并没有遗传祖父陆逊的军事天赋。也许名将也需要更多历练，只是陆机已经没有机会了。

早对他不满的北方将领趁机诬告陆机谋反。

司马颖不能辨别真伪。

综合各方面史料来看，司马颖其实是个外强中干的人，并非陆机想象的中兴之主。他对陆机的重用，更多是看重他作为名将陆逊之孙的身份，对陆机本人的能力和德行既没有太多清晰的认知，也没有足够的信任。

当前线的失败褪去陆机身上的家族光环后，身边人的谗言就越发响亮。司马颖惊出一身冷汗，下达了一道残忍的命令：抓捕陆机，将其斩杀。

也许直到下达命令的那一刻，他依然不能判断陆机是否真的叛变，但他毕竟掌握着自己的二十万大军，宁可错杀，也不能枉纵。

据说陆机临死前一天梦到黑色的车帷将车缠住，用手怎么扯都扯不开。天亮后，司马颖的人就到了。

陆机脱掉戎装，戴上白色的便帽，这是名士最后的风雅。

他心知必死，但神色平静。

陆机感叹说：当初他把这么大的权力交给我，我推辞过，但得不到允许。今天因此被杀，难道不是命吗？

陆机不一定是信命之人，他的死也并非天命。只是其中原因不能细说，或者说之也无益，也就只能推到天命头上了。

说完之后，他就被杀死。他的两个儿子、两个弟弟也一并被杀。

据说临死前那一刻，陆机曾长叹：华亭的鹤唳声，是再也听不到了吧？

他出身吴郡华亭，也就是今天的上海松江一带。每到深秋时节，白鹤从北方迁徙过来，在长江下游的天空上排成长队，音色空灵地叫着。

那是年少时候的陆机最熟悉的场景。

他突然想念南方的家乡了！

综合史书记载，吴郡陆家向来公私分明，大义凛然。陆逊被孙权逼死，其子陆抗依然坚守荆州，护卫吴国百姓。两个哥哥死于西晋灭吴之战，陆机依然可以不计前嫌，效力于朝廷。

但对陆玩来说，族兄陆机的死不一样，他是被活活冤杀。

《晋书》记载，陆机被杀时，原本的大白天突然大雾弥漫，狂风折树，平地积雪一尺厚。时人把这看作陆机冤死的象征。

乱世如洪水猛兽，即使出身累世功勋的家族，也无力左右洪水流向，贸然投身其中，大概率会被撕成碎片。

陆玩没有族兄陆机那么炽烈的才华和野心，或者说得更确切一点，他没有陆机那么天真。《辩亡论》总共三千多字，论证雄强，文采斐然，《晋书·陆机传》全文收录。但书生毕竟是书生，书面上的理论与实际的治国理政，总是有万里之遥。

陆玩懂得这个道理，他只想在乱世中保全家族。

如今司马睿初到江东，还没能证明他比同族兄弟司马颖更加公正，或者更有能力终结乱世，陆家自然也没必要再卷入进去。

成大事者，要咽得下狼狈

若是王敦遭到陆玩那等讥讽，很可能拔剑而起。多年之后，王敦就以大将军之威逼迫陆玩出任府中长史，陆玩"不得已，乃从命"。

但王导不是这样的人，他能理解陆玩的苦衷。在联姻被拒绝后，他不死心，还邀请陆玩吃奶酪，并再次遭到嘲笑。但他依然没有发怒，历史上几乎没有留下王导发怒的记载。

他依然保持着跟陆玩的联系，表现出足够的耐心，等对方回心转意。

要是陆玩最终也没有回头呢？

那也没有关系，他相信自己对待陆玩的宽仁和真诚能够在江东大族之间流传，这才是真正重要的事情。

《世说新语》曾有这样一条记载：

刘真长始见王丞相，时盛暑之月，丞相以腹熨弹棋局曰："何乃渹？"刘既出，人问："见王公云何？"刘曰："未见他异，唯闻作吴语耳！"

北方名士刘真长南渡江东后，去见王导。当时正值盛夏，酷热难耐。王导将肚皮贴在石板做的棋盘上，乐呵呵地说：真凉快啊。

刘真长回来后，有人问和王导见面的情形。

刘真长回答：其他没什么特别，就是听到他说吴地人的话。

"渹"是"冷"的意思，是吴地方言。在这个故事中，王导显得有些滑稽，为了拉拢江东士族，鹦鹉学舌一般学习吴地人的方言。这在北方清高名士眼中是有些尴尬，甚至狼狈的。

但王导没有那么多包袱和顾虑，他容得下尴尬和狼狈。

若要形容王导的为人，《世说新语》中有段话最合适不过：

汪汪如万顷之陂，澄之不清，扰之不浊，其器深广，难测量也。

有如万顷湖水一样深不可测，外力既难以澄清，又不能搅浑。至于是清是浊，只能由他自己随时机而变。

被陆家拒绝后，王导又把目标转向了顾家。

顾家当时的代表人物是顾荣。

顾荣家族与陆家一样都鼎盛于东吴时期。顾荣祖父顾雍，担任东吴丞相长达十九年，他的父亲、叔叔也都曾担任太守重任。即使一千多年之后，这个家族依然人才辈出，明末清初的顾炎武就出自这个吴郡望族。

西晋灭吴之后，顾荣跟陆机一道北上洛阳，入职西晋。不过他比陆机更加清醒，很快看透司马家人的鲁莽与残忍。他曾先后效力于其中的五个藩王，为了避祸求全，多是不理政务、饮酒大醉。他曾对亲近的人透露，"唯有喝酒才能忘忧"。

这种对时局的失望与忧愁在魏晋之际非常普遍，比如《晋书·阮籍传》就说竹林七贤之一的阮籍"本有济世志"，但"魏晋之际，天下多故，名士少有全者"，阮籍为了避祸，只能"不与世事，遂酣饮为常"。

顾荣的忧愁还多了一层旅居他乡的孤独和寂寞。实在苦闷了，他就去找吴郡同乡张翰喝酒。

张翰出身吴郡四大家族之一的张家，是西汉开国元勋张良之后。这个家族在东汉时期避乱江东，在东吴时期崛起。族人因学识渊博、才思敏捷而主要从事外交工作。同族的叔叔张温曾出使蜀国，促使吴、蜀两国在陆逊打败刘备之后重新结盟。

张温回到东吴后，遭到孙权猜忌，抑郁而死。族人也被逐一清算。西晋灭吴时期，张家早已走向衰落。

这些让张翰在政治上甚至比顾荣更加通透、淡漠。西晋的混乱更坚定了他的心志。他曾慨叹道：

人生贵适志，何能羁宦数千里，以邀名爵乎？

人生贵在内心自由，何必为了追名逐利而羁旅他乡？

有人问他："你难道不考虑身后名声吗？"

这是一个很严肃的名利拷问。出身世家大族的贵公子们不能只为自己而活，他们借着祖辈的荫庇，进入权力系统，就有义务为下一代积累更大的势能。如此循环往复，一个家族才能权势不衰。每个人都只是这个系统的工具，而不是目的本身。

张翰不愿接受这套逻辑，他从权力系统中主动跳出来，开始观照自己的内心需求。他在这方面很有竹林七贤的风度，后世经常将他跟阮籍相提并论。

面对身后名的质问，张翰坦然道：使我有身后名，不如即时一杯酒。

要身后名做什么？还不如即时一杯酒！

公元 302 年，北方战事又起。

时值深秋，北风凄凄。张翰看着苍茫的北方天空，又想起了温润的江南。此时南方湿地中的茭白已经能收割了，肉质细腻鲜美，适合清炒。松江中的鲈鱼正肥，捞起来，切成晶莹的薄片，配上一点酱油、姜丝，正适合做生鱼片。

人在落寞的时候，总是格外思念家乡的滋味。

张翰找到顾荣，劝他一道南归：现在天下大乱，稍微有点名气的人都不免被卷入灾祸。你一向能防患未然，何必蹚这浑水？

顾荣拉着张翰的手，悲怆地说道：我也想和你一道隐逸山林啊。

但他有苦难言。

顾荣出身江南豪门，名满天下，想要马上从朝廷中退出来并不是那么容易。朝廷即使不重用顾荣、陆机等人，也要把他们留在洛阳，用来装点天下一统的门面。

张翰理解他的难处，说：君有四海之名者，求退良难。

说完他先一步回到了家乡。

两年后，顾荣也终于等到了南逃的机会：皇帝被劫持到关中，洛阳大乱。

顾荣趁机南归。

幕后高手

王导知道，想要说服对司马皇室没有好感的顾荣并不是一件容易的事。他现在并不能证明司马睿跟他之前认识的司马家人有什么不同。

但有一点是清楚的，顾荣不像张翰那么超然物外。他在乎江东局势，更在乎如何在眼下末世中守护顾氏家族。

顾荣从洛阳回到江东不久，陈敏在南京发动叛乱。当其他家族还在保持观望时，顾荣已经率先站到了陈敏阵营。

陈敏出身寒微，以朝廷官员的身份突然发动叛乱，名不正言不顺。顾荣一向老成持重，他的这个选择有些令人大跌眼镜。

但《晋书·顾荣传》中顾荣的一句话道破了关键：

江南虽经石冰之乱，人物尚全，荣常忧无孙、刘之主有以存之。

江东虽然经历了石冰之乱，主要人物（指的就是江东地方豪族）都还在。但我经常忧虑没有像孙权、刘备那样的雄主出现，保护江东。

这就是他的主要考虑。

刚从洛阳回来的顾荣亲眼见证了西晋王朝的混乱，而且知道天下的大乱还将愈演愈烈，江东需要一个能独当一面的守护者。

魏晋时期，世家大族虽然是一个政权的核心组织力量，却很少自己冒头，振臂高呼，成为舞台中央的领导者。他们习惯的是深藏幕后，共推一个第三方势力作为明面上的执政者。一旦局势有变，就改弦更张，换掉执政者。所谓流水的皇帝，铁打的世家。这是乱世中的生存之道。

当初吴郡四大家族选择支持孙吴，现在乱世再起，顾荣作为江东士族之首，选择了陈敏。

陈敏是扬州庐江郡人，也就是今天的安徽庐江，就在长江北岸。今天开车从庐江到南京也就三个小时，地缘上的亲近性让他更容易得到江东人的支持。当年孙吴政权的奠基人孙坚则是浙江杭州人。

陈敏公元 301 年到今天的扬州市一带筹集粮草，到发动叛乱的公元 305 年末，经营江东已有五年之久。更重要的是，他在公元 303 年以弱胜强，平定石冰之乱，让顾荣等江东士族看到了他的军事能力。

顾荣投靠陈敏的时候就说道：将军勇武盖世，有当初孙吴之能。

按照顾荣原本的规划，陈敏首先重用东吴士族，赢得政治上的合法性。再带兵顺着长江逆流而上，攻占荆州、益州，就能掌握整个长江以南，划江而治。这也是当初鲁肃、周瑜等人给孙权的规划。

顾荣想要重现东吴模式。

这是一个理想的计划，江东其他家族也相继加入进来，比如吴郡周氏，还有东吴名将甘宁的后人甘卓。

遗憾的是，陈敏在政治上并不成熟。他虽然起用了江东士族，带兵的核心职位还是给了自己的几个亲弟弟，而这几个弟弟比司马越的弟弟们更让人失望。史书说他们残暴肆虐，大失人心。

顾荣等江东人意识到如此继续下去，只会被陈敏拖入万劫不复。

他们决定抛弃陈敏。

永嘉元年（公元 307 年）二月，顾荣等带兵在秦淮河南岸与陈敏隔河对峙。甘卓朝对面陈敏的一万多士兵大喊：当初你们支持陈敏，也是因为相信顾荣，现在他已经抛弃陈敏，你们还等什么呢？

对面的士兵也大多是江东人，知道顾荣等大族的影响力，听了甘卓这番话，内心有些动摇。顾荣瞅准这个时机，从军阵中走了出来。

他手持白羽扇，缓缓踱到岸边，朝着对岸轻轻一挥。大意是你们赶快散了吧，何必在这里白白送命。

对面万人战阵，顿时涣散。

陈敏见大势已去，单骑出逃，最后在南京被杀。

顾荣那白羽扇轻轻一挥，几乎有千军万马之力，以至于几百年之后的李白依然艳羡不已，写诗云：长呼结浮云，埋没顾荣扇。

世家大族翻手为云覆手为雨，可见一斑。

如何低调地秀实力

陈敏之乱让王导见识了顾荣的能量，也让他发现了顾荣的真实需求：作为江东士族代表，顾荣急需要一个新的执政者帮他们守护江东。

这是一种相互利用的合作，里面有残酷的算计，无情的背叛，但王导是一个务实的人，能够接受这一点。他和司马睿很可能也会重蹈陈敏的覆辙，但这些就留到将来再考虑了，眼下需要先得到他们的支持。

想明白后，王导在整个江东士族面前导演了一出大戏。

《资治通鉴》载：

会睿出观禊，导使睿乘肩舆，具威仪，导与诸名胜皆骑从。

永嘉二年（公元 308 年）三月初三，司马睿乘着肩舆去看江东人的修禊（xì）风俗，王导等北方名士都骑着马恭敬地跟在后面。纪瞻、顾荣等江东人看到了非常惊异，连忙拜倒路边。

禊是江东的一种风俗。每到农历三月初三，草长莺飞，春江水暖，老百姓都会到江边戏水、野餐，洗去上一年的霉运，祈祷新年否极泰来。

王羲之在《兰亭集序》中就写道：暮春之初，会于会稽山阴之兰亭，修禊事也。写这段话的时候，原为北方山东人的王羲之已经在浙江生活了四十七年之久，生活习惯都已江东化。

司马睿以藩王之尊，亲自去观摩江东人的风俗，意在告诉江东士族，他尊重当地的文化风俗，并且会积极融入其中。

尤其值得注意的是，他此次出行乘坐的是肩舆，类似今天旅游景区出租的简易轿子，前后有人抬着，中间一把藤椅，没有遮挡。要知道，古代帝王、大臣出行的御辇、官轿都有帘子遮挡，不能轻易让老百姓看到自己的脸。

司马睿贵为西晋藩王，如今还是扬州江南军区都督，王导却有意让他在江东人面前抛头露脸。这似乎降低了司马睿的身份，甚至可能遭到江东人的轻视。

但实际上，这是一个精心设计的细节，目的是给他塑造了一种礼贤下士、平易近人的形象。司马越、司马颖等藩王的傲慢、残暴曾给江东人留下了极为恶劣的印象，王导需要让司马睿看起来与他们截然不同。

这样的安排果然收到了理想的效果，《资治通鉴》载：**纪瞻、顾荣等见之惊异，相帅拜于道左。**

顾荣、纪瞻等人被司马睿的诚意打动，纷纷拜倒路边，自此加入司马睿阵营。

但若再仔细想一想，这个结论很可能过于轻率，收服江东士族远没有这么简单。王导、司马睿去年九月初就到了江东，现在是第二年的三月初三，其间长达半年之久，却没有一个人登门拜见。

现在司马睿稍微露脸，就能让顾荣等心悦诚服？

恐怕真正说服顾荣的，不只是司马睿的礼贤下士，更是"导与诸名胜皆骑从"的盛大场景。

此时王导的堂兄王敦为青州刺史，族兄王澄为荆州都督，王衍更是贵为三公的司徒。此时此刻，恐怕再没有比琅琊王氏更显赫的家族。而这样一个家族出身的王导却在司马睿后面毕恭毕敬地骑马随行，说明了什么呢？

司马睿人心所向，具备足够的政治影响力。

恐怕当今天下，再没有人比他更有能力、更适合来守护江东的安危了。

以上分析还有一个佐证。在顾荣等江东士族选择支持陈敏叛乱后，江东名士华谭曾给顾荣写了一封信，说他投靠陈敏实在不是明智之举，因为陈敏是"六品下才"。

魏晋时期根据门第、学识等将士人分成九品，一般只有出身王室的人被划到一品。根据宫崎市定《九品官人法研究》考证，晋武帝司马炎年轻时候就是一品，因为他父亲司马昭当时已经是曹魏权倾朝野的晋王。像王导这样出身豪门的一般是二品。

而陈敏是六品，足见出身寒微。据史载，他刚进入仕途时只是一个管仓库的小吏。

收到华谭这封信不久，顾荣就抛弃了陈敏。

在当时，出身不仅意味着更大的影响力，更站得住脚的权力合法性，还意味着更熟练的政治才能。在大家族中，政治手段和技巧会随着权势一同传递给下一代。

王导通过这样一次看似平易、实则盛大的表演，把南渡集团的政治优势集中呈现给江东士族。他清楚地知道，这就是顾荣真正需要的。

《晋书》也说，司马睿这次乘坐肩舆出行的时候，"吴人纪瞻、顾荣，皆江南之望，窃觇视之"。这里的"窃觇视之"意味深长。

"觇"（chān），是窥视、窥测的意思。

"窃觇"就是藏在人群中窥视。

这说明顾荣等吴人对司马睿其实是非常有兴趣的，所以趁他此次出行观察他的言行举止，判断他的人品、风度，还有政治影响力。

王导深谙他们的心思，导演了这一幕大戏。

这是一场两个聪明人的较量，没有你来我往的拉扯与说服。一切都在不言之中，一切都在暗处涌动。最终，顾荣等人成功地接收到了王导想要传达的信息，于是"相帅拜于道左"。

当然，事情还远没有结束。

《晋书·王导传》说这次出行之后，司马睿"乃使导躬造循、荣"。这里的"循"是贺循，"荣"就是顾荣，以及上文提到的纪瞻，都是江东士族之首。

在集中展现了南渡集团的政治优势后，王导躬身拜访他们，发出诚挚的邀请。这是对他们的尊重。当然，主要还是具体沟通司马睿集团镇守江东的计划，以及对江东士族的政策。只有谈妥了这些，才能令他们安心归顺。

王导成功谈妥了条件，顾荣、贺循"二人皆应命而至"。

《晋书·王导传》说自此"吴会风靡，百姓归心"。这有些夸大其词，司马睿、王导等还将面临更大难题，扎根江东的道路漫长而艰难。而且江东大族的加入，很快引发了南北士族之间的利益冲突，并且贯穿了整个东晋王朝。

但在当时来看，他们毕竟迈出了第一步。

值得注意的是，修史者把百姓归心这段话专门放在王导，而非司马睿的传记中，是耐人寻味的。在记载司马睿事迹的《晋书·元帝纪》中，收服江东人心的事情被一笔带过，不足百字。这都说明史家一致承认，司马睿南渡之初立足江东的功绩主要归属于王导。在记载两晋史的另一部史籍《晋纪》中，作者也鲜明地写道：晋中兴之功，王导居其首。

在东晋艰苦的创业初期，以及后面更复杂的军事政治冲突中，王导都以其灵活的政治手腕、坚实的家族背景，帮助司马睿跨过一道又一道门槛。他也在这个过程中不断为琅琊王氏积累权势，将其带上门阀巅峰。

这不是一趟容易的旅程，他们家族很快就遭遇了一场全新的危机。

第五章 匈奴南下，帝国黄昏

得天下者，必先得山西

永嘉三年（公元 309 年）四月，驻扎在寿春城的王旷突然接到太傅司马越的命令：北上山西，救援壶关。壶关在今天山西东部的壶关县，隶属于著名的上党郡，战国末期的长平之战就发生在这一带。

西晋末年上党郡位置示意简图

接到命令的那一刻，王旷就意识到了问题的严重性。如果匈奴已经开始进攻壶关，那么他们对中原王朝的威胁也就迫在眉睫。

年初的一月，匈奴人的首领刘渊正式称帝，建立汉赵，都平阳，也就是今天的山西临汾市。

三月，他们开始往东进攻上党一带，继续扩大自己的优势。上党在山西东南方向，因为地处太行群山之上，所以叫上党。"党"是"所在"的意思。这块区域的核心据点是今天的长治、晋城两市。两地都是山间盆地，是山西重要的产粮区。

短短一个月后，匈奴人拿下长治市，继续进攻东边的壶关县，这是西晋在上党的最后一个据点。匈奴一旦拿下这个地方，就可向东穿过太行山间的峡谷，攻打河北重镇邯郸。两地距离二百多公里，今天驾车三个小时就能到达。

王旷久经战阵，自然猜到了匈奴人的最终计划：将山西与河北连成一线，以压倒之势往南攻打西晋王朝的都城洛阳。

简单翻阅下中国历史，就能知晓山西、河北对中原政权有着不可替代的价值。它们像一个巨大的帽子从上护住了中原核心区域。从秦到明两千多年间，中原政权抵御北少数民族的军事重镇，大都建在山西、河北一带。

历来争夺天下者，也多是抢先占据这两地，然后以居高临下的态势冲击中原地区。楚汉战争中，韩信就是先帮助刘邦拿下山西、河北，然后俯冲下来，不断挤压项羽所在的中原一带。后来唐朝的开创者——李世民家族也是从山西南下，进入关中。

匈奴首领刘渊曾在西晋做官，深谙中国历史，正是要复制这个模式。他在年初建立汉赵时便传递了再清晰不过的信号：他们与历史上那些只以劫掠人口和财货为目标的少数民族强盗不同，他们有更大的野心，最终的目标是入主中原。

那么，西晋王朝也就必须做好殊死一战的准备。

在这样的关键时刻，王旷再次成为那个临危受命的人。

但若仔细分析，司马越的这个任命其实有些蹊跷。

王旷当时任职淮南太守，驻扎寿春，距离壶关有接近七百公里的距离。他要相继跨过扬州、豫州、并州，也就是今天的安徽、河南、山西数省，才能抵达壶关前线。

而西晋在河南、河北都有兵力驻扎，他们距离壶关战场更近，也曾与匈奴多次交战，积累了更加丰富的作战经验。

根据《资治通鉴》记载，就在公元 308 年九月，西晋已经在北方安排了三支兵力抵御匈奴：

一、平北将军曹武进军山西南部的大阳；

二、车骑将军王堪进军东燕城；

三、豫州刺史裴宪进军河南白马。

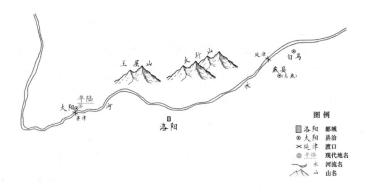

西晋末年黄河一带防守形势示意简图

从地理距离来说，这三支兵力都比王旷更接近壶关前线。问题是，司马越不敢轻易调动他们。

曹武驻扎的大阳位于黄河北岸，也就是今日的山西省平陆县一带，与河南三门峡隔河相望。这里是匈奴南下进攻洛阳的主要渡河地点之一。曹武驻扎此处，可以从北面庇护洛阳，司马越不能轻易调动。

东燕城（今河南省延津县东北方向）、白马则都位于黄河以南，是匈奴从河北南下渡河的主要渡口。三国初期，河北袁绍攻打河南曹操，就是从延津、白马两处渡河南下。

此时匈奴虽然没有打通壶关渠道，将山西、河北战场连成一片，但他们此前已经不断派出部分兵力骚扰河北。

一旦抽调王堪、裴宪任何一支力量，洛阳北边的河北防线都会被撕开一个口子。

远在寿春的王旷成了他最后的救命稻草。

为了在关键时刻得到琅琊王氏的鼎力支持，司马越在下令王旷北上前做了两项新的任命：

一、将王衍由司徒升为太尉。

二、任命王敦为扬州刺史。

司徒和太尉同列三公，官阶一品。但太尉在名义上有统帅天下兵马的大权，战乱时，重要性高于司徒。曹魏时期，司马懿就曾任太尉，负责在陕西对抗北伐的诸葛亮。

王敦也同样得到了升迁。

他在王导南渡江东的那一年出任青州刺史，但不到一个月，就被司马越调回洛阳，出任中书监。其中一个重要原因是王敦野心太大且意志强悍，不太容易为人控制。司马越担心他在外坐大，于是召回朝廷，方便监管。

王敦明白司马越的心思，虽然心中不满，还是接受了任命。不过他在回京前做了一件事情：将妻子的陪嫁侍女嫁给了他在青州的将士。

王敦的妻子是晋武帝司马炎的女儿，身份高贵，陪嫁侍女有一百多人。除此之外，他还将金银财宝等物都分给了老百姓。

王敦这个举动有拉拢人心的嫌疑，而且是在即将成为他人的地盘上做这样的事。由此可见他的野心，以及强悍的行事作风。

做完以上事情，王敦大摇大摆地回到了洛阳，史书称"单车还洛"。

如今王旷北上，司马越需要一个足够强大的人物去制衡扬州江北都督周馥，王敦是他最好的选择。虽然幕僚再次提醒他王敦强悍、难以控制的事实，他也不得不将王敦南调扬州。

做完这些铺垫后，司马越在四月正式下令：王旷带兵北上，驰援山西壶关。

王旷虽然没从王衍、王敦的新任命中直接受益，他还是接受了北上的命令，再一次在司马越的至暗时刻提供毫无保留的支持，就像他先前接受丹阳太守、淮南太守的任命一样。

他带兵出了寿春城，往南极目眺望，或许可以想象出江南水乡的样子。宽阔的长江水面在阳光下波光粼粼，静静地守护着更南边的南京城。

由于王旷的建议，王导、司马睿南下江东，已经在南京初步站稳了脚跟。而他却要孤身一人北上。如今山河破碎，神州颠覆，驰援壶关的意义又在哪里呢？

莫不如逃到南京，与王导联手，凭江自卫。一家老小都在那里，小儿王羲之才七岁，回到南京就能一家团聚。这些动人的念头或许曾在王旷心头闪动。

但王旷与更加残酷务实的王导、王敦等终究不同。

他以为中原还有一线生机，他不怕去做那个飞蛾扑火的人。

他掉转马头，毅然北上。

大军出安徽，入河南，在跨过黄河之后，终于接近山西地界。

部将施融不想再走了，他劝王旷道：我们现在孤军北上很危险，不如在这里暂时驻扎下来，根据形势变化再做决定。

施融的话不无道理，他们此时在太行山以南、黄河以北，可以凭借太行山抵挡匈奴南下。实在抵挡不住，还可以迅速渡过黄河，撤回洛阳。

这是一个相对安全的策略，只是完全偏移了最初的战略目标。他们是来救援壶关，阻止匈奴打通上党、河北通道的。如果只是在太行山以南被动等待，壶关必然落入敌手，他们又何必从寿春千里奔袭呢？

王旷断然拒绝了施融的提议。

大军继续向前，越过太行山，进入今天的高平市。他们在这里与匈奴的前锋部队相遇。

生命是一个播种的季节，收获是不在这里的

高平在壶关以南五十公里处，曾是长平之战的决战所在。几百年后，王旷也迎来了自己生命中的最后一战。

他的部将依然没有信心。

施融跟另一个部将曹超说：

彼善用兵，旷暗于事势，吾属今必死矣！

匈奴长于用兵，王旷看不清形势，我们都要战死此地了。

但王旷不得不战。

在西晋末年的乱世中，王旷可能是少数几个真心想要力挽狂澜的人。他多次临危受命，听从司马越调遣，也是因为他知道在当时的情况下，司马越或许是主持大局的最好人选。

即使当初提出南渡计划，也是在客观、主观上都有利于支撑摇摇欲坠的王朝。司马睿若能在江南站稳脚跟，既能保江东稳定，又能给中央朝廷提供粮草、物资和兵力支撑。

划江自守、割据江东并不在王旷的计划内，否则在司马睿南渡江东的时候，他最好的归处是一同渡江，而非守在江北的寿春城。

他愿意千里驰援山西，也是出于这份救国热忱。一旦匈奴拿下壶关，山西、河北战场连成一片，就能将整个西晋王朝从山西—河北一线拦腰斩断。

留给西晋的时间、资源、人才早已不多，王旷只能竭力而为，甚至是明知不可为而为之。

他下达了进攻的指令，大败。

《资治通鉴》载：旷兵大败，融、超皆死。

王旷大败，部将施融、曹超皆死。

不过近乎匪夷所思的是，不论是《资治通鉴》，还是记载两晋史的《晋书》都没有提到主将王旷的结局。是死，是降，没有一个字记载。而且此战之后，史书上再没有关于王旷的任何只言片语。

这是一件近乎不可思议的事情。琅琊王氏随后几乎左右了整个东晋史，核心人物王旷却突然神秘消失了。

更何况他还是"书圣"王羲之的父亲。

有史家分析说，王旷很可能在此战失败后投降匈奴，琅琊王氏为了隐藏这个污点，抹去了王旷的所有痕迹。

这个说法不一定成立。即使王旷真的投降匈奴，这个污点跟琅琊王氏其他更需要遮掩的事情相比起来不值一提。比如王衍在临死前曾劝匈奴将军石勒称帝，更别说王敦后来的两次造反。

这些令人不可思议的细节都能被记录下来，王旷投降的事情就绝对不能公之于众？

还有史家分析说，因为王旷最早提出南渡计划，对创建东晋居功至伟，王导不希望他掩盖了自己的光辉，就隐去了王旷的信息。

这个说法也与史料记载自相矛盾，《晋书·王羲之》明确记载道：元帝（司马睿）之过江也，旷首创其议。

一个可能性更大的猜测是，王旷也死于此战，但乱军之中，尸骨无存，无处可寻。

不管如何，王旷就像一道幽灵，彻底消失在历史的浓雾之中。

那时的他才三十多岁。

他短暂的人生像一道闪亮的光，在两晋之际的乱世中快速地划过。虽然他最终没能成功守护天下，但他提出的南渡江东计划，让晋王朝在长江以南生根发芽。也因为他的这个计划，琅琊王氏后来跃升为顶级门阀，权势甚至一度压倒王室。王导、王敦等家族成员充分享受到这份红利，位极人臣。

而王旷却要孤身一人，告别这一切了，在千里之外的北方战场。

如果用一句话来形容王旷的一生，比较贴切的可能是：

生命是一个播种的季节，收获是不在这里的。

造反的理由

王旷战败后，匈奴很快拿下了山西上党郡。当年年底，匈奴南下越过太行山、黄河，直接攻打京都洛阳城。

少数民族上一次攻入中原王朝的京城还是一千多年前的西周末年，犬戎攻破西周都城镐京，灭亡西周。

现在轮到了西晋。

这个在汉末三国乱世中好不容易建立起来的大一统政权，第一次如此真切地感受到亡国灭种的危机。

主持防御的司马越再次求助琅琊王氏，他下令王敦北上，协助他抵御匈奴。

此时的王敦在南京担任扬州刺史，就职不到一年。自从公元307年出任青州刺史以来，不到四年时间，王敦换了四个岗位。如此朝令夕改，足见西晋掌舵者司马越的进退失据。

为了安抚王敦，司马越这次给他升为尚书。

王敦再一次隐忍下来。这个时候的王导、司马睿集团在名义上依然接受司马越的号令，在中原危在旦夕的情况下，他们很难拒绝这样的命令。

王敦从南京出发，渡长江去广陵，也就是今天的扬州，去跟同样受命北上的将军钱璯会合。

他不知道的是，此行差点断送了他的性命。

钱璯是浙江湖州人。湖州位于太湖西南，是三吴地区最早得到开发的膏腴之地。钱氏为当地大族，直到今天，钱氏一族仍然遍布太湖一带。本土大族的身份会让钱璯拥有不可小觑的私人武装，也就是部曲。

当年陈敏叛乱时，钱璯就带兵参与平乱，事后被司马越升为建武将军。现在面临匈奴南下的危机，司马越又想起了钱璯，征召他北上勤王。

这里值得注意的是，钱璯军队、粮草的集结和转运都耗时耗力，为什么不让王敦先行北上，而一定要在扬州跟钱璯会合呢？即使从地理位置上分析，王敦所在的南京也比钱璯所在的湖州更靠近北方。

一个可能的原因是，司马越并不完全信任钱璯，他需要王敦督促钱璯一同北上。

事实证明司马越的担忧是有道理的。当钱璯从太湖南边的湖州出发，渡过长江，在广陵登岸时，一个令人吃惊的消息传了过来：匈奴铁骑已经逼近洛阳。

此时贸然北上，无异于羊入虎口。

钱璯大军就此停了下来。

王敦或许曾经劝他北上，但没有成功。南京的司马睿也派人来催。钱璯这个时候的境遇像极了几百年前的陈胜、吴广，北上抗敌是死，就地叛变也是死。

钱璯选择了后者。

《晋书》记载：**璯阴欲杀敦，藉以举事。**

钱璯准备偷偷杀掉王敦，以此举事。

这里的"藉"是"凭借"的意思。钱璯举事，为什么要通过杀掉王敦来进行呢？

此时的王敦并没有能力阻止他叛变。

但钱璯需要一个借口。

历来叛变，借口都非常重要。它给叛变以合法性，还能给自己人树立一个敌人，起到凝聚人心的作用。

钱璯是江东人，他的借口很好找：

司马家代表的北方人祸乱朝纲，天下大乱。现在却要我们帮忙去拯救时局，这怎么可以呢？他们还南渡江东，侵占我们的土地、人口。大家不如一起反了，将北方人都赶出江东。

这对江东人来说有很大的吸引力，而王敦出身琅琊王氏，是北方士族的代表，正好可以杀来祭旗。

不过王敦很机警，在钱璯停止北上的时候应该已经猜到了他的心思。当钱璯准备下手杀人的时候，他抢先一步逃出了广陵。

现在他的面前有两个选择，要么继续北上协助司马越，要么南渡长江，回到南京跟王导会合。

这对王敦来说并不是一个困难的选择。

司马越和西晋王朝都将滑向深渊，这个事实对王敦来说已经越来越清晰。他不是王旷，不会白白北上断送了性命。

再说了，王敦这个人，也很难说对谁有那么深厚的忠诚。此行差点为司马越断送了性命，这其中的担惊受怕也算对得起他了。

那就这样吧。

他毅然掉头，渡过长江，回到了南京。

也就是从这时起，他彻底脱离司马越的掌控，在南京与王导会合。两人即将携手开创东晋，王敦也将在南方不断坐大，并最后剑指东晋王朝。

但这些迹象此时还未显现出来，司马睿对王敦的加入也由衷地高兴。他任命王敦为军谘祭酒，相当于参谋长，负责军事筹划。三国时期，谋士郭嘉就曾任曹操军谘祭酒。

这个职位远不如司马越赐给他的尚书位高权重，但也只有心腹之人才能担任，可见司马睿此时对王敦的器重之深。多年之后临死之际，他或许会后悔不迭：当年钱璯要是真的杀掉了王敦，那该多好啊。

豪强与部曲

钱璯的叛变毁掉了司马越的勤王计划，但最深受其苦的是司马睿。他接到司马越的命令：征讨钱璯。

这对他来说是个棘手的难题。

南渡江东，他只带了自己的府兵。跟他一起南渡的还有一千多户人家，即使每户征召一人入伍，也远不足以平定叛乱。

经过在南京两年多的努力，他刚刚在政治上站稳脚跟，还没来得及培养自己的军事实力。钱璯敢在这个时候叛乱，就是看准了司马睿在军事上的脆弱。

但司马睿最终还是决定发兵征讨，他在这个时候还不能公然违抗司马越，而钱璯的叛乱，更会毁掉他苦心经营起来的江东局面。

他派出了自己仅有的兵力，负责带兵的是将军郭逸和宋典。宋典是他的亲信，几年之前曾在黄河边上拯救过他的性命。郭逸的记载则很少，应该是公元307年就随司马睿一道南渡江东。他还将在后面的王敦之乱中继续支持司马睿。

由此也能看出，司马睿在此战中确实倾其所有，但结局并不理想，郭逸和宋典带兵遭遇钱璯，因为"兵少不敢进"。

当时钱璯已经带兵从广陵返回三吴地区，率先攻打太湖西边的阳羡，也就是今天的江苏宜兴市。孙权年轻的时候曾在此任过阳羡县令。

从钱璯的进军路线可以看出，他依然是要占据江东，凭借长江天险对抗北边的匈奴和西晋。为了落实这个策略，他拥立东吴末代皇帝孙皓之子孙充为吴王，为自己的叛乱树立政治合法性。

孙皓是孙权的孙子，他公元280年投降西晋，四年后在洛阳去世。他有三十多个儿子，但投降的时候只带去了二十一个，还有几个儿子散落在东吴民间。在钱璯看来，孙氏一族才是东吴王权正统，拥立孙充，可以激起东吴人对西晋的灭国旧恨。

他错得有些离谱。末代皇帝孙皓残暴昏庸、大肆杀虐，曾活生生锯掉了会稽名士贺循的父亲贺邵的人头。贺邵曾任东吴中书令，刚毅正直，声名显赫。

孙皓虐杀大臣的行为伤害了东吴世家大族的感情，并最终使其丢掉了江山。钱璯这个时候拥立孙权后人，不仅不能拉拢江东人心，还会揭开江东豪门过往的伤疤。他很快也意识到这点，将孙充杀死。

可怜的孙充，原本好好活着，现在糊里糊涂当了吴王，又糊里糊涂掉了脑袋。

钱璯还做错了一件事，正是这件事决定了他最后的败亡。

那就是激怒了江东周玘。

周玘是吴兴郡阳羡人，而阳羡正是钱璯首先攻打的地区。在现阶段的整个江东，钱璯可以攻打司马睿，但绝不能激怒周玘。

与顾荣家族这样的文化世家不同，周玘家族以经济与军事力量称雄，被称为豪强。他的祖父周鲂是东吴将军，官居鄱阳太守，曾打败曹魏大将曹休。父亲周处，更是中国历史上的一个传奇人物，现在京剧中还有一个《除三害》的曲目，讲的就是他的故事。

据《晋书》记载，周处年轻时候就臂力过人，能上山打虎，下海杀蛟，性格粗豪，为祸乡里。后改邪归正，入仕西晋为将。

他这样的家族在乱世中大量兼并土地，吸纳了大量的无地农民，以及逃亡的难民。战乱来临时，豪强将租地的农民、难民，以及同族兄弟、乡亲、门客、奴仆都组织起来，形成一支动辄上千人的军队。他们被称为部曲，接受豪强的私人指挥。

这是一支不可忽视的力量。三国时期，刘备在徐州被吕布打败后，正是当地豪强糜竺送给刘备两千部曲，助他渡过难关。

因为有可靠的私人武装，江东这几年发生的叛乱中，周玘都是主要的平叛将领。

公元303年，石冰叛乱，祸及扬州，周玘率部曲讨伐。

公元305年，陈敏作乱，周玘再度举兵攻讨，配合顾荣一同打败陈敏。

现在钱璯叛乱，司马睿派出去的宋典等人因为兵少不敢前进时，周玘再度在老家阳羡起兵。

周玘对司马家族可能也没有太多的好感。他的父亲周处因为过于忠贞耿直的性格，得罪了西晋藩王司马肜（róng），被他调到关中战场，死于乱军之手。

面对司马睿的南渡，他跟着顾荣的步调选择了归顺，但也主要是出于守护江东和家族利益考虑。

这也是他现在愿意再度起兵平叛的核心理由。

《晋书·周玘传》载：玘复率合乡里义众，与逸等俱进，讨璯，斩之。

用时不到一个月。

司马睿大喜，升周玘为吴兴郡太守。

因为周玘的出现，钱璯之乱并没有对王导、司马睿刚刚组建的江南政权形成太大的冲击。这场叛变的真正影响在其他方面，而且更加深刻也更为长远，即王敦与王导的会合，还有周玘地位的提升以及继而引发的南北士族之间的冲突。

但此时这些还只是在暗处酝酿，他们所有人都还有更紧迫的局面需要一起面对。

翌年三月，一个令举国震惊的消息从北方传来：西晋实际掌舵者、太傅司马越"薨"。

第六章 永嘉乱起，中原沦陷

致命的流寇主义

王导、王敦等人当初之所以南渡，就是担心司马越与皇帝之间的冲突会将朝局拖向万劫不复的深渊。不幸的是，他们的顾虑最终成为现实。在他们南渡后，司马越与皇帝之间的关系愈发紧张，同时激起了其他朝臣、地方将领对司马越的攻击。

去年匈奴兵临洛阳城下时，扬州江北都督周馥上书请求皇帝迁都寿春。这个建议一方面出于他保家卫国的忠心，即迁都淮河以南，凭借淮河一线抵挡匈奴骑兵；另一方面也有他不可告人的私心：通过迁都将天子纳入自己管辖的寿春城。到时挟天子以令诸侯的，就不再是司马越，而是他周馥。

识破他计划的司马越大怒，下令江东的司马睿进攻周馥。

他们最终打败了周馥，但西晋也失去了最后的迁都机会。

皇帝司马炽与司马越彻底决裂，他私下命令驻军青州的苟晞讨伐司马越。

荀晞是西晋末年少有的悍将，也曾效忠于司马越阵营。他在八王之乱期间曾帮司马越平定河北叛乱，战功卓著。司马越为了拉拢他，跟他结拜为异姓兄弟，并且在公元307年提拔他为兖州都督。

但司马越很快就后悔了，兖州地处豫州、徐州、青州三州交界地带，为军事必争之地，曹操当年就是在此崛起。短短三个月后，司马越将荀晞改封为青州牧，自领兖州军政大权。

受到侮辱的荀晞暂时接受了新任命，心中却埋下了难以化解的怨恨。

收到皇帝征讨司马越的密诏后，荀晞向天下人公布司马越罪行，并派出一支骑兵突破司马越的防线，进入洛阳，杀死了司马越留在洛阳的心腹。这种发泄私愤的行动，既无助于匡扶西晋朝廷，也无益于他们任何一人拯救自己的命运。

司马越腹背受敌，人心尽失。

《晋书·司马越传》载：（司马越）上下崩离，祸结衅深，遂忧惧成疾。

永嘉五年（公元311年）三月十九，司马越"薨"。

没有人能够想象他临死之际的真实心理活动，是愤怒、懊悔、愧疚，还是心有不甘？可能都有。

作为八王之乱的最后一个王，他靠着组建军事联盟赢得了最后的胜利，掌权四年零八个月，是八王中执政时间最长的一位。

他试图重走曹操挟天子以令诸侯的路线，但没有成功。曹操当年有两个举措至关重要，一是扎根许昌，建立自己的地盘；二是广纳人才，建立自己的政治集团。司马越在这两点上都做得一言难尽。

他掌权不久，就跟皇帝撕破脸皮，离开洛阳，南下许昌，继而又在项县、亳州等地辗转游走。以执政藩王之尊，举措却像一个落难游寇，始终没有建立起自己的地盘，以至于最后进退失据。

他在人才的建设上更加失败。他在公元 305 年建立了自己的军事联盟，却很快因为利益冲突而失去了苟晞等悍将。他重用的王衍等人更是徒有虚名。

令人唏嘘的是，王敦、王导、顾荣等这些后来帮助司马睿立足江东的人，都曾效力于司马越的幕府。但他没能给他们创造一个充分发挥自己才华的环境。

客观来说，这也不能完全归咎于司马越。相比后来在江东称帝的司马睿，他过早地卷入了乱世纷争。在还没有足够实力积累的情况下就奔向了潮头浪尖，难免被冲得七零八落。

司马越死后，轮到他的搭档王衍收拾乱局。

去年匈奴攻打洛阳时，司马越带着四万大军还有王衍，一道离开洛阳，向东南迁移三百多公里，驻扎项县，也就是今日的河南周口市沈丘县。这里既没有洛阳的坚城高墙，也没有江东的长江天险。

王衍等孤军在外，群龙无首，很快会遭到匈奴进攻。

众人推举王衍带兵。

王衍此时官居太尉，是天下武官之首，确实是理论上最好的带兵人选。再考虑到他琅琊王氏族长的身份，也足以安定人心。

但王衍"以贼寇锋起，惧不敢当"。

面对焦虑不安、即将身陷大祸的大军，他"诚恳"地说道：吾少无宦情，随牒推移，遂至于此。今日之事，安可以非才处之。

"随牒"指的是朝廷任命官职的委任状。

他的话翻译过来就是：我从小就没有当官的愿望啊，奈何朝廷不断委任官职，我也只好走一步算一步。现在这么大的事情，我哪里有能力解决呢？

这个能言善辩的琅琊王氏族长在关键时刻再次临阵退缩。这是他跟王旷、王导、王敦等族人的最大区别。

众人无奈，又推荐司马越的侄孙司马范带兵，他也慌忙拒绝。生死存亡之际，没有一个人敢担当大任。

经过一番争论和妥协，最后的结论是让王衍、司马范等人联合带兵。黄泉路上，多一个人陪伴，总是格外令人安心。

这个领导集体很快犯下了致命错误，他们决定护送司马越的灵柩回东海国安葬。东海国是司马越封地，治所在今天的山东临沂市郯城县。大难之际，人总是下意识地想要回到老家，有心理上的安全感。

但这举措实在不符合眼下的实际形势。当时的北方，只剩下洛阳一个最坚固的据点。王衍等人带领的这四万人，也是洛阳最后的家底。要么带兵重返洛阳，跟皇帝一起死守，要么南下江东，跟司马睿、王导会合。

回洛阳也许不是一个好的选择，司马越跟皇帝彻底决裂，王衍等人回到洛阳可能遭到清算。那最好的选择就是南渡江东。

王衍却选择了回家。

清谈误国

大部队带着司马越的灵柩离开项县，往东北方向逃亡。行走一百二十多公里后，到达苦县宁平城，也就是今天的河南周口市郸城县东北方向。

羯人石勒的部队追了过来，将他们包围。

根据历史记载，此时被包围的西晋兵民有十万人。司马越当初从洛阳带走的有四万人，在项县的时候可能又补充了一部分兵力，再加上跟着大部队一起逃亡的河南百姓、士兵家属，最后共计十万人。

《晋书·司马越传》说：**勒以骑围而射之，相践如山。王公士庶死者十余万。王弥弟璋焚其余众，并食之。**

石勒以骑兵将他们包围，万箭齐发。外围的被射死，里面的一层就往后退，相互拥挤、踩踏，大面积死亡。

还剩下没死的，匈奴将军王弥的弟弟王璋一把大火，将其烧死烤熟，作为军粮发放给部下士兵，食之。

这场屠杀，累计死亡超过十万人。

在这段话后面，史官还补了一句话：天下归罪于越。

天下人都觉得这十万人之死是司马越的罪过。这并没有冤枉司马越，他的身上原本寄托了这十万人的希望和身家性命，他却没有意识到自己的责任。所以史官最终把这段惨不忍睹的屠杀放在司马越的传中，以示惩戒。

石勒杀死士兵、百姓之后，活捉了王衍、司马范等王公贵族。他将众人召集起来，向他们请教西晋何以至此。

这是杀人诛心。

司马范尚有一丝羞耻之心，愤然说道：到了今天这个地步，还有何可说？

但王衍有话说，作为清谈领袖，他向来能言善辩。他上前一步，向石勒徐徐道来西晋败亡的缘由。他说到了晋武帝司马炎对傻皇帝司马衷的错误任命，说到了八王之乱对中央朝廷的削弱，还说了很多很多，唯独没有说自己作为朝廷宰辅，耽于清谈，荒废政务。

《晋书·王衍传》记载，石勒听了这段话非常高兴。看来王衍确实把西晋败亡的原因分析得透透彻彻。

一千七百多年之后回看这一幕，依然让人觉得有些荒诞得超乎现实，王衍作为朝廷宰辅，对败亡形势看得一清二楚，却依然耽于清谈宴饮。底层的百姓曾把自己的所有都寄托在这些"食肉"的精英身上，寄希望于他们的聪明、专业，还有责任心。可悲的是，他们可能是聪明的、富有教养的，但最好不要对他们的专业性和责任心抱有太高期待。

石勒对王衍很满意，把他拉到一旁继续深谈。王衍看到了活命的机会，于是再次强调，自己从小就没有做官的愿望，并且劝石勒称帝。

这个时候，就连出身羯族的石勒也难以容忍王衍的无耻。

他大怒道：

君名盖四海，身居重任，少壮登朝，至于白首，何得言不豫世事邪！破坏天下，正是君罪。

你名垂四海，身兼重任，到老了都还是太尉，却说什么不参与政事？天下的败坏，正是你的责任！

石勒下令把王衍和王公贵族一起拉出去关了起来。直到这个时候，他依然舍不得杀掉王衍等人，还对属下说：我走遍天下，都没看到过他这样儒雅高贵的人物，是否留下他？

石勒出身少数民族，身份寒贱，年轻时候还被贩卖为奴，后来靠着军功征伐天下，因此见到王衍这样真正的贵族，还是免不了心生羡慕，甚至敬仰。

属下阻止了他，说还是杀掉算了，这些人起不了什么作用。

败坏西晋王朝的人又怎么有能力帮助石勒争夺天下呢？

于是石勒下令，推倒墙壁，将王衍等人活埋。

这是永嘉五年（公元311年）四月，距离司马越之死不到一个月。

据说王衍临死之前曾感慨：

呜呼！吾曹虽不如古人，向若不祖尚浮虚，戮力以匡天下，犹可不至今日。

哎呀，我辈虽说不如古人，但假如不清谈误国，合力匡扶天下，又怎么会弄到这个地步呢？

如果王衍当真这么说了，也算人之将死，其言也善。遗憾的是，这个记载并不可信，王衍被关在屋子里活埋，又是谁把他的临终忏悔传了出来呢？很可能是史官恶其误国，加了这么一笔，作为后人之教训。

《晋书》中还有一条王衍的记载，值得回味。

说石勒十四岁的时候去洛阳做生意，曾在城东门旁靠墙长啸。

王衍听到他的声音后大吃一惊，对属下说：这个小孩的声音中有与众不同的志向，将来会成为天下祸患，快去把他抓住。

等属下赶去，石勒早已不见。

这个故事很传奇，甚至充满宿命的味道。当然同样不可信。仅凭一个人的啸声，就能察觉出一个人的志向，多少有些滑稽。

史官之所以把这个故事记在石勒传中，一方面是为了渲染石勒从小就与众不同，另一方面还是为了恶心王衍：你早知天下将乱，却没有及时阻止，实在罪大恶极。

多年之后，枭雄桓温北伐中原，见北境荒草萋萋、阒无人烟，也变色道：遂使神州陆沉，百年丘墟，王夷甫诸人不得不任其责。

夷甫，就是王衍的表字。

江东管仲：在别人疯狂的时候清醒

若要对王衍的一生做个总结，大概只能说他是世家子弟的一个典型代表：出身高贵，风流倜傥，并因此进入权力中心，有机会决定天下人的命运。但他既对此缺乏足够清醒的认识，也没有力挽狂澜的才能，最终自陷死地，遗祸天下。

不过从家族积累的角度来看，他是一个不可忽视的角色。继王祥之后，他是这个家族最重要的代表人物。通过清谈得来的声望，他带着家族的王澄、王敦、王导等加入司马越幕府，挤入了权力中心。如果没有这一点，王导、王敦等也没有机会帮助司马睿南下江东。

尤其重要的是，他与司马越建立的"王与马，共天下"的政治模式被王导继承，并在江南发扬光大。他"清谈误国"的教训也让家族子弟引以为戒，族人王羲之就曾跟好友谢安强调：虚谈废务，浮文妨要，恐非当今所宜。

当他的死讯传到江东的时候，王导、王敦等人也会觉得遗憾。他们对族兄的风度多有赞美，也感谢他对家族做出的贡献。不过他们应该抽不出太多的时间为他哀悼。司马越死后，洛阳朝廷岌岌可危，他们必须为即将到来的危机做好准备。

六月十一日，匈奴攻陷西晋王朝都城洛阳，俘获皇帝司马炽。史称"永嘉之乱"。在这场大动乱中，王公贵族多遭屠杀，其中有两个人的命运尤其令人唏嘘。

第一个是司马越的妻子裴妃。司马越死后，留守洛阳的裴妃和司马越的世子一道逃出洛阳，半路与石勒军队遭遇。

混战之中，世子和一同逃难的四十八个亲王都被抓住，继而遭到杀害。裴妃在乱中逃走，流落民间，被当作奴隶几经贩卖，多年后才被司马睿所救。

堂堂王妃，出身著名望族河东裴氏，竟沦落至此。

更惨的是贾南风的女儿临海公主。她被卖到浙江湖州钱温家。钱温女儿听她是北方口音，就知道是北方难民，无依无靠，那怎么虐待都可以。史书没有记载虐待的具体细节，只写了两个字：甚酷。

其实这两个字就已足够了。

如果司马越能够预见自己妻子，贾南风能预见自己女儿的结局，他们当初在祸乱朝政的时候是否会收敛一些呢？

洛阳陷落后，中原王朝事实上已经覆灭。留在北方的西晋朝臣各自拥立藩王，建立了三个割据政权。

一是幽州刺史王浚，在今天的北京一带拥立太子。

二是苟晞拥立太子弟弟，驻扎蒙城，也就是今天的安徽亳州。

三是司空荀藩扶持自己的外甥、秦王司马邺，驻扎河南许昌。

他们各自割据一方，任命百官。除了苟晞，另外两股势力都积极拉拢江东的司马睿。荀藩昭告天下，立司马睿为盟主。王浚则任命司马睿为大将军。

南北势力对比开始倾斜，司马睿在整个天下格局中的位置越来越重要。皇帝在洛阳沦陷前的四月，升司马睿为扬州、江州、湘州、广州、交州都督。这意味着除去四川、云南等边疆之地外，司马睿在名义上掌握了长江以南的全部军权。

这里有个苦涩的细节值得一提。在司马越死去的三月，皇帝司马炽将司马越由东海国藩王贬为县王，对原本效忠于司马越阵营的司马睿，他也进行了报复：将扬州都督的职位给了苟晞，直接剥夺了司马睿在南渡之初拥有的都督扬州江南军事的大权。

短短一个月后，司马炽又不得不重新恢复司马睿的扬州都督，并且附赠江州、湘州、广州、交州四州军权。

我们据此可以判断，在司马睿先后打败钱璯、周馥，在江东基本站稳脚跟后，主政中原的势力，即使是皇帝本人，都不得不谋求他的支持。

这个时候的司马睿已经有了带兵北上、争夺天下的资格，或者至少可以跟其中一股北方势力结盟，遥控北方朝廷。

这是一个足以让司马睿心动的契机，在此之前的那么多年，他都只是一个默默无闻的配角。

但关键时刻，王导再一次表现出克制与清醒。他认为不应该卷入北方的争夺，恰恰相反，他们应该更加努力地把精力放在江南的耕耘上。在洛阳沦陷、王朝覆灭之际，他们真正要做的事情只有一件：大量吸纳逃亡到江东的北方大族。

《晋书·王导传》载：**洛京倾覆，中州士女避乱江左者十六七，导劝帝收其贤人君子，与之图事。**

中州就是洛阳所在的中原地带，古代又称之为"中国""中州"。洛阳沦陷后，中原世家大族有百分之六七十都南渡江东。王导劝司马睿将其中的贤人君子都收归麾下。

其实早在八王之乱期间，就有大量北方难民逃亡江南，只是那时以无地农民为主。世家大族既舍不得北方的房产、田产、人脉，又能凭借宗族势力暂时自保，对是否南渡一直心存观望。

直到中央朝廷因为司马越与皇帝的冲突而不断衰弱的时候，大族才逐渐清醒，大批南迁，到洛阳沦陷时达到高峰。

王导清楚地知道，江北大族的加入不仅能够有效地充实和壮大司马睿的军府，更重要的是，能够壮大司马睿军府中的北方势力。作为北来政权的他们想要在江南立足，就至少要有与江东豪族相抗衡的实力，否则只能是寄人篱下、受人挟控。

司马睿毫无保留地采纳了王导这个决定性的建议，吸纳北方士族多达百人，史称"百六掾"。掾是掾属的意思，类似今天的秘书、助理。司马懿就曾担任曹操的文学掾，帮忙处理文书工作。

《晋书》说，司马睿不仅授予他们职位，还在他们南渡初期经济困难的时候，给予一定的财力支持。比如太原王氏一支南下的时候，司马睿就"给钱三十万，帛三百匹，米五十斛，亲兵二十人"。要知道，当祖逖北伐中原时，司马睿都不愿给一兵一卒。可见他接受了王导的思路，将重点放在江东经营上面。

在他们这次笼络的人中，有几个人尤其重要，将在后面的故事中扮演越来越重要的角色，我们有必要提前介绍。

一个是渤海人刁协。渤海郡在今天的天津南部，紧挨着渤海湾。刁协南渡前曾任颍川太守，南渡后被司马睿任命为军谘祭酒，相当于参谋长。

另一个是彭城人刘隗（wěi）。彭城也就是今天的江苏徐州。刘隗曾任彭城太守，南渡后被司马睿任命为从事中郎，属于陪在身边的近臣。

还有淮南人周顗（yǐ），历史上那句著名的"吾虽不杀伯仁，伯仁由我而死"中的伯仁正是周顗，害死他的则是王导。

这些人都是出身北方大族的名士。以司马睿在北方时的边缘地位，原本没有机会得到他们的支持。而如今他靠着王导的协助，在江东的势力已经初步形成，就成了这些大族南渡之后的主要希望。

这三个人，再加上早在公元307年就已经选择支持司马睿的扬州人戴渊，一同被称为"中兴四佐"。日后，他们也将成为司马睿抗衡日益壮大的琅琊王氏的主要力量。

还有两个人也值得一提。一个是庾亮，出身北方大族颍川庾氏。他即将在江东继续壮大庾氏，使其发展为几乎能与琅琊王氏相抗衡的另一门阀。

另一个是桓彝。他出生在谯国龙亢，也就是今天的安徽省怀远县龙亢镇。这个人可能并不出名，但他有个威名赫赫的儿子——桓大司马桓温，日后桓氏门阀的开创者。

王导不会想到，这批人中的大多数在日后都成了他的政敌，甚至一度威胁到琅琊王氏的地位。不过此时此刻，内部的尔虞我诈和猜忌防范都还远远没有萌芽。

王导眼下着重要做的，是将他们尽快转化为新朝廷的建设性力量。他们刚刚逃离北方的战火，恐惧不安，忧心忡忡，即使加入了司马睿的军府，也很难说已经真正定下心来踏踏实实地帮助司马睿经营江东。

《晋书·王导传》载：

桓彝初过江，见朝廷微弱，谓周顗曰："我以中州多故，来此欲求全活，而寡弱如此，将何以济？"忧惧不乐。

桓彝初到江东的时候，看到司马睿实力弱小，忧心忡忡地对周顗说：我因为中原多故，想到江南寻个安身立命之地，不料朝廷如此微弱，怎么办才好呢？

这大概是南渡士族的普遍心理。

乱世之中，他们需要一个依靠。但此时的司马睿还不能给他们足够的信心。司马睿跟江东本土大族的合作才刚刚开始，在中原覆灭、匈奴铁骑即将南渡的情况下，他是否依然能得到北方大族的支持还是未知数。

这是一个很危险的时刻,刚刚南渡的这些大族很可能会转身离开。当时除了江东之外,北方士族还可以去甘肃所在的凉州、辽东所在的东北躲避战乱。

三国的孙权当年就曾面临过这样的危险。孙策死后,孙权接管江东。原来跟着孙策的北方士族如鲁肃等人,担心孙权无力控制江东,想要渡江北返。多亏周瑜的大力说服,这些人才继续留了下来,帮助孙权奠定霸业。

王导必须想办法凝聚人心,给惶惶不安的众人以足够的安全感。

也正是在这时,一个叫陈頵(jūn)的官员给王导写信,提出了自己的两点建议:

一,是严刑峻法,加强对官员的考核管理。

二,是选人以贤能为标准,不能只看门第。潜台词就是应该压制世家大族,提拔寒族。

为了让自己的建议更加有说服力,他在信中着重分析了西晋失败的教训。他说中原朝廷的没落,是因为人才选拔制度出了问题。但凡选官,都是先看门第出身。但大族子弟既没有实际的管理能力,也不愿从事具体的工作,最后政务荒废,制度败坏。

陈頵曾入仕西晋,政绩突出,对西晋官场的吏治败坏看得清楚。贵族出身的官员多像王导家族的王衍一般,"居官无官官之事,处事无事事之心",因此"望白署空,是称清贵;恪勤匪解,终滞鄙俗"。

只会在空白的文件上盖章签字的人被视为清贵雅致,而勤勤恳恳解决具体问题的人反而被看作庸俗。

陈頵提出的两个建议切中时弊,能够代表当时很多士人的意见与需要。尤其是西晋的覆灭殷鉴不远，南渡的有识之士完全有理由要求江东的这个新朝廷吸取教训，革新用人制度。历史上其他政权的实践也能提供有益的参考，比如刘备在夺取益州之后，就一改往日的温厚作风，从严从苛治蜀。

陈頵之所以给王导写信，是因为当时南渡士人都意识到在司马睿集团，王导才是那个发挥主导作用的人。众人期待他能革除时弊，振奋人心。

不料，王导没有接受这个建议。

他做出了截然相反的选择：继续沿用西晋政策，优容豪门。

根据后来的历史我们知道，王导在自己整个执政生涯中都贯彻了这个策略。他也因此遭到非议甚至攻击，被评价为"愦愦"，也就是糊涂昏乱。

作为有丰富一线管理经验的人，王导不可能看不出西晋政策的弊端。但他也清楚，任何政策都很难从绝对意义上去判断对错，需要放到具体的历史处境中加以分析。

当时的司马睿还没有成为天下共主，仍然需要笼络世家大族。如果对其进行打压，反而会离心离德，甚至激起政变。这是现在的司马睿集团要竭力避免的内耗。不管是严刑峻法，还是打压大族，都得在君王掌握绝对优势之后才有付诸实践的可能。

更重要的是政治法统的考量。

司马家原本就是通过与世家大族的结盟，才取代了曹魏政权。联合他们是基本策略，是政治传统。司马睿现在想要以西晋藩王的身份号令天下，就需要延续西晋的政治传统，以此获得足够扎实的政治合法性。王导绝对不能在这个时候去触碰世家大族的利益。

当然，这里面或许也有王导的私心。他背后的琅琊王氏就是当时最主要的豪门，他不可能对自己的家族、自己所代表的阶层下手。

这个决定或许会让陈頵这样出身寒门的有识之士寒心，甚至流失人才，但也只能这样了。他必须优先团结主要的力量。

那时候的王导才三十出头，已经有了他这个年纪少有的冷静和从容，长于以静制动。当然他自己也清楚，宽松的管理最多只能让士族们暂时安定心神，想要将他们纳入江东政权的建设当中，还需要给他们足够的动力。

于是我们在《晋书·王导传》中看到这样一条记载：

过江人士，每至暇日，相要出新亭饮宴。周顗中坐而叹曰："风景不殊，举目有江河之异。"皆相视流涕。

过江的士族每到公休放假，三五成群地去长江边上的亭子宴饮。据后人考证，这个亭子在今日南京市西南十五里处，名曰"劳劳亭"，是古人送别宴饮之所。唐人李白曾有诗说"天下伤心处，劳劳送别亭"。

有一天，名士周顗在亭子上遥望长江，不禁悲从中来，哀叹道：南北风景没什么变化，但是一个在黄河边，一个在长江边啊。

旧都洛阳位于黄河南岸，过去他们经常在河边宴饮，或歌或唱，醉生梦死。但转眼之间，山河破碎，众人仓皇南逃，到了长江边上。

周顗是个性情中人，他的一番话惹得众人伤感，纷纷泪下。

想要理解此时众人心境，后人孔尚任《桃花扇》中的几句唱词是再合适不过的：

俺曾见，金陵玉树莺声晓，秦淮水榭花开早，谁知道容易冰消！眼看他起朱楼，眼看他宴宾客，眼看他楼塌了。这青苔碧瓦堆，俺曾睡过风流觉，把五十年兴亡看饱。

这虽是清人哀悼明都南京所作，其中心境，与此时周顗等名士眷恋北方洛阳别无二致。

昨日帝国，转眼废墟一片。往昔簪缨鼎盛之家，转眼妻离子散。面对无常生死，每当这时，人总是格外容易生出虚无和感伤，这在当时诗文中经常表现出来。

《世说新语·伤逝》就曾记载王戎一段伤感故事。

王戎出身琅琊王氏，与嵇康、阮籍等人交好，世称竹林七贤。

他后来官居尚书令，相当于丞相。一日外出，经过当时有名的黄公酒垆。那是他与嵇康、阮籍等人曾经畅饮的地方。

但今日视虽近，其实已邈若山河。

他心中伤感，忍不住对身边人说道：嵇康夭折，阮籍亡故，我被俗务缠身，再也不能一起喝酒了。

很多年前，嵇康被他效忠的司马氏杀了，阮籍消极避祸，终日饮酒，死时年仅五十四岁。往昔好友，人鬼殊途，怎不令人伤悲？

这种感伤一直持续到西晋覆灭，东晋建立。王羲之在《兰亭集序》中依然不免流露出巨大的幻灭感：

固知一死生为虚诞，齐彭殇为妄作。后之视今，亦犹今之视昔，悲夫！

即使王导，也有这样的悲伤。他有次跟南渡士人提到洛阳岁月时，曾感叹"欲尔时不可得耳"。以前那样的时光不会再有了啊。

差别在于，他是一个坚定的现实主义者，擅长管理自己的情绪。因此面对众人泪下的场景，他愀然变色，也就是神色变得严肃起来。我们知道，王导是个不露声色的人，大多时候都是一副笑而不语的神态，很少有严肃或者发怒的时刻。

但眼下，他却突然摆出一副严肃的面孔，说道：当共戮力王室，

克复神州，何至作楚囚相对泣邪！

我们应该好好努力，辅佐王室，克复神州。何必像楚囚对泣呢？

楚囚对泣是个历史典故。春秋时期，几个楚国官员被晋国俘虏，思念故土，相对哭泣。

王导在这番话中提出了一个核心愿景：克复神州。

也就是北伐。

在座的都是北方士族，他们世代北居，亲族子侄、人脉资源、世袭良田等都在北方老家。最重要的是，他们依然以北方中原政权为正统。只要可能，他们还是更愿意北归。

王导清楚，想要凝聚人心，与其给他们信心，不如设置一个具体的愿景。

那王导是否真想北伐呢？就当时的处境来说，很难斩钉截铁地说他不愿北伐，已经打定主意要偏安江东，但他至少不会马上北伐。

第一，现在的北方已经穷途末路，救无可救。

第二，司马睿刚刚在江东立足下来，根本没有实力北伐。

第三，如果以北伐收复中原为目标，很可能会引发江东本地大族的猜疑。这些人的目标是保据江东，如果司马睿北归，无异于抛弃了他们。那他们又何必在此时死心塌地地跟随他呢？

所以王导的北伐言论，只是虚晃一枪，给北方士族一个可望而不可即的目标，暂时凝聚人心。他心里也清楚，只要他们在江东待久了，帮助建设好江东新政权，心也能慢慢安定下来。

王导的一番话果然收到效果，众人收泪谢之。这里的"谢"不是道谢，是"道歉"的意思。你说得对啊，我们刚才失态了。

上文中的桓彝不久后也见到了王导，与他纵论天下形势，转忧为喜。

他回头对周顗说：

向见管夷吾，无复忧矣。

我刚才见到了管仲啊，心里终于踏实了。

第七章 另起炉灶，经略江南

南北之争的三条路线

在收拢北方士族、扩大司马睿集团人才基础的同时，王导的另一个计划也逐渐明朗：攻打江州。

这将是他们南渡四年以来，主动发起的第一场战事。这似乎并不符合王导谨慎克制的作风，却是他不得不走出的关键一步。

上文在提到王导劝司马睿吸纳北方士族的时候，是这么说的：

洛京倾覆，中州士女避乱江左者十六七，导劝帝收其贤人君子，与之图事。

王导想与司马睿图谋什么事呢？

以当时情势分析，大概有两种可能：

其一，割据江南；

其二，争夺天下。

根据他们的实际情况分析，前者的可能性更大。即使为了实现第二个更加宏大的目标，也必须先完全占有江南。

洛阳沦陷后，尚有几股西晋王朝的残余势力坚守北方，他们或许心存幻想，期待西晋国祚在长安或者许昌等北方都城死灰复燃，但掌握南渡集团命运的王导不敢那么乐观。在四年前策划南渡的时候，他或许还怀着一丝北还的奢望。可现在，他已经清醒地意识到至少在未来很长一段时间内，甚至是永永远远地，他们只能扎根江南。

这是一个残酷的，令人伤感的认识，但王导能够快速接受现实。确定了自己的目标后，他很快就清楚了接下去不得不做的事情：

以南京为根据地，沿着长江一带建立防线，守护江南安全。即使诉诸战争，也在所不惜。当年孙策南渡江东，占据三吴地区后，首先着手的也是控制长江一带的核心据点。

王导选中的第一个目标是江州，即今日江西一带。

江西位于南京上游，历来是守护江东的西方门户。

根据三国以来的战争惯例，北方政权攻打江东，主要有东、西、中三条路线。

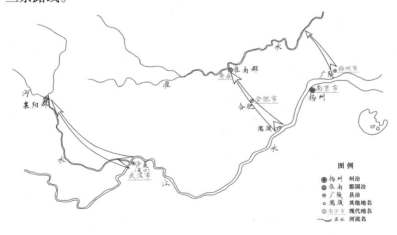

三国魏晋时期南北之争路线示意简图

东部战线，越过淮河，顺着江苏一路南下，在今天的扬州市渡过长江，攻打江东。司马睿南渡时走的就是这条路线。

中部战线，从寿春南下，过合肥，渡长江，入江东。当年孙策就是顺着这条路线收服江东。

最后是西部战线，从襄阳沿汉水一路南下，在今天的武汉进入长江。再顺江东下，直入江东腹地。这是被使用最频繁的一条线。赤壁之战时，曹操就是想沿着这条路线平定江东。

而想要打通武汉到南京的通路，主要有两个障碍。依次是江西的九江，安徽的安庆。很多年后的太平天国战争中，当曾国藩带兵从武汉东下攻打南京的太平军时，最激烈的战役就发生在九江和安庆。

安徽与江苏接壤，当时隶属于扬州。司马睿在一年前打败周馥以后，基本就控制了这片地区。现在他们要据守江东，就要继续逆流而上，控制江西一带。

这并不是一件容易的事情。

此时的江州刺史华轶，坚定不移地站在司马睿集团的对立面。

《晋书·华轶传》载，华轶出身北方世家大族，与王衍等崇尚玄学不同，他是正统的儒家知识分子，有匡扶天下的大志。在支持皇室、反对司马越专权这件事情上，他与周馥同属一个阵营。

周馥永嘉四年（公元310年）十一月上书请求迁都时，曾提到这样一句话：皇舆来巡，臣宜转据江州，以恢王略。

如果皇帝您真的迁都寿春，我就去江州据守，辅佐王室。

由此可以推断，周馥很可能已经跟华轶达成了共识：皇帝南下寿春后，周馥作为扬州都督，将办公场所迁到江州。

江州原本也隶属于扬州，直到公元304年，才从扬州独立出来。

这是作为扬州都督的周馥去江州办公的历史依据。不过这条记载主要说明的是，华轶支持周馥的方案。而司马睿派兵击败周馥，毁掉了迁都救国的最后计划。

这激怒了华轶，他意识到原来一向低调克制的司马睿与专横、不忠的司马越并没有太大的区别。

当皇帝在永嘉五年（公元 311 年）四月升司马睿为镇东大将军，并接管扬州、江州、广州、交州军权的时候，江州刺史华轶拒不接受司马睿的领导。

他是个很骄傲的人，向来把江州视为自家领地。因为早在三国时代，他的曾祖父华歆就曾任豫章太守。

华歆曾因"管宁割席"的故事为人所知。《世说新语》记载说他与好友管宁同席读书，门前有达官贵人经过，华歆弃书观之，管宁怒，认为他不是同道中人，与之割席。

华歆因此为人所轻，被视作利禄之徒。管宁后来成为著名隐士，华歆则进入仕途，最终官至曹魏司徒，登顶三公。据史载，他有出色的政治能力，在豫章太守任上政绩显著，深受爱戴。当孙策南渡江东，杀掉当时的扬州刺史时，扬州百姓甚至想要拥立华歆为刺史。

华轶能够出任江州刺史，跟这层历史渊源当有很大的关系。

周馥死后，华轶认为自己有义务在汹汹乱世坚守忠义，江州就成为他捍卫理想的孤岛。后来皇帝也被俘虏了，西晋朝廷事实上已经覆灭，但这不仅不会动摇他的决心，甚至还会让他生出一种慷慨赴死，舍我其谁的悲壮。

不过这在司马睿眼里可能就没那么令人动容了。洛阳沦陷后，他被推举为盟主，做出的第一个动作就是更换华轶管辖下的官员。

《晋书·华轶传》载：**帝承制改易长吏，轶又不从命。**

长吏指的是地位较高的地方官吏，魏晋时期，多指县令、太守。司马睿此时不只是天下盟主，还是江州都督，职权在华轶之上，有权更换地方官员。

华轶又拒绝了，他知道司马睿这是在自己的地盘安插人手。

而司马睿、王导等的就是华轶拒绝。

他们终于有了一个名正言顺的讨伐借口。

王敦：强人崛起

征讨江州，还有更重要的一件事要做：确定此次战事的总指挥。司马睿或许会有些踌躇不定，他需要在北方将领和江东军事强人之间做一番选择。南渡以来，他们主要经历了两场战事，其中平定钱璯之乱的是江东豪强周玘，带兵打败周馥的则是江东人甘卓。

考虑到江州战役的主要目标是建立长江防线，以便更好地立足江南，再次起用江东将领似乎是顺理成章的事情。但这也意味着江东人将不断积累兵权，以至于最后有压倒司马睿集团的风险。

司马睿决定选择北方将领。

这一点应该早在王导的预料之中，而且他更进一步地相信，最后的人选还会出自他们琅琊王氏，也就是他的堂兄王敦。

在司马睿当时的幕府中，王敦从政资历最老，先后任侍中、青州刺史、中书监、扬州刺史。早在八王之乱期间，他就曾果断起兵讨伐篡位的司马伦，并因功升左卫将军，掌管一支宫廷禁军。

此时若论对外征伐，也只有王敦才有足够的威望凝聚军心。

从这个意义上来看，这次战役对司马睿集团立足江东至关重要，对琅琊王氏掌握江南兵权更是至为关键的一步。

于是早在年初的正月，王敦被司马睿任命为扬州刺史，同时兼领都督征讨诸军事，也就是专门负责对外征伐。

这个时间节点也表明，战争的筹备与吸纳江北士族几乎是在同步推进，其中战争事宜主要交给了王敦。

因为十多年后的叛乱，王敦在历史上的评价历来偏向负面，受到诸多道德捍卫者的口诛笔伐。但不可否认的是，这是一个意志强大、野心炽烈，又手段狠辣的曹操式枭雄。

《晋书》中有条关于王敦的记载，很能说明他的行事风格。

恺尝置酒，敦与导俱在坐，有女伎吹笛小失声韵，恺便驱杀之，一坐改容，敦神色自若。

这里的王恺是晋武帝司马炎的舅舅，为当时豪富。有次他置酒高会，王敦、王导在座。女伎吹笛子时意外走调，王恺将其杀死，一座皆惊，唯有王敦神色自若。

如果这条记载只能说明王敦的心性坚硬，那么后面的故事就有些令人悚然了：

他日，又造恺，恺使美人行酒，以客饮不尽，辄杀之。酒至敦、导所，敦故不肯持，美人悲惧失色，而敦傲然不视。导素不能饮，恐行酒者得罪，遂勉强尽觞。

有一天，王敦、王导又去做客。王恺令美人劝酒，但凡客人不饮，就杀美人。王导素来不擅饮酒，但为了救侍女一命，每次都一饮而尽。

但当酒杯递到王敦面前的时候，王敦就是不接酒杯。美人害怕得脸色都变了，王敦还是傲岸自若，看都不看她一眼。

《晋书》没有记载王敦最后到底喝了没有，《世说新语》补充了结局：

已斩三人，颜色如故，尚不肯饮。

主人连杀三人，王敦还是不肯喝。

王敦是能饮酒的，为什么就是不肯喝呢？

《世说新语》说他"固不饮，以观其变"，也就是故意不喝，想看看主人是否真的会杀掉美人。

关于主人的身份，《晋书》中记载的是王恺，《世说新语》说是当时的西晋首富石崇。不过在这个故事中，具体是谁并不重要，两人都是身份高贵，家赀巨万。王敦不肯饮酒，对他们有挑衅的意思在里面。

他们仗着身份尊贵，以美人性命劝酒，有以势逼人，以及道德胁迫的意味，王敦不愿接受这一点。即使他们当真连杀三个美人，他依旧神色不变。

这是王敦的强悍。当然也有他的残酷，对于美人性命，不惜一顾。

回家之后，王导曾责备他，说你今天确实有些过分了。

王敦却说："自杀伊家人，何预卿事。"

他杀自家人，与我们何干。

永嘉五年（公元311年）六月，王敦率领军队，正式开往江州九江前线。

九江北临长江，是长江中、下游的分界线。长江从这里开始往北折去，呈西南—东北走向，直到南京。在这段长江东面的广大区域，也就是今天的江苏、安徽的江南部分，以及浙江、福建等，就叫江东，也叫江左。因为历史上的皇帝大多坐北朝南，当他们从北往南看的时候，这片地方在他们的左手方向。

对王敦、华轶来说，九江意义重大。它不仅连接东西，更像一个巨大的帽子从北面护住了整个江西。华轶只要能守住这个北大门，就能长时间割据。因此当王敦带兵来到九江前线的时候，华轶已经派兵占据了彭泽要地，阻挡他继续前进。

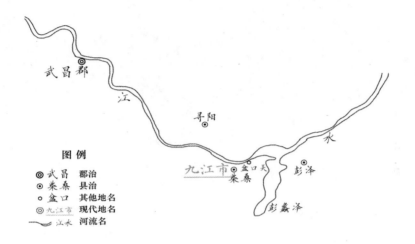

西晋末年江州位置示意简图

彭泽也就是今天的彭泽县，著名诗人陶渊明出身此地，曾任彭泽县令。它地处江西东北边界地带，是江州的东大门，再往西不到百里，就是彭蠡泽（今鄱阳湖）的入江口。

华轶只要守住彭泽，就能阻止王敦进入鄱阳湖。他们两人都清楚，江州争夺的关键就在于谁掌握了这个长条形的湖泊。它巨大的水域面积能够辐射整个江州的中北部地带，而且可以通过湖泊最南面的赣江贯穿整个江州。

王敦只要进入鄱阳湖，就能径直南下，然后进入赣江，继而登陆豫章，也就是今日的南昌市。这里是江州刺史华轶的办公地所在，也是整个江州的心腹地带。

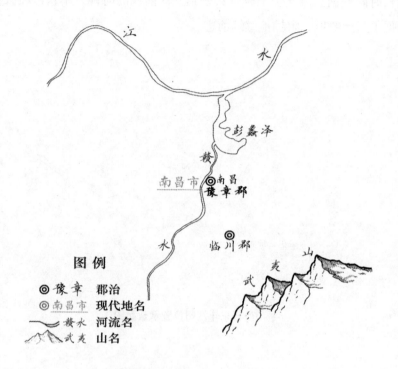

西晋末年豫章郡位置示意简图

不论是彭泽，还是鄱阳湖，华轶都必须牢牢守住。

《晋书·华轶传》载：**轶遣别驾陈雄屯彭泽以距敦，自为舟军以为外援。**

华轶令别驾陈雄屯驻彭泽，抵御王敦，自己带领水军停泊在鄱阳湖上，作为后援。他可以凭借水军优势随时给前方的陈雄输送兵力、粮草。

别驾是刺史最主要的佐官，由此可见华轶对彭泽的重视。也可看出，他们一开始就摆出了咄咄逼人的进攻架势。

116

反观王敦这一方，倒是显得相对克制，当看到彭泽已经被华轶占据的时候，他也就停了下来，将军营扎在了彭泽外围，没有马上发动进攻。

长江北面的寻阳，也就是今日的黄梅县一带，还有一支偏师也在静候王敦的命令，大概有一千二百人，带兵将领是当时最能征善战的武将之———周访。

以弱胜强的逻辑

周访祖籍河南，家族在汉末大乱时期南渡江东。他的祖父、父亲都先后在东吴为将，也算军功世家，但比起周玘、甘卓的家族还是有相当大的差距，以至于史籍说他是"起于寒微"。

今年四月，司马睿被升为镇东将军时，他才加入司马睿集团。根据《晋书·周访传》记载，他加入司马睿集团的故事充满了戏剧性。当时有个与他同名同姓的人犯了死罪，司马睿军府中的执法人员误把他当作罪犯，前去抓捕。

周访没有乖乖就范，奋起反击，打退了几十个人。与官府正面对抗是大罪，但他不仅没有逃跑，还主动前去投靠司马睿。他的勇武吸引了正在用人之际的司马睿，司马睿没有追究他的责任，还任命他为参军，也就是参与军事谋划。

司马睿对他的重用应该还有一个更加重要的原因，那就是周访是寻阳县人。当时的寻阳县包括今天的九江市柴桑区，江北的黄梅县等地。周访家族自从南渡以后，已经在此经营了四代。司马睿正可以借助他们家族的影响力对付华轶。

据此我们可以推测，周访很可能是早已探听到了司马睿征讨江州的计划，才去主动投靠。他不仅悍勇，还极有机谋，这也是他后来能够成为东晋主要战将的原因之一。

早在王敦出发前的四月，司马睿就令周访先带一千二百人前往九江东北方向的彭泽，防备华轶。但周访灵活地调整了司马睿的计划，他带兵离开南京后，没有驻扎彭泽，而是去了黄梅。

黄梅县位于江北，与九江市隔长江相望。根据他的说法，驻扎此处，既能对华轶施加压力，又不至于逼人太甚。

按照一般的军事惯例，进攻方往往首先发动攻击，因为需要长途运输粮草、辎重，战争拖得越久，越加不利。防守方则可以凭借充足的粮草储备，以及本土作战优势，以固守拖垮进攻的一方。曹魏时期，诸葛亮北伐，司马懿就是坚守不出，耗到诸葛亮粮尽退兵。

眼下的局面似乎翻转过来，江州本土的华轶显得更加主动、强势，而王敦、周访只是不动声色地驻扎在江州的外围地带。这似乎与王敦的强人作风相去甚远，但他自有他的打算。

华轶没有花时间去揣摩王敦的动机，率先发动了进攻。

《晋书·周访传》记载，武昌太守冯逸与周访部将丁乾串通，想要夹击周访。

这里的武昌不是今天的武汉市武昌区，而是指武昌郡，具体位置在今天武汉市东南方向八十多公里处的鄂州市。在很长一段历史时间内，鄂州的地理位置的重要性都高于今日的湖北省会武汉市。早在三国时期，孙权就曾在这里筑城建都。

武昌郡隶属于江州，作为太守的冯逸接受江州刺史华轶调遣。他带兵从鄂州出发，顺江东下，同时联络周访的部将丁乾，试图里应外合。

幸运的是，周访很快发现此事，将丁乾杀掉。

计划败露后，冯逸没有退缩，而是直接带兵渡过长江，攻打江北的黄梅县。在他看来，周访以新人身份掌兵不久，或许有可乘之机，丁乾的反叛就是证明。但他低估了周访，交兵伊始，即被打败。

这个时候的周访知道战争已经不可避免。他不再犹豫，放弃了以和为贵的愿望，带兵追击冯逸，横渡长江，直到九江市东北方向的盆口城，这是江州北部除彭泽以外的另一个重要据点。

华轶一旦丢掉盆口，江州北面防线就会撕开一个巨大的口子，周访则会乘虚而入。他派出一万援兵北上支持冯逸。

但遗憾的是，这支部队也被周访击败。

这里值得注意的是，华轶的兵力应该远在王敦之上，他能派出一万援兵就是一个例子。他在江州经营多年，官声也好，《晋书·华轶传》说他"得江表之欢心，流亡之士赴之如归"，因此他在江州应当是兵多将广，这也是他采取主动攻势的信心所在。

王敦的情况就没那么乐观了，去年平定钱璯之乱时，司马睿军府中的兵力是如此之少，以至于畏缩不敢进。即使他们之后有意增强兵力，想必也不会有太多人应征入伍。永嘉之乱后，户籍管理混乱，百姓大量逃亡，司马睿在江东很难快速扩军。即使能得到一部分补充，时间也不充足，才过去半年，很难得到有效的训练。

周访原来统领的部队也只有一千二百人。

那么问题来了，周访的部队为什么能以少胜多？

周访的悍勇只是一个因素，更重要的恐怕是当时的形势使然。华轶在军事上的确占据优势，但在与王敦，以及王敦背后司马睿集团的政治较量上，完全落了下风。

永嘉之乱后，洛阳城破，皇帝被俘，大多人都意识到北方实际上已经沦陷，接下去的希望很可能就是江东的司马睿。他已经被授予扬州、江州、广州、交州的军权，被北方大族推举为盟主，他之接管江东，名正言顺。

在这种情况下，华轶的谋国之忠，就只是他个人的理想与执着了，并不一定能得到江州其他将领、地方太守县令的支持。实际上，早在他抗拒司马睿的命令时，华轶属下的人就曾劝过他。《晋书·华轶传》说他"不能祗承元帝教命，郡县多谏之"，但他以忠臣自居，"不纳"。

华轶受人喜欢、敬重，因为他是个正直、忠诚的人，但在涉及生死大事的时候，大多人可能还是更愿意选择强者。那么他的军队人数虽多，但士气之低迷，人心之摇摆涣散，应该是可以想象到的。

军事是政治的延伸，更是以政治为基础。

可惜华轶不懂这个道理。

王敦就清醒得多了，他一直都知道自己看似兵力较弱，但其实掌握着政治的主导权。

他要做的就是等，等形势逐渐明朗，等华轶输掉开头的几场战争，大家都能看清楚他的虚弱，那么整个局面就会翻转过来。

而且战争之初，华轶以晋王朝的忠臣自居，将司马睿对江州的进攻定义为侵略和抢夺，王敦若在一开始就表现得过于咄咄逼人，反而不利于对江州人心的安抚。

当你一无所有的时候，重要的是你做了什么；而当你大权在握，占据主动的时候，重要的是你不做什么。

史籍中的王敦向来被看作是一个强横、残暴的人，这样的人似乎总是好斗的，甚至莽撞的。但实际上王敦不是。他目标足够清晰，野心足够远大，以至于能为此克制自己的傲慢和暂时的胜负欲。

《晋书·王敦传》中有这样一条记载：

（王敦）尝荒恣于色，体为之弊，左右谏之，敦曰："此甚易耳。"乃开后阁，驱诸婢妾数十人并放之，时人叹异焉。

王敦年轻的时候沉迷女色，以至伤身。身边的人劝谏，王敦说："这件事很好办。"他打开房门，将几十个婢妾放走。

时人感叹。

能克制自己欲望的人是可怕的。

王敦就是这样的人。

在打败华轶的一万援兵后，周访移师东进彭泽，与王敦左右夹击华轶的水军，大破之。

到了这个时候，局势已经基本明朗。

不过华轶也不是完全没有机会了，此时还有一个人有可能再度改变整个战局——驻扎夏口的陶侃，华轶曾有恩于他。

志大才疏，难将作矣

陶侃是陶渊明的曾祖父，是东晋朝最核心的将领。他在八王之乱引发的全国混乱中崭露头角，又先后参与平定公元 303 年的石冰之乱、公元 305 年的陈敏之乱。

但在魏晋这样门第森严的时代，他出身寒微的事实阻碍了他更进一步的发展。《晋书·陶侃传》说"侃早孤贫"。西晋灭吴后，他曾进入洛阳朝廷，被北方名士称作"小人"，也就是身份卑贱之人。

他后来虽然屡建军功，但若得不到类似刺史、都督这样出身豪门的人推荐，依然不能独自掌兵一方。

出身大族的华轶看准了这个机会，上书推荐他为扬武将军，驻扎江夏郡的夏口城。当然，这里有华轶的私心：江夏郡位于江州上游，有了陶侃守护，就能为他抵挡上游势力。

根据三国魏晋以来的行政划分，江夏郡隶属于荆州，主体位于今天武汉市汉口一带。

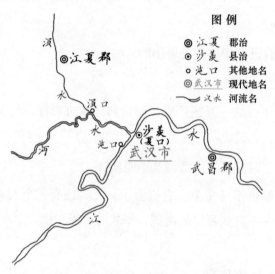

西晋末年夏口位置示意简图

公元 305 年，陈敏作乱时，派亲弟弟带兵沿长江逆流而上，争夺夏口，陶侃被当时的荆州刺史刘弘任命为江夏太守，抗敌建功。

后刘弘死，陶侃无所依托。华轶顺水推舟，举荐陶侃继续驻扎夏口。陶侃派侄子陶臻到华轶幕府中任参军。这是魏晋时期，部将对上面的刺史、都督表达忠诚的重要方式，名曰任职，实际是作为人质。

华轶盆口兵败后，敌我双方势力都汇聚到了彭泽战场。陶侃手中还有三千兵力，如果顺江东下，就能攻击周访的后背，很有可能改变战争形势。

这几乎是华轶最后的希望了。

根据《晋书·陶侃传》记载，早在战争爆发前，作为人质的陶臻就从华轶处逃回夏口，跟叔叔陶侃说道：华彦夏有忧天下之志，而才不足，且与琅邪不平，难将作矣。

华轶心忧天下，但能力不足，今与琅琊王司马睿生出嫌隙，恐怕将有大难。

陶臻是个很有眼光的人。华轶在江州时重用儒生，想要恢复传统的君臣秩序。在当时皇权衰落、藩王掌权的时代，华轶的这一动作即使不能算作迂腐，也是不合时宜。

但陶侃"怒，遣臻还轶"，依旧命令侄子回到江州华轶处。陶臻这次没有听从叔父的命令，他绕过江西，直接去了南京投靠司马睿。

司马睿大喜，任他为镇东将军府参军，同时升陶侃为奋威将军。这摆明了是要拉陶侃一起下水，让华轶不要对陶侃再心存奢望。

《晋书·陶侃传》说：**侃乃与华轶告绝**。

但这把陶侃想得太简单了。

陶侃并没有明确说要支持司马睿，他只是选择了观望。他之所以要让侄子依旧回到华轶处，也是不希望在他们还没有分出胜负的时候就选边站队。

有一个不容忽视的事实是，当周访遭到武昌太守冯逸进攻时，陶侃并没有派兵支援周访，而周访跟他是好友知己，还是儿女亲家。

两人都是江西人，早年身份卑微时就认识，并相互欣赏。周访将自己女儿嫁给了陶侃儿子。

如果陶侃一早就确立了支持司马睿集团，那么当周访、冯逸大战时，陶侃完全可以带兵东下，攻击冯逸后背，夏口正好就位于武昌郡上游。

但他始终稳稳当当地驻扎夏口，静待其变。他清楚地知道，只要他掌握了夏口这个长江中游重镇，不管司马睿、华轶谁赢得最后胜利，都会需要他的支持。

对于他的最终动向，王敦一开始或许有些忌惮。陶侃虽然只有三千兵力，但在长江一带屡立战功，尤其长于水战。如果他当真支持华轶，或许会影响整个人心向背。

但当周访接连赢得盆口、彭泽战役后，他知道自己再不用担心了。

陶侃是个聪明人，看得清形势。华轶或许会把自己当初推荐陶侃驻守夏口当作一件需要回报的恩惠，但陶侃应该不会被这种情谊绊住。

最终，陶侃没有发一兵一卒。

华轶彻底陷入绝境。他身后的豫章太守周广也在这个时候叛变。这里值得一提的是，豫章太守之所以能够叛变，应该是当初华轶在组织一万援军的时候，抽调了豫章城内的守军，这给了周广可乘之机。

华轶腹背受敌，军阵溃散，只能往西逃跑。周访带兵追击，将其斩杀。一同被杀死的还有华轶的五个儿子。

王敦赢得了江州战役的胜利。

这对司马睿集团来说意义重大，江州至此将从上游守护南京政权。更重要的是，它作为司马睿在江南第一个三吴以外的军事基地，有助于摆脱对三吴地区的完全依赖。万一太湖一带叛乱，司马睿不至于漂泊无所依托。同时江州还提供了一个继续进取荆州、湘州的跳板。只有拿下这两个州，也就是今天的湖北、湖南一带，江东在长江中上游才有了稳固的屏障。

战后论功行赏如下：

周访升为寻阳太守，主管九江和江对面的黄梅县一带。

江州此战，周访功劳最大，不仅在西部战场取得大胜，还有效地支援了东部彭泽战场。

他与陶侃的姻亲关系，虽然没有帮他直接获得陶侃的军事援助，但对陶侃作壁上观还是发挥了一定作用。毕竟江州一战，只要陶侃不主动加入华轶阵营，对司马睿方来说已经是极大助力。

在未来的日子里，周访还将屡立战功，逐渐成为司马睿最为倚重的战将之一。

拥兵观望的陶侃也得到了奖赏，被任命为武昌太守，驻军今天的湖北鄂州。正如上文分析，陶侃只要没有倒向华轶，就算帮了司马睿大忙。陶侃在夏口一带经营多年，战功赫赫。如果不能稳住陶侃，他要么割据一方，阻碍司马睿夺取荆州；要么带兵东下，直接威胁刚刚夺取的江州。

司马睿必须大力拉拢陶侃。

最后就是这次战役的总指挥官王敦。现有史料中没有明确记载司马睿对王敦的新任命，但可以肯定的是，王敦借此掌握了整个江州。在后面平定长江一带的战事中，他始终坐镇江州，调兵遣将，输送粮草、物资。

他曾出任青州刺史、中书监、扬州刺史等要职，但手中始终没有兵权，更没能在一处长久耕耘，建立起自己的地盘。

江州战役改变了这一点。

田余庆先生在《东晋门阀政治》中明确指出：东晋士族专兵，始作俑者是琅琊王敦。而王敦专兵，就始于江州之役。

在王敦之前，世家大族成员也有机会成为地方军政大员，独立带兵打仗，但是往往战事结束，兵权即被收回。而且每隔一段时期，他们都会被要求换防他处，很难在一个地方长久耕耘，或者将手中大权传递给子侄后代。

到了王敦这里，事情开始发生变化。他自从获胜之后，就再没离开江州。他凭借江州得天独厚的地理优势，将此地经营为自己的大本营。与此同时，他的堂弟王导则在南京执掌中枢。这种内外互助、军政联动的模式，是琅琊王氏超越其他世家大族，跃升为门阀的开始。

第八章 豪门当政，寒族出力

被侮辱的江东士族

当王敦在外征战，为司马睿集团拓展生存空间的时候，南京的王导正面临全新的危机。

永嘉六年（公元 312 年）十二月，江东士族领袖顾荣死于任上。

作为联结江东士族与司马睿集团的纽带，顾荣当初的加入吸引了更多江东士族的归顺，让司马睿、王导等人在江东站稳脚跟。在接下来的五年中，他依然不断向司马睿举荐江东士人，并且很好地协调了南北士族之间的利益。《晋书·顾荣传》称司马睿"凡所谋画，皆以谘焉"。

如何应对他的离世，就成为司马睿、王导等必须慎重考虑的问题。

司马睿亲自到顾府致哀，并准备上奏皇帝，按照齐王功臣的规格将顾荣下葬。史称"欲表赠荣，依齐王功臣格"。

出人意料的是，司马睿的这番好意遭到江东士族的激烈反对。吴郡太守殷祐甚至上书司马睿说：遐迩同叹，江表失望。

我们江东人对此很失望，远近都为顾荣觉得不值。

殷祐祖籍江苏丹阳，也就是今天镇江下辖县级丹阳市。他的祖父、父亲都在东吴任职，是地道的江东士族，他当初加入司马睿集团也是因为顾荣的推荐。他的这封上书应该能代表江东士族的集体态度。

乍看起来，江东士族的反应有些过激甚至不明所以，司马睿"依齐王功臣格"安葬顾荣是有明确历史依据的。

八王之乱期间，齐王司马冏曾打败篡位的司马伦，执掌中央政权，是当时最有权势的藩王。顾荣正是在这个时候进入司马冏府中，担任主簿，也就是掌管文书的低阶官员。

现在司马睿将只是担任主簿小官的顾荣追封为齐王功臣，已经是额外加恩，却遭到了抵触。

殷祐很快解释了他们不满的原因，主要有两点。

第一，齐王司马冏虽然在打败篡位者司马伦这件事上有功，但是"元功虽建，所丧亦多"，也就是虽然建功，但也导致众多人丧命。

这是个委婉的说法。殷祐没有点明的是，齐王司马冏虽未直接篡位，举兵起事也是为了争权夺利。他的统治残暴不公，多有杀戮。顾荣早已预见了他的失败，因此任职期间，每日饮酒酣睡，以避灾祸。

《晋书·顾荣传》中的记载也可以为此佐证，顾荣曾跟同乡人诉苦：吾为齐王主簿，恒虑祸及，见刀与绳，每欲自杀。

我在做齐王主簿的时候，经常担心祸及自身。看到刀子与绳子，就想自杀。

现在司马睿把顾荣列为齐王功臣，即使不能说是对顾荣的侮辱，也是与事实不符。

第二，在江东士族看来，顾荣的真正功绩是打败陈敏，帮助司马睿立足江东。殷祐在上书中说"荣首建密谋，为方面盟主，功高元帅"。

这一点对江东士族来说尤其重要。因为这不仅是顾荣，更是以他为代表的江东士族在司马睿集团立足的政治资本。

顾荣死后，他们失去了自己的代表，担心会遭到冷落。他们焦虑不安，希望通过司马睿对顾荣之死的态度来判断接下去的政治走向。令人遗憾的是，司马睿走出了他们最不希望看到的那步棋——直接忽视了顾荣作为江东盟主辅佐他立足江东的历史功绩。

那么他们这批跟着顾荣投靠司马睿的人又该如何自处呢？接下去的命运恐怕就是被不断打压，被边缘化，最后完全被北方士族骑在头上吧。

这是他们不能接受的。

所以殷祐在上书的最后写道：**功高元帅，赏卑下佐，上亏经国纪功之班，下孤忠义授命之士。**

顾荣作为首领建立功勋，赏赐却等同于一个下级僚佐。这既违背了国家奖励功臣的原则，也对不起忠勇义诚之士。

这句话已经有了威胁的意味：你这样对待江东首领顾荣，又怎么期待江东的忠勇之人继续支持你呢？

殷祐的这封上书一千多字，而顾荣全传也不到四千字，后世史家将其一字不漏地录了进去，足见其分量之重。

仔细揣摩这份上书，江东士族的激愤应该不只是针对顾荣之死，而是南北士族冲突的一次集中爆发。

司马睿南渡之初，是在顾荣、纪瞻、贺循、周玘、甘卓等江南豪门的支持下才有了立足之地，顾荣等人也因此得到司马睿重用，影响力甚至超过了以王导为代表的北方士族。

但永嘉之乱后北方士族的大量南下改变了这个局面，王敦在江州战役中的胜利更是拉大了南北集团的力量差距，让北方有压倒南方的明显优势。江州战役中，参战的周访、甘卓等江东将领功劳卓著，但依然要屈居北方人王敦的指挥之下。这种明显的不公刺激到了江东士族的自尊心。

他们借题发挥，通过顾荣死后封赏一事表达对北方士族的不满，为江东人争取更多的政治利益。

如此来说，他们的激烈表达是完全合乎情理的。

那么另一个问题就随之出现：司马睿、王导等人为何还要这样对待顾荣呢？

这似乎不符合司马睿礼贤下士的作风。他在江东初步站稳了脚跟，依然需要南北士族齐心协力。即使从平衡权力的角度来说，作为领导者的他也不能让北方士族一头独大，尤其是考虑到王敦还掌握军权的事实。

所以这个主意大概率来自王导，掩盖顾荣的功劳也最符合他的利益。

《世说新语》中曾有这样一条记载，可以看出王导对顾荣的忌惮：

顾司空未知名，诣王丞相。丞相小极，对之疲睡。顾思所以叩会之，因谓同坐曰："昔每闻元公道公协赞中宗，保全江表。体小不安，令人喘息。"丞相因觉。

这里的顾司空指的是顾和，他是顾荣的侄子，从小就以聪明机警著称。

故事说的是司空顾和还没有出名的时候，去拜访丞相王导。王导有点累，对着他打瞌睡。顾和原本想要向他请教问题，便对同座的人说："过去经常听叔叔元公（顾荣）说起王公辅佐中宗（司马睿）保全江南的事。王公身体不太好，叫人不安啊。"

王导闻言，立马醒了过来。

王导对着顾和打瞌睡，有轻视的意思。顾和不好直接点破，就提到了顾荣，说顾荣经常跟自己提到王导的功绩。

这个时候，顾荣已经死了很多年了。但听到顾荣的名字，王导还是立马醒了。

到底是因为顾荣夸奖了自己，因而感到高兴呢，还是提起顾荣，王导依然有所戒备呢？

恐怕还是后者居多。

那么顾荣在时，王导对他有些忌惮就可以理解了。

当然，如果将这一切只解释为王导对顾荣的忌惮就过于狭隘了，因为王导的最终目标并非顾荣，而是通过他来敲打江东士族。

他们刚到江东时，势单力薄，需要顾荣带领江东士族襄助司马睿。现在情况不同了，北方士族大量南下，让他们有了更充沛的人才储备。而且随着中原局势的恶化，还会有更多北方力量南下加入司马睿的阵营。

作为一个嗅觉敏锐的政治家，王导必然要大力扶植北方势力。所谓非我族类，其心必异。江东人跟他们北方世家大族虽然同属汉人，但自汉末天下大乱以来就归属不同阵营。

政治不同，经济环境不同，就连文化心理都不同。

江东历来又是一个特别容易被土著割据的地方，孙吴、陈敏有例在先。

王导不得不谨慎。

想要让司马睿立稳脚跟，最终还是得依靠北方人。他自己也是北方人，壮大北方势力，就是在壮大自己家族的力量。所以顾荣死时，王导顺势打压，就是有可能会发生的事情。这有过河拆桥，甚至忘恩负义的嫌疑，但王导不是那么多愁善感的人。

不过这个计划终究还是太冒险了，过于低估了江东士族的自尊心，以至于遭到江东人的激烈反抗，他们要求司马睿承认顾荣在帮他们北方人立足江东过程中所做出的重大贡献。

王导和司马睿最后选择了妥协，"赠荣侍中、骠骑将军、开府仪同三司"。

侍中是皇帝身边近臣，可以参与朝政决策。琅琊王氏的王敦、王旷都曾担任此职。这个职位也经常用于加官，就是在实际官职之外，再加一个荣誉性的职位，以示尊崇。

开府仪同三司也是这类职位。三司一般指的是太尉、司徒、司空等三公，他们可以独立开府办公，可以有自己区别于中央朝廷的独立办公场所，自行招纳幕僚。

开府仪同三司就是指能像三公一样开府办公，府中护卫、仪仗等都跟三公级别一样。

这些待遇自然比"齐王功臣格"隆重得多，虽然对死去的顾荣来说已经没有实际意义，但是能大大提升他死后的地位、声名，继续守护江东本土士族。

这番修正有效地安抚了殷祐等人，他们再没有表达激烈的不满。

顾荣的死，还有一个苦涩的后续。

《南齐书·丘灵鞠传》记载，有个叫丘灵鞠的士族曾恨恨道：我应还东，掘顾荣冢。江南地方数千里，士子风流，皆出其中，顾荣忽引诸伧渡，妨我辈涂辙，死有余罪。

丘灵鞠祖籍吴兴郡，跟顾荣一样是江东人。他说这句话的时候是南齐永明二年，距离顾荣死去已经一百七十多年了。他的咬牙切齿，甚至恨不得挖了顾荣坟墓，是觉得顾荣当年让北方大族在江东落脚，鸠占鹊巢，抢走了江东士族的入仕机会。到他生活的南齐时，政府要职基本被北方豪门占据，以至于"南士无仆射，多历年所"。南方本地大族已经多年没人能升到尚书仆射的位置了。

顾荣接纳北方豪门，原本是为了保江东安定，不料却导致了这样的结局。

这大概也是他万万没有料到的。

眼下的这场南北之争，王导选择了退让。他的堂兄王敦正准备进取荆州，三吴地区的稳定有助于提供粮草、兵源支持。

乱世中的蝴蝶效应

在永嘉五年（公元 311 年）拿下江州之后，王敦就将荆州确定为自己的下一个目标。荆州也就是今天的湖北一带，从捍卫江东的角度讲，它的重要性甚至超过了江州。

明末清初的顾炎武在详细考察了立足江东的东吴、东晋、宋、齐、梁、陈、南唐、南宋等八代政权的成败兴亡后，提出了一个著名的观点：但凡立国江东，必须"厚荆襄"和"阻两淮"。也就是必须拿下荆州和淮水流域。

淮水在长江以北，能够构建保护江东的第二层防线。而荆州位于南京上游，可以阻挡来自北方和西边巴蜀的势力。

如果失去淮河一线，江东尚且有长江天险。一旦失去荆州，敌方势力可以从湖北顺长江东下，荡平江东。太平天国时期，曾国藩就是从今天的湖北鄂州起兵、顺江东下，攻破南京。

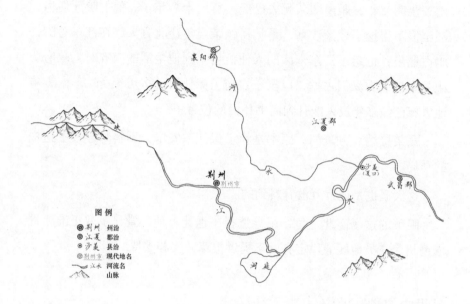

西晋末年荆州示意简图

清初历史地理杰作《读史方舆纪要》更是明确总结道：有江汉而无淮泗，国必弱；有淮泗而无江汉之上游，国必危。

他们都传达出同一个信息：站在屏护江东的立场上来说，荆州的重要性远远超过淮水防线。

即使只从个人利益角度来考虑，王敦也必须拿下荆州。它地处江州上游，只有将荆、江连成一片，王敦才能在长江中游一带站稳脚跟，打造出一个稳定的大本营。

目前的问题是，荆州还掌握在王澄手中，而王敦并不喜欢王澄。

王澄也出身琅琊王氏，名声犹在王敦、王导之上。

他是王衍的亲弟弟，自小天资聪颖，是琅琊王氏众子弟中的佼佼者。王衍曾评价：阿平第一，子嵩第二，处仲第三。

这里的阿平就是王澄。排在第二的子嵩是西晋大名士庾敳（ái），出身名门颍川庾氏，擅长清谈，为王衍所推崇。处仲就是王敦，排在倒数第一。

王敦对这个排名并不认可。

《世说新语》中的一个故事，足以说明他对王澄是很不以为然的。

说的是多年之后，王敦举兵攻打建康时，跟庾亮谈起王澄。王敦说自己身边那么多人才，就王澄最差。

庾亮说：王澄他可能不会同意你的观点吧？

王敦没有回答。

那时王澄已死，他同不同意，王敦又哪里在乎？

庾亮继续问：那你说谁是最好的？

王敦说：自然有人。

庾亮追问：到底是谁呢？

王敦有些不耐烦，说：噫！其自有公论。

翻译过来就是：哎呀，自有公论的。

其实他的意思就是自己最佳。

王敦不善言辞，很少像王澄、王衍那样自夸，或者做出什么意外之举吸引众人。但他其实是一个非常骄傲的人。《世说新语》说他"自目高朗疏率"，也就是自视高尚、疏朗、豁达。其中的"高尚""豁达"都值得怀疑，但王敦很欣赏自己是没有疑问的。

公元 307 年，王衍为分散风险派家族子弟出镇地方，把最重要的荆州交给了王澄，给了他刺史、都督的大权，相当于掌握了荆州的全部军政。王敦则只得到了青州刺史的位置。

临出发前，王衍曾问王敦、王澄两人：你们现在担任军镇大员，准备怎么管理地方呢？

王敦的回答很简单，就九个字：当临事制变，不可豫论。

我准备随机应变，眼下无法预知。

这听起来有些让人放心不下。

王澄就不一样了，他侃侃而谈，方案详备，言辞锋利。史称"澄辞义锋出，算略无方，一坐嗟服"。

如果王澄真能像他事先筹划的一样管理荆州，王敦或许就永远没有机会沾染此地了。遗憾的是，到了荆州后，王澄似乎完全忘了当初的谋划，整日饮酒高谈，不问政事。

按照琅琊王氏的家族谱系来看，王澄、王衍兄弟与王敦、王导等血缘较远。他们的祖父是曹魏幽州刺史王雄，王敦、王导的祖父则是曹魏光禄大夫王览，王祥的弟弟。有意思的是，两支子弟的行事作风也大相径庭。王敦、王导务实而清醒，王澄则更像哥哥王衍，风流倜傥，行为怪诞。

根据《晋书·王澄传》记载，王澄赴任荆州当日，洛阳的官员们倾巢而出。他们一直把他送到洛阳城外。正在众人纷纷祝贺他高升时候，令人吃惊的一幕发生了。

王澄突然看到了路边的一棵树，树上有个喜鹊窝。他顾不得众人，脱掉外衣，攀爬上树，伸手入窝，开始逗弄喜鹊窝里的小鸟或者鸟卵。

史载：探而弄之，神气萧然，傍若无人。

神色萧然，大概就是漠不关心的样子。

这到底是什么意思呢？

他可能是为了表示自己对功名利禄全不关心，所谓荆州刺史，还不如一个鸟窝给他带来的乐趣。

也可能是童心未泯，这个喜鹊窝突然唤醒了他那遥远的逝去的童年。

在众人贺他高升的时候，这个举动有些过于傲慢无礼，但没有关系。在那个风流的时代，像王澄这种出身豪门的名士，越是举止怪诞，越是不可理喻，越能激发大家的仰慕，让人忍不住说：

这个人果然与众不同啊！

但人群中还是有个人看出了他的装模作样。这个人是刘琨，他后来驻扎太原，成为西晋抵抗匈奴的中坚力量。

当王澄从树上溜下来后，刘琨对他说：卿形虽散朗，而内实动侠，以此处世，难得其死。

你看似潇洒不羁，其实心胸狭隘，将来恐怕不得好死啊。

公元311年，也就是在王敦进攻江州的同时，王澄也迎来了自己的考验。

有股蜀地流民在长江南边的乐乡县（今湖北松滋市）杀掉县令，据地叛乱。这不是什么新鲜问题。在中原大乱后，陕西、四川分别被匈奴、氐族等少数民族势力占据，两地百姓外逃，大多沿着汉水、长江涌入荆州。他们的到来挤占了当地人的土地、住房等资源，遭到当地大家族的抵制、欺凌。

流民为了生存，与当地人对抗，甚至会投靠匈奴势力，这在山东、河北等地已经发生多起。地方政府无力协调这个矛盾，就试图将流民驱赶回原籍。这种粗暴冷漠的方式，不仅没有平息纷争，反而激发了大规模的流民起义。

现在王澄也面临同样的难题，他可以想办法加以安抚，也可以派兵征讨。他选择了后者。他出身高贵，很难理解流民的苦楚。

幸运的是，这伙流民实力较弱，请求投降。

王澄接受了。

这是好事。因为当时的地方起义具有极强的感染性，一次起义很快会引发新一轮的起义，如同多米诺骨牌一般，这是乱世之中的蝴蝶效应。

作为统治者，只能在风暴没有彻底酿成之前加以扑灭。一开始的起义也相对容易平息，因为大多都是被逼无奈，如果政府能够提供基本的食物、住房保障，他们大多都愿意安定下来。

现在王澄就处在风暴来临的前夜，他如果能顺利接受乐乡流民的投降，可算大功一件。

王澄却耍了个花招。他假装接受投降，在流民放弃抵抗的时候突然发兵征讨。

据记载，王澄将降卒沉入长江，多达千人，并把他们的妻子儿女作为礼物赏赐给自己的人。

刘琨曾说王澄心胸狭窄，将不得好死。

以杀降一事观之，刘琨所言非虚。

于是，荆州的风暴终于滚动起来。

《晋书·王澄传》载，荆州的巴蜀、陕西流民"一时俱反"，人数达四五万家。按照每户五口人计算，大概是二十万到二十五万人。

如果每个叛军占地一平方米，那么这些叛军密密麻麻地排列起来，就有二十五万平方米。现在一个标准足球场的面积是七千一百四十平方米。二十五万人，足足可以站满三十五个足球场。

可以说人山人海，铺天盖地。

如果说这些流民只是各自为战，那还可以逐个击破。但是他们推举出了一个统一的领袖，组成了一支统一指挥、战力强悍的叛军。

王澄无力抵抗。

公元 312 年底，王澄沿着长江往下游逃去。

王敦笑了，这相当于将荆州拱手相送。

更有意思的是，王澄在顺江东下、路过江州的时候，选择去拜访王敦。而这个决定直接让他丢掉了性命。

据历史记载，王澄见到王敦后依然心高气傲，"犹以旧意侮敦"。就是说他还把王敦当成原来那个阿黑看待，言语之中，多有侮辱。

《晋书·谢鲲传》中留下一个佐证：

时王澄在敦坐，见鲲谈话无勌，惟叹谢长史可与言，都不晒敦。

王澄去见王敦的时候，与谢鲲清谈，非常投机，就感叹说也只有谢鲲能陪他谈一谈。

谢鲲也是北方名士，出自陈郡谢氏，此时担任王敦的长史。他的侄子，即是与王导齐名的谢安。

谢鲲放诞不羁，长于清谈，因此被王澄欣赏。魏晋时期，清谈是名士标配。王衍、王澄都长于此道，就连王导也是清淡行家，唯有王敦不善言辞。

王澄可能就是因此不把王敦看在眼里，引文中的"晒"指的是斜眼看的意思，就是说王澄在跟谢鲲畅谈甚欢的时候，王敦只能孤零零地坐在一旁陪着，插不进话，连斜眼都没得到一个。

这是极大的侮辱。

此时的王敦已经先后出任青州、扬州刺史，现在又刚刚拿下了江州。

王澄却视而不见。出身高贵、始终被众人围在舞台中央的人，总是看不见其他人的欲望和痛苦。

王敦起了杀心。

到了晚上，王敦请他入宿，想要偷偷下手。但王澄身边有二十个侍卫，王澄本人据说也是武艺高强。那个时候的贵族子弟都有可能要领兵作战，所以自小也要学习剑术，锻炼体能。

王敦退出屋外，下令给二十个侍卫赐酒，将其灌醉。

等他再回到屋内时，王澄已经躺在床上。但他手边有一个玉枕，可以用来自卫。

王敦就说：你把这个玉枕借我看一下。

王澄给了他。

直到这个时候，王澄都还没有看出杀机。这不是因为愚钝，而是傲慢。

王敦接过来玉枕后，突然就说道：你为什么要串通杜弢（tāo）谋反？

杜弢是荆州流民起义领袖，正是他将王澄打败。

王澄这才恍然大悟，王敦这是要置他于死地。

他争辩道：清者自清，到了南京，我会说清楚的。

但王敦不会让他去南京了。他上前去抓王澄，两人纠缠在一起。王澄将王敦衣衫撕破，跳到了房梁上，骂道：行事如此，早晚都会有报应。

王敦不是一个害怕报应的人。他最终还是让手下抓住王澄，将其"搤

（è）杀"，也就是活活掐死。

王澄逃过了战乱，没想到却死在自家人手里，死时年仅四十四岁。

远在山西的刘琨听说此事后，叹道：澄自取之。

王澄这是咎由自取啊。

王澄被杀一事其实疑点重重。

他出身琅琊王氏，是朝廷军政大员，王敦擅自将其杀害，性质恶劣。但翻查现有资料，并没有看到司马睿对此有何异议，王导也没有对王敦有一句指责。

王敦虽然残酷，但不鲁莽，他为什么一定要杀掉自家人王澄呢？

难道只是因为嫉妒？或者为了更方便地夺取荆州？此时王澄已败，南京的司马睿已经下令调他回京，不会对王敦谋取荆州再产生掣肘。

细查史料，《世说新语·尤悔》一章提供了一个令人后背发凉的线索：

王平子始下，丞相语大将军："不可复使羌人东行。"平子面似羌。

平子，就是王澄的表字。

说的是王澄离开荆州时，王导给王敦写信说：不能让他继续东下了。

王澄相貌独特，长得像羌族人。王导在信中以"羌人"暗指王澄，可能是怕事情泄露，也可能是王导不喜王澄，所以用了这么一个贬低的称呼。

信中说不让东下，就是不让他去南京。

言下之意，就是让王敦暗中处理掉他。

原来真正的凶手不是王敦，而是一直以笑脸示人的王导。

那王导杀人的动机又在哪里呢？

恐怕与当时的形势有关。

王导、王敦南渡以来，竭心尽力，才在江东站稳脚跟。而王澄的名声、地位一向高于王敦、王导。若他去南京，很可能会凌驾于二人之上。

而王澄在军政上昏庸无能，又行事荒诞。他在荆州的失败已经让家族蒙羞，到了南京，很可能会毁掉琅琊王氏刚刚经营起来的大好局面。

对王导、王敦来说，这样的人，留着终究是个隐患，不如趁早除掉。

即使在一千七百多年后的今日读到这条记载，依然令人心惊。王导之高深莫测也可见一斑。这个平时不大臧否人物，不显山露水，甚至大多时候都是笑而不语的人，真到痛下杀手的时候，不会有太沉重的心理负担。

"溪狗"陶侃

在王澄兵败身死之后，王敦完全有理由相信，荆州已经是他的囊中之物。他近在江州，不管派兵遣将，还是运输粮草物资都更为方便。

出乎意料的是，在王澄之后接任荆州刺史的却是周颙。

周颙也出身自北方大族，他的堂兄正是曾经的扬州江北都督周馥。据历史记载，周颙放诞不羁，好酒误事，有名士风流，无治军杀敌的本领。司马睿之所以派他接手荆州，恐怕还是不愿让王敦在长江中游掌握太大权势。

周颙与王导私交甚笃，这能在一定程度上降低王敦、王导对这项任命的抵触。

《世说新语》载：

王丞相枕周伯仁膝，指其腹曰：卿此中何所有？

答曰：**此中空洞无物，然容卿辈数百人。**

"伯仁"是周顗的字。故事说的是王导把头枕在周顗膝盖上，用手戳他的肚子，问你这里面都装了些什么。

周顗说，里面也没啥，但你这样的人，还是能装好几百个。

从这则故事可知，两人私交极好，且周顗自视甚高，自觉要比王导强得多。

但等真到了战场，周顗却并不是那个能够力挽狂澜的人。

他上任荆州后，驻扎在浔水城，也就是今天的湖北黄梅县西南方向，位于长江北岸。

通过这条记载，我们能隐约看出当时荆州局势的艰难。因为荆州刺史一般驻扎在今天的湖北荆州市江陵县，这里北接襄阳，南控湖南，是荆州的南大门。此时包括江陵在内的湖北大部已经被叛军占领，周顗也就只能蜷缩在湖北东南角的黄梅。

周顗到任不久，就遭到荆州叛军首领杜弢的围攻。

杜弢是四川成都人，幼时就以才学出名，并被推举为秀才。西晋延续了两汉的察举制，州、郡两级政府每年都要向中央推举本地人才。郡一级政府推举的人才叫孝廉，州一级推举的叫秀才。

杜弢能被推举为秀才，至少说明两点：

一是他确实有一定的才学。就连史学大家吕思勉在提到杜弢时，也将他与之前的荆州流民起义首领如张昌、王如等区别开来，认为"张昌妖妄，王如粗才，皆不足道，杜弢则非其伦矣"，"其材颇可用"。

二是他的出身虽然远不及琅琊王氏的王澄，至少也是士族，家族在当地有一定影响力。所以才能得到州级政府的推荐。

《晋书·杜弢传》也记载说，他的祖父、父亲都曾出仕西晋。他的祖父还是蜀地名士。

后来蜀地被氐族入侵，杜弢家族顺着长江东下，穿过三峡，进入今天的湖北省荆州市一带。杜弢被当地长官看重，推荐为醴陵令。

醴陵也就是今天的湖南醴陵市，在湖南东部，与江西西部的萍乡相邻。它在当时还是一个县级行政单位。根据西晋官制，管理一万人口以上的大县长官，称作县令，人口少于一万的，称县长。

由此判断，杜弢管理的醴陵是一个大县，它在当时隶属于湘州。

湘州辖境主要在今天的湖南一带，原本也属于荆州。公元307年，西晋政府担心荆州地跨湖北、湖南，会在乱世坐大，就以长江为界，将荆州江南部分划出来命名为湘州。

公元311年，乐乡流民作乱时，杜弢也曾代表官方参与平叛。但他应该没有参与后面的杀降，不然他后面也不可能得到流民拥护。在他回到湘州后，王澄将降卒沉江。

剩下的巴蜀流民从荆州涌入湘州。当时的湘州刺史选择了跟王澄相同的策略，准备将所有流民杀死。

湘州流民再也难以忍受，先行起义，并推举杜弢为首领。杜弢眼见西晋沉沦，不可救药，摇身一变，成为贼首。

北面荆州的流民受到启发，也自愿加入杜弢阵营。于是江北、江南的难民在杜弢的带领下，正式联合起来。

周顗到任前，杜弢已经基本攻占了整个湖南。现在他往北突破洞庭湖，进入长江，顺江东下，进攻周顗所在的浔水城。如果他拿下这个地方，就能攻打江州，或者越过江州，直接进攻南京。

这是关乎整个江东局面的一战。

周顗抵挡不住。

他只能向王敦求救。

到了这个时候，就再没有人能够阻止王敦插手荆州战事了。

王敦坐镇南昌，凭借四通八达的优势地理位置调兵遣将。

被他选中去救援周颢的将领是陶侃。

陶侃此时担任武昌太守，驻军今天湖北鄂州，位于浔水城西南方向，相当于在杜弢军的背后。陶侃带兵攻其后背，杜弢不敌，往后撤退。

陶侃根据当时的地理位置判断，杜弢刚刚大败，不可能继续往东去攻打九江，因为王敦牢牢控制着包括九江在内的江州。他唯一的选择是往西撤退，趁陶侃还没来得及回援的时候进攻他的大本营鄂州。

陶侃对部下说道：杜弢一定会渡过长江，在江南登岸，然后往西撤退，进攻鄂州。根据他的预估，若此时追击杜弢，昼夜兼程，三天可到。

他问手下部将：谁还能忍饥挨饿坚持战斗？

部将吴寄说：我可以白天打仗，晚上捕鱼充饥。

陶侃大喜。

与陶侃的预判如出一辙，杜弢果然攻打鄂州，陶侃带兵从后攻击。

《晋书·陶侃传》载：**大破之，获其辎重，杀伤众多。**

这是杜弢叛乱以来，政府军取得的第一场重大胜利。

果然，最终一切都还得靠王敦，王大将军。

但不要忘了，战争的总指挥是王敦，真正在前线浴血死战的却是陶侃。而陶侃不准备把这场胜利的功劳都拱手让给王敦。

出身微贱的他等待这一刻已经很久了。

《晋书·陶侃传》说"侃早孤贫"。他父亲虽然做过东吴将军，但很快去世，陶家陷入困顿。史料还说陶侃所住的寻阳一带多山区，少数民族聚集，被称为"溪族"。而陶侃长相接近"溪族"，大异汉人，被讥为"溪狗"。

在魏晋这样门第森严的时代，陶侃这样的人被豪门名士拒之千里，只能在县里担任一个低阶办事员，比如管理县里的水坝。

《晋书》中记载了这么一件令人心酸的往事。

说鄱阳郡的孝廉路过陶侃家，陶家贫苦，一时间拿不出东西招待。他母亲只好剪掉头发，换了酒食，招待这个孝廉。就连孝廉带的奴仆，都受到了热情的款待。

这里的孝廉指的是郡里推荐给朝廷的人才，还不一定能够实授官职。但就是这么一个人，陶侃也必须竭心尽力，加以巴结。

孝廉酒足饭饱后离去，陶侃"追送百余里"。"追送"一词尤其心酸，王澄这些贵族子弟大概不会做这么狼狈的事情。

陶侃追了上去，一直送了一百多里路。

孝廉猜出他有难言之隐，于是问道：你是想去郡里做官吗？

陶侃老老实实回道：想去，苦于无人推荐。

孝廉说他知道了。

孝廉后来见到太守，为陶侃美言了几句。陶侃终于得到了人生中第一个相对重要的职位：督邮。督邮是监察官，负责代表太守去下属各县巡查。东汉时期这个职位很重要，到了魏晋，地位大大下降。《三国演义》有张飞暴打督邮的故事，说明这个职位上的人多被看成狐假虎威的小人得志。但这对陶侃来说已经是跨越了巨大的门槛。

在他生活的那个时代，像琅琊王氏这样的豪门大族多通过婚姻、交友、师生情谊、官场故旧等关系结成盘根错节的权力网络，相互推举、担保，以保证身处其中的任何一个人都有进入官场的机会，即使偶然被贬也能东山再起。

这个网络是封闭的、排外的，类似陶侃这样出身卑贱的人，往往难以挤入其中，甚至越是能力超群，越是容易遭到忌惮和打压。

陶侃曾先后效力于荆州刺史刘弘、江州刺史华轶，屡立战功，却依然被猜忌，不得不将自己的儿子和侄儿都送到刘弘、华轶这样豪门贵族的军府中任职，充当人质。

现在刘弘、华轶都死了，陶侃成为长江中游一带最有实战经验的人。现在又帮助王敦打败了杜弢，于情于理，他都有资格争取更高的职位，比如荆州刺史。

但囿于出身，他想要得到这个位置，必须得到主帅王敦的同意和推荐。

于是《晋书·陶侃传》载，获胜不久，陶侃派自己的参军王贡去给王敦报捷。名曰报捷，实为表功。

被打压的寒门武人

王敦自然也清楚陶侃的心思。见到王贡后，他首先夸奖了陶侃一番，说这次要不是他，荆州可能就失守了。顺带他还嘲讽了一下周顗，说周顗刚上任就被叛贼打败，不知道他当的什么刺史！

这两句话自然无法打发王贡。在简短交谈后，王贡很快道出了此行的真正目的：为陶侃求官。

他说：**鄙州方有事难，非陶龙骧莫可。**

我们荆州正是多事之秋，只有陶侃才能治理。

这句话非常值得玩味。王贡将荆州称作"鄙州"，看似自谦，实际上在告诉王敦两件事：

第一，王贡是荆州人，他此番是代表了荆州人的意愿来请王敦给陶侃封官。

战乱时期，地方世家大族以及领兵将领经常自己推举本州的刺史、太守。中央政府为了避免州郡生变，往往都会同意。

第二，荆州是荆州人自己的领地，王敦是外人，尽量不要过多干涉。

陶侃打败杜弢，是受了王敦的命令。但王贡面对王敦，不说"咱们荆州"，而是"鄙州"，明显是要把王敦往外推。

表明这些信息后，王贡再强调荆州正值危难之际，只有陶侃才能治理。

这句话说得很不客气，把打败杜弢的功劳全都算在陶侃头上，无视此次行动的主帅王敦。

王敦没有想到，在赶走王澄、周顗后，突然又杀出来一个陶侃。陶侃此时已经是武昌太守，若再提拔，只能是荆州刺史。与王澄、周顗不同，陶侃在长江一带战功卓著，兵强势重，若让他得了荆州，占据自己上游，很可能有掣肘之患。

但王敦也是个善于审时度势的人，他知道这一场大胜距最终平定荆州还为时尚远。他还需要借助陶侃的军事实力。

田余庆先生在论述门阀制度的时候，曾总结这个时代的权力结构：皇帝垂拱，士族当政，流民出力。

王敦这样的豪门贵族执掌权力，真正在战场上浴血拼杀的是陶侃这样的寒门，还有身份更加寒贱的流民。王敦想要发展自己的势力，终究要多加拉拢，或者利用陶侃这样的寒门武人。

考虑到这个因素，王敦暂时放下了对荆州的执念，同意了王贡的请求。他上书司马睿，举荐陶侃为荆州刺史。

不过我们也不能对王敦暂时的大度抱有太高的期待。他迫于陶侃刚刚取胜的声望，割舍了荆州刺史的职位，但一直在寻找机会将它重新夺回。

他并没有等太久。

两个月后，陶侃带兵进入汉江，攻打荆州其他叛军。因为他心里清楚，只有不断在战场上取得胜利，才能稳住自己的地位。遗憾的是，他竟然被自己人背叛，遭遇大败。

王敦看准机会，立马免去了陶侃的刺史职位。为了掩盖夺权的事实，他也上书给司马睿，以荆州平叛不力为由请求自贬为广武将军。

王敦此前是左将军，位置远高于广武将军。司马睿自然没有同意，王敦任职如故。两相对比，足见司马睿集团对陶侃的打压和猜忌。

其中原因，除了陶侃出身寒门、一向被轻视外，还有一个越来越重要又不能摆到明面上的顾虑：陶侃是鄱阳县人，大体可以划到南方势力集团。而在此时的江东地区，南北之争正愈演愈烈。

第九章 江东杀机

微妙的升迁

公元 313 年初，一个蹊跷的任命在南京的官场中引发了猜测：王导被司马睿授予丹阳太守的职位。

在此之前，他都是作为司马睿军府中的属官出谋划策，没有得到独掌一方的大权。

如今的太守一职似乎是对他南渡以来功绩的酬谢，不过细察当时的特殊时间节点，这项任命隐约还有其他方面的考虑。

丹阳主要管辖南京一带，是司马睿集团的行政中心。

眼下司马睿集团主要有吴郡、吴兴郡、会稽郡、丹阳郡等核心区域，以及王敦刚刚拿下的江州诸郡。其中最富庶的吴郡、吴兴郡、会稽郡都是江东人担任太守，江东的粮食、人才供应都主要依赖这三郡。

那么将丹阳的行政大权交给王导，就很有可能是为了制衡江东士族。毕竟在去年底顾荣死后，南北士族的冲突已然公开，司马睿和王导都感受到了明确的威胁。

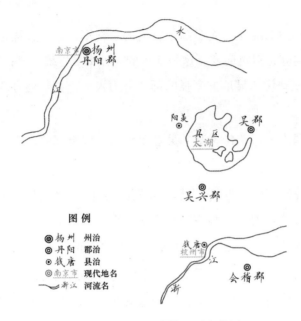

西晋末年丹阳郡位置示意简图

其中以周玘家族的威胁尤其令人不安。

《资治通鉴》载：

吴兴太守周玘宗族强盛，琅琊王睿颇疑惮之。

周玘家族跟顾荣这些文化世家不一样，是靠军功起家，有自己的部曲，也就是私兵。他们平时耕种周家的田地，战时被组织起来应敌，战服、兵器等大都由周玘家族提供。这种长久共生的私人关系，形成了极高的忠诚度。

与部曲对应的官府正规军又是另一番样子。他们与带兵将军没有私人感情，都是战时被征召，甚至是抓的壮丁。他们当兵，大多为的是挣一份军饷，还经常被克扣甚至拖欠，因此遇到败仗，就会逃跑甚至投降。

因此部曲的战斗力大多高于官府的正规军。地方豪强也多仰仗部曲，割地自守，对抗朝廷。这是江东的一种军事传统。早在三国时期，名将邓艾就曾说东吴地方豪强的部曲势力极大，会对地方政权造成巨大威胁。

《三国志·邓艾传》载：**吴名宗大族，皆有部曲，阻兵仗势，足以建命。**

周玘凭借家族部曲，曾先后平定石冰之乱、陈敏之乱。公元310年，江东人钱璯作乱时，司马睿的官方部队因"兵少不敢进"，也是周玘带部曲杀掉钱璯，平定叛乱。此后，司马睿不得不升他为吴兴太守。

但司马睿不敢放任周玘坐大，在给他升官的同时做了一个微妙的部署：将周玘老家阳羡，也就是今天的江苏省宜兴市单独划出来命名为义兴郡。

官方的理由是为了表彰周玘起兵平乱的义举，其实是要把他的老家从吴兴郡中摘出来，划到自己的管辖范围，以免周玘在自己的地盘继续壮大。

司马睿对周玘的忌惮，甚至可以追溯到周玘归顺之初的公元307年。他加入司马睿集团后，仅仅被任命为仓曹属，一个管理仓库粮食的小官，而且还是一个副职。而与他一起归顺的另一个领兵将领甘卓则被授予历阳内史一职，相当于一郡太守。

在陈敏之乱中，甘卓原本是叛乱的最早发起者，甚至还将女儿嫁给了陈敏的儿子，后经周玘、顾荣劝说，才倒戈相向。而周玘一开始就托病拒绝了陈敏的拉拢，并在最后的平叛中是主要的带兵将领。

司马睿授予甘卓的职权却远远大于周玘。

乍看之下，确实有些不合逻辑。

仔细分析，却又符合司马睿的实际需要。

因为甘卓是个政治立场并不坚定的人。他的祖辈历任东吴高官，西晋灭吴后，甘卓出仕西晋。后西晋混乱，甘卓又协助陈敏叛乱。

这种在政治上左右腾挪的人，司马睿相信是能够拉拢的。

周玘则不同，他是地地道道的江东人，东吴覆灭后，也未曾效忠西晋。他几次领兵平叛，都是为了维护江东稳定，以及确保周家在江东的地位不被动摇。对司马睿的入主江东，他抱有必然的敌意。

当时江东领兵将领，以周玘、甘卓为主。司马睿做出了自己的选择：拉拢甘卓，制衡周玘。在讨伐周馥、华轶的战争中，司马睿都是起用甘卓，而非周玘。

随着中原的不断陷落，司马睿集团占据了越来越重要的位置，他得到了更多北方士族的支持，对江东人的依赖也就相应降低。

公元313年初，西晋倒数第二个皇帝司马炽被匈奴人杀死，他的侄子司马邺在长安登基。

孤苦无依的新皇帝为了获得司马睿的支持，升他为左丞相，并都督陕东诸军事，相当于把关中以外的地区都交给了司马睿。虽然这些地方大都由匈奴、鲜卑等少数民族占领，但司马睿至少在名义上掌握了中原王朝的军政大权。

也就是在这个时候，司马睿集团开始有意擢升北方士族，比如王导官升丹阳太守。以周玘为代表的江东人则不断被边缘化，甚至遭到挤压、轻视。

《晋书》载：

睿左右用事者，多中州亡官失守之士，驾御吴人，吴人颇怨。

《晋书·周玘传》也明确记载：周玘"为刁协轻之，耻恚愈甚"。

周玘被刁协轻视，越发感到耻辱愤怒。

刁协出身渤海郡，在今天的河北沧州东部地区，紧挨渤海。作为北方士族，他对周玘的轻视除了南北之间的地域歧视以外，更主要的是源自文化世家的优越感。

东汉以来，士族多以读书入仕，代代循环，渐成世家大族。刁协的家族虽然不能与琅琊王氏相提并论，也是书香世家。他的父亲曾官至御史中丞。御史中丞主管百官监察，位高权重，在朝会时跟尚书令、司隶校尉独坐一席，并称"三独坐"。

刁协自幼博闻强识，饱读儒家经典。后官至太守，并曾任本郡大中正，就是专门负责对本郡士人进行点评、分级，掌管他们的仕途晋升。只有声望卓著的名士才能担当此任，由此可以想见刁协的骄傲，甚至是傲慢。

周玘出身的家族则不以读书见长，他的祖父以军功起家，官至太守。他的父亲周处，年少时为祸乡里，被视为无赖，后改邪归正，入仕西晋，战死沙场。

据说周处写过一本《风土记》，介绍当时风俗、节令。我们今天考察端午、七夕等习俗，所依据的便是这本《风土记》。但文化世家看重的读书写作，多指的是注解儒家典籍，比如《尚书》《易》，或者是写史。《风土记》这种作品，大概是不会被大家族的名士看重的。

周玘在这方面的才能和成就甚至还不如他的父亲。

《晋书·周玘传》明确记载：**强毅沈断有父风，而文学不及**。

田余庆先生在《东晋门阀政治中》曾指出：有些雄张乡里的豪强，在经济、政治上可以称霸一方，但由于缺乏学术文化修养而不为世所重。

周玘家族在当时很难不遭到刁协这种名士的轻视。他之前不被司马睿重用，除了家族势力过大，遭到猜忌以外，跟他的出身也有很大关系。

史料记载，刁协是个骄傲刻薄的人。王导就曾说"刁玄亮察察"，看似是夸刁协聪明、明察秋毫，其实是说他个性刻薄尖锐。

王导同出豪门，对门第出身这块却看得相对通透，在处境艰难时可以灵活地放低身段。比如初到江东时，可以主动去学习吴地方言，跟当地大族打交道，被拒绝了也能唾面自干。

但刁协做不到。

他有北方士族的自信与骄傲。

他甚至不会掩饰自己对周玘这些豪强的蔑视，虽然当时他的身份只是司马睿的军谘祭酒，而周玘是吴兴太守，掌握一郡军政大权。

但司马睿、刁协终究还是低估了周玘，他不是一个任人摆布的人。

《晋书·周玘传》说周玘"强毅沈断"，也就是坚强刚毅，沉稳果断。这是个骄傲而严肃的人，平常也不与人交往，就连江东士族远远看到他，都敬畏忌惮。

对于北方集团的打压和侮辱，他选择了最激烈的应对方式：兵变。

《晋书·周玘传》载：（周玘）阴谋诛诸执政。

应变的智慧：以柔克刚，以静制动

周玘准备发动兵变的具体时间应该是公元 313 年初，距离顾荣死后不久。

顾荣死后被打压的事实应该是一个导火索，但周玘准备以兵变进行报复的心思，很可能萌发在更早之前。

《晋书·艺术传》中有这样一条记载：

陈眕问洋曰："人言江南当有贵人，顾彦先、周宣佩当是不？"洋曰："顾不及腊，周不见来年八月。"

陈眕问戴洋说："大家都说江南当有贵人，难道是顾荣，或者周玘？"

戴洋回答说："顾荣活不过腊月，周玘活不过来年八月。"

提问的陈眕是北方人，出身望族颍川陈氏。回答问题的戴洋是江东人，长于方术卜筮。

我们至少可以从这条记载中推理出两条重要信息：

其一，对话发生在顾荣死之前，而且就在公元312年。因为戴洋说周玘"不见来年八月"，而周玘死于永嘉七年（公元313年）七月。

其二，周玘、顾荣等对北方大族的不满甚至仇视已然在民间流传，作为北方人的陈眕才会去找方士戴洋预测周玘、顾荣有没有可能领兵作乱。他口中的"贵人"不是富贵之人的意思，应该是指割地称雄，甚至称王。

由此我们可以还原周玘制订计划的心路历程：

不晚于公元312年，他对司马睿集团的不满已经相当强烈。年底顾荣死，被王导、司马睿打压，更进一步地刺激了周玘的自尊心。公元313年初，王导等北方士族得到重用，周玘意识到江东大族接下来的命运只会被越来越边缘化，终于下定了兵变的决心。

在他准备行动的时候，另外一个人也加入进来。

东莱人王恢。

东莱在今天山东龙口市，位于山东半岛北边。王恢作为北方士族，加入周玘的兵变，似乎有些令人费解，幸好《晋书·周玘传》留下了线索：

镇东将军祭酒东莱王恢亦为周顗所侮。

王恢出身寒门，遭到北方大族的轻视。

"祭酒"并非官名，而是"首席"之意。古人但凡正式宴饮，都有举酒祭祀之礼，一般长者先祭，"祭酒"逐渐就有了首席的意思。比如军谘祭酒，就是首席参谋。国子监祭酒，指的是国子监长官。

王恢虽是某个官职的首席，但连具体的官名都没被史书留下来，也没有祖辈、父辈信息，大概率不是出身世家大族。而侮辱他的周顗出身汝南名门周氏，父亲早在曹魏时期就曾担任扬州刺史。周顗曾任荆州刺史，兵败后被召回南京，担任军谘祭酒。

周顗具体怎么侮辱王恢，史书没有细讲，我们可以根据周顗的为人做些猜测。

周顗有名士之风，好酒，放诞不羁。《晋书·周顗传》总共不到两千字，然而提到酒的地方就有七八处之多。周顗每次酒后，行为都更加怪诞。

《世说新语》曾记载了这么一件事：

王导与周顗及朝士诣尚书纪瞻观伎。瞻有爱妾，能为新声。顗于众中欲通其妾。

王导与周顗等人去尚书纪瞻家赴宴。纪瞻有个爱妾长于音乐，给大家奏了一曲。

周顗照例喝得大醉，见纪瞻爱妾风姿迷人，竟然上前搂住，要当众侵犯。而且"颜无怍色"，也就是面无愧色。

这个行为是如此不堪，以至于《晋书》在给周顗作传的时候都省去细节，只写"顗荒醉失仪，复为有司所奏"。不过他最后还是被免于追究。

另据《世说新语》载，有人批评"周顗与亲友言戏，秽杂无检节"，就是喜欢跟亲友开玩笑，言语污秽不检点。

这样的人很容易得罪人，如果在酒后或开玩笑时伤害到王恢的自尊，不足为奇。

不过，个人怨恨终究事小，王恢能与周玘达成共识，更核心的原因是他们都不认可北方大族的执政能力。

周顗是典型的"居官无官官之事"，甚至得了一个"三日仆射"的绰号。仆射是副宰相，位高权重。但周顗嗜酒，常常三日不醒，自然也不能工作。

《世说新语》说：（周顗）过江积年，恒大饮酒，常经三日不醒。时人谓之三日仆射。

北方名士大多好酒，甚至吸食五石散，言语傲慢，行为不羁。这背后的底层逻辑是，越放荡不羁，越能代表不被礼教束缚，就是真名士、真性情，越为时人推崇。

这样的人或许有趣，是很好的艺术形象，执政则大多是不合格的。

所以周玘、王恢制订了自己的政变目标：**诛诸执政，推玘及戴若思与诸南士共奉帝以经纬世事。**

诛杀司马睿身边的执政人物，推举周玘和戴若思共同辅佐司马睿。

刁协、周顗自然在诛杀之列，更重要的目标则是王导。顾荣死后，王导就是司马睿最核心的辅佐，他还是北方大族的代表人物。

这里的戴若思指的是扬州人戴渊，戴渊跟周玘一样，是地道的江东人，祖父任东吴左将军，父亲任会稽太守。相同的出身，让周玘相信他会与自己有共同的利益诉求和执政理念。

据说戴渊年轻的时候好任侠，有次差点抢劫陆机。陆机欣赏他的才能，将其推荐到西晋朝廷任职，先后服务于赵王司马伦、东海王司马越军府，直至官升豫章太守。

永嘉之乱后，司马睿任其为右司马，官衔在王导之下。

这是周玘联合他的另一个重要原因。戴渊曾出仕西晋，又有一定的文化，能赋诗，是联结北方士族和江东大族的纽带。周玘兵变的目标是推翻王导等主要辅佐，取而代之，但不准备杀掉所有北方士族。

发动军事政变不是一件容易的事。王敦此时掌管江南兵权，一旦有变，大军可顺流东下。

为了应对这个局面，周玘、王恢拟定了一个南北夹击的计划：

恢阴书与铁，令起兵，己当与玘以三吴应之。

王恢偷偷给夏铁写信，让他起兵，自己与周玘在三吴响应。

这里的夏铁是流民帅，此时正驻扎淮河一带。

流民帅是晋末大乱中的一股独特势力，他们大多是当地大族族长，或者曾任朝廷官员。中原大乱后，他们聚集宗族兄弟子侄，以及同乡百姓、旧日部属，组成一支少则几百、多则上千人的队伍。

他们既不听命于中央皇帝，也不隶属于司马睿这样的地方强藩，大多凭借手中兵力圈地自守。

比如闻鸡起舞的主角祖逖就是流民帅。

《晋书·祖逖传》载：**京师大乱，逖率亲党数百家避地淮泗。**

洛阳大乱后，祖逖率领宗族子弟、同乡几百家，在淮河、泗水一带避乱。几百家人口，算起来也有数千人的规模。

淮河、泗水在苏北平原一带，是南北争夺的焦点，所以破败之家多，逃兵多，流民多。流民帅大多聚集此地。

司马睿集团对流民帅的态度比较暧昧：一方面想要招揽他们，提升自己的军事实力；另一方面又忌惮重重。流民帅的部队大多军纪较差，只忠心于流民帅本人。一旦征召他们进入南京，很可能会对司马睿集团形成威胁。

所以司马睿集团的策略一般是给他们封个官职，在名义上获得对他们的控制。同时令其驻扎淮泗，不要南下。比如司马睿最早就封祖逖为徐州刺史，驻军淮河一带。

这是一个相当阴暗的策略，本质上是让流民帅的部队挡在江东势力与匈奴之间，作为长江以外的第二道防线。

流民帅自然也能洞悉其中的算计，但大多也乐于接受司马睿的封赏，获得政治上的合法性，以便招纳更多流民、逃兵，壮大自己的实力。当然，他们对司马睿集团并不忠心。

周玘、王恢正是明白流民帅夏铁的心思，所以联合他一起举事。他将率兵从淮河南下，横渡长江，而周玘从太湖一带北上，共同夹击南京的司马睿和王导。

根据历史载，夏铁接到联络密信后，没有太多的犹豫就答应了王恢的请求，并很快开始了筹备工作。等到公元 313 年初，他已经聚集了数百人。

然而，夏铁的行动被一个叫作蔡豹的人发现。几年之后，蔡豹也因为遭到猜忌而被司马睿杀害，但此时的他因为才干突出，被司马睿任命为临淮太守，驻扎在淮河南岸。他既肩负着抵抗北面匈奴骑兵的重任，也帮助司马睿监控境内流民帅的动向。

在发现夏铁的阴谋后，他果断将其斩杀。

计划败露的消息最早传到王恢这里，他不敢再留在南京司马睿身边，逃到吴兴郡，投靠周玘。

这是一个大错特错的决定。

联络夏铁一直是王恢在单线处理，周玘只要杀掉王恢，就能从理论上斩断自己与夏铁的联系，继而隐藏自己的政变阴谋。

在王恢出现在他家中后，他将其杀死，藏在猪圈中。

这么大的事是瞒不住的，王导、司马睿等人还是知道了一切，并清楚地知道周玘才是政变的主谋。

《晋书·周玘传》载：**帝闻而秘之。**

司马睿听到消息后，没有声张。

难道是要麻痹周玘，进行出其不意的攻击？

周玘对北方大族的不满早已在民间隐秘流传，王导、司马睿对他的一言一行早有密切的关注，也做了相应的准备。

现在夏铁、王恢相继死后，周玘的政变已成事实。

要跟周玘家族开战吗？

不！

王导和司马睿都足够清醒、谨慎。即使清楚地知道这很可能是南渡以来遭遇的最危险的境地，他们也不能将问题诉诸刀兵。

首先必须考虑到实际的兵力情况，如果正面开战，他们的兵源、粮草、战力很可能都不及周玘。王恢之前给夏铁的信中写到他们会在三吴起兵，这说明周玘甚至有信心拉拢整个三吴一起对抗南京。三吴是江东最早开发的富庶之地，基本由江东大族把持。

而王导等人能够依赖的只有王敦。王敦此时还在荆州前线，根本来不及救援。

其次是政治上的考量。对周玘动兵，相当于是跟整个江东大族开战。去年顾荣死时，王导只是试图贬低顾荣的功劳，就遭到江东的公然抗争，以至于他们不得不妥协。

从公元 307 年南下到公元 313 年，王导、司马睿胼手胝足，谨小慎微经营六年，才刚刚打开局面。一旦跟江东大族开战，之前所有的努力很可能都毁于一旦。

即使侥幸赢了，也很难再取信于江东。

对于周玘的政变，他们必须慎之又慎。

所以他们把周玘叛变的消息压下来，并非是要进行偷袭，而是准备不动声色地消化掉这件事。

这符合王导一贯的方针：以柔克刚，以静制动。大事化小，小事化了。他们还不能让周玘知道他们已经清楚他的兵变计划了，不然周玘很可能会马上起兵，鱼死网破。

于是他们既没有追究王恢的死，也没有讨伐周玘，而是下令"召玘为镇东司马"。也就是让他进入南京，到司马睿身边担任司马。王导最早就是担任此职。看起来像是要把周玘当作心腹培养。

不过周玘没有答应。

他知道这是王导的计谋。

看似是邀请他进入司马睿的军府参与执政，实际上是剥夺了他的吴兴太守一职。他的地盘就是吴兴。王导显然是要把他从自己的地盘中抽出来，削夺兵权，放到司马睿身边监视。王导此时任丹阳太守，南京也在他的权力范围中。

对司马睿集团来说，这确实是一个两全其美的方案，既没有把矛盾公开，又能削弱周玘。

但周玘不愿成为王导的瓮中之鳖，拒绝了征召。

王导又提出了一个方案：复改授建武将军、南郡太守。

授予周玘建武将军衔，任南郡太守。

南郡是荆州的南大门，治所在今天的湖北省荆州市江陵县，位于长江北岸。三国时期，这里是曹操、刘备、孙权三家争夺的要地。

既然周玘不愿来南京，那就让他去南郡。不管如何，不能让他继续留在吴兴郡老家。

仔细分析，这项任命也许还藏有更深的目的。

王敦、陶侃、周访、甘卓等悍将此时都在荆州，把周玘调到这里，能让王敦等人对其加以监控。

再往深处想，此时南郡正遭遇杜弢等流民起义，周玘可以帮助平叛，是否也有可能借流民之手将其斩杀呢？

当年周玘的父亲周处得罪藩王司马肜。司马肜就是将其调到关中平叛，借叛军之手将其杀死。

如果王导真有此谋划，周玘很可能会重演父亲当年的悲剧。

周玘或许对自己充满信心，或许只是想远远地离开王导、司马睿，他接受了南郡太守的任命，离开吴兴老家，沿着长江逆流而上。

不料，当周玘走到安徽芜湖时，一个新的任命又追了过来：重回南京，任军谘祭酒。

司马睿在任命的文书中说：**玘奕世忠烈，义诚显著，孤所钦喜。今以为军谘祭酒，将军如故，进爵为公，禄秩僚属一同开国之例。**

周玘你们家世代忠烈，我非常欣赏。现在任命你为军谘祭酒，之前建武将军的头衔仍然保留，并且封为公爵。俸禄等级、幕僚属下等人数多寡，都按照开国功臣的级别来算。

话依然说得很好听，掩盖的是王导、司马睿等人进退维谷的真实心境。

他们已经是第二次改变任命，仍担心这个处理不够妥当。

以周玘家族的声望、能力，万一他在南郡坐大怎么办呢？那时候远在千里之外的他就更加不可控制了。

不管如何，还是把周玘放到司马睿身边监管更为合适。

于是任他为军谘祭酒。为了安抚他，将军头衔依然保留，并且晋爵为公。

但周玘接受不了。

如此朝令夕改，近乎儿戏。这对他来说是极大的侮辱。《晋书·周玘传》说"玘忿于回易"。他不想再来回折腾。从司马睿等人如此反复的行径来看，他知道自己兵变的计划已经泄露了。

既然如此，又何必回到南京受辱呢？

忧虑、激愤，周玘的心中五味杂陈。他或许想到了死在北方战场的父亲，忠心耿耿对待晋王朝，最后又怎么样呢？

而他自己作为江东豪族领袖，三定江南，最后在整个江东却找不到自己的立足之地。死后可能也免不了像顾荣一样受辱。

念及此处，心肺欲裂。

史载：（周玘）忧愤发背而卒。

一代悍将，就这样满怀不甘地死在路上。正如术士戴洋预料的一样，死于永嘉七年（公元 313 年）七月底，"不见八月"。

据说周玘临死前曾跟儿子说：杀我者诸伧子，能复之，乃吾子也。

害死我的是那些北方人。如果你是我的儿子，就一定要给我复仇。

可见怨念之深！

残忍一点说，周玘病发而死对双方来说或许都是最好的结局，避免了将江东士族与王导、司马睿集团的矛盾诉诸战场之上。在他死后，司马睿没有继续追究周家的罪责。甚至原本会被周玘推举为一起执政的戴渊也没有受到任何波及，司马睿还将他的弟弟戴邈升为军谘祭酒。

　　一场可能彻底毁掉江东局面的政变就这样被压了下去，当然也只是暂时的，周𤣥的儿子很快将展开报复。但就是这样一个短暂的喘息时机，对王导、司马睿来说也至关重要，因为平定荆州杜弢的战事正进入关键时刻。

第十章 战荆州

掌握资源分配权，才能收揽人心

前文已述，荆州战场的总指挥是王敦，在前线平定叛乱的则主要是陶侃。公元 313 年，陶侃在武昌打败杜弢，官升荆州刺史，当年十月又被王敦借故免职。

不过陶侃很快又等来了一个机会。

杜弢武昌兵败之后退回湘州，也就是今天的湖南一带。

湖南的地理条件跟江州相似，左、右、南三面环山，像一个巨大的口袋，只有北部通过洞庭湖连接长江。

杜弢穿过洞庭湖，进入湘江，再一路南下，直到长沙。长沙在湖南的地理优势，类似于江西的南昌，通过穿城而过的湘江连接湖南南北。

它位置偏北，有利于就近控制洞庭湖防线，是整个湖南的枢纽所在。秦国最早设立的三十六郡中，就有长沙郡。

图例

◎ 长沙　郡治
◎ 长沙市　现代地名
⌇ 湘水　河流名
⏚ 山名

西晋末年长沙郡示意简图

杜弢只要能控制长沙，就能割据整个湖南。

王敦帐下，最能征善战的将军有陶侃、周访、甘卓，其中陶侃和周访是姻亲。在此关键时刻，王敦若重用甘卓，很可能会让陶侃、周访心灰意冷，尤其是陶侃在荆州战场早已威名赫赫。

于是他再度起用陶侃，《晋书·陶侃传》载：**王敦表以侃白衣领职。**

王敦给司马睿上表，让陶侃以白衣身份前去平定湘州。

仗还是需要你去打，但没有一官半职。

这个细节再一次残忍地暴露出，在魏晋门第观念下，陶侃这类寒士遭到的打压和排挤。王澄、周颛这样的豪门名士，没有尺寸之功，却领刺史、都督高官，即使兵败，依然能回到南京任军谘祭酒这样的心腹职位。

而陶侃一次兵败，前功尽弃。

即使再度起用他，也不给一官半职。

纵观陶侃一生，都因为他的寒贱出身而不断遭到猜忌、打压、排斥。这是他难以挣脱的宿命，因为只有琅琊王氏这样的豪门才掌握着资源分配的权力。战功再高，能力再强，想要进入权力中枢，都要先获得豪门的许可。

陶侃不是一个任人蹂躏的软弱之人，但也务实、清醒，不会作"布衣之怒，血流五步"的意气之举。他知道像他这样的人只有足够坚韧，坚韧到能够忍受一次又一次的羞辱，并在羞辱中不断寻找新的机会，才有一丝出头的可能。

他咬了咬牙，再次接受了王敦的调遣。他需要战场。真正的豪杰，可以出身卑贱，可以遭受打压，但不能没有自己的战场。

只要有战场，就有机会。

他带兵进入湖南，这一次他还带上了周访。

在面对杜弢的第一战中，他甚至都没派出周访，只任命手下都尉杨举为先锋，大败杜弢部队，史称"大破之"。

都尉是军中武官，在将军之下。陶侃之所以能够屡建奇功，正在于手下将才济济，且对他衷心拥护。在他被王敦等反复打压的时候，这些将领大多始终跟随左右。

一战告捷后，该是陶侃反击的时候了。

他派使者去见王敦，第一句话是这样说的：

州将陶使君孤根特立，从微至著，忠允之功，所在有效。

我们荆州的将领陶使君独立超群，从身份卑微到声名显著，忠诚公允，所到之处，都立下大功。

王敦一听，又是熟悉的味道，陶侃又在借部下之口为自己表功。

而且使者称呼陶侃为"使君"，一般是对刺史的尊称。这是要向王敦表明，即使朝廷已经罢了陶侃的荆州刺史，但在荆州人心中，也只认陶侃。

接下去就是细数陶侃功劳：平定张昌之乱、王如之乱、陈敏之乱，还有现在的杜弢之乱。但凡在荆州发动的叛乱，陶侃都参与了征伐，并建立大功。

使者还强调，"侃以偏旅，独当大寇，无征不克"。陶侃往往能以少胜多，攻无不克。

更重要的是，陶侃不仅用兵如神，还德高望重，善于安抚，百姓归心。

侃招携以礼，怀远以德，子来之众，前后累至。

荆州之所以战乱频仍，正是因为流民众多，刺史不知安抚，王澄就因为杀降而激起整个荆州兵变。

使者的这番说辞已经足够赤裸，足以让王敦明白，在荆州人看来，只有陶侃才是刺史的最好人选。

当然，王敦不敢苟同。如果陶侃真像你们说的那么文武双全，之前又为何兵败被贬呢？

使者早就料到王敦会有这个质疑，于是表功之后，立马对陶侃前番兵败做了辩解：

贼众参伍，更息更战。侃以孤军一队，力不独御，量宜取全，以俟后举。

当时贼兵众多，一部分休息，一部分作战，如此循环，进行车轮战。陶侃将军孤军作战，以少敌多。在这种情况下，最好的做法就是先保全实力，等待机会来了再图反击。

根据使者这番说辞，陶侃的兵败不仅合情合理，甚至是有意为之：保存有生力量。

辩解之后，就是申冤：

而主者责侃，重加黜削。侃性谦冲，功成身退，今奉还所受，唯恐稽迟。

主事者不明白陶将军用心，重加责罚。好在陶将军生性谦虚退让，连忙将刺史职位奉还，生怕慢了一步。

然某等区区，实恐理失于内，事败于外。

陶将军可以不计较，我们这些手下的人却不能不提出来，因为这关乎为政是否公平的道理。

最后这句话已经有了威胁的意味：如果对内不讲公平，那么外部的战事很可能就会遭遇失败。以至于"使荆蛮乖离，西嵋不守，唇亡齿寒，侵逼无限也"。

如果连陶侃这样的名将都得不到公正的对待，那还有谁来镇守荆州呢？恐怕到时候流民起义再度爆发，而荆州作为南京的西大门，唇亡齿寒，恐怕就连南京都会遭到波及。

使者的这番话长达五百字，有理有据，酣畅淋漓，史书全部收录。这是陶侃对自己前半生所遭不公的一次集中申诉，有自述功劳，有辩白，还有近乎赤裸的威胁。

相比上一次要官的谨小慎微，陶侃这次底气更足，因为一切都是他凭实力得来。

王敦接收到了陶侃想要传达的所有信息。

在湘州战争的关键时刻，他不能冒险与陶侃为敌。

敦于是奏复侃官。

王敦上奏，给陶侃官复原职，重任荆州刺史。

陶侃终于得到了心中所想。但他没有就此止步，他还需要用更大的胜利来巩固自己的位置。《晋书·陶侃传》记载，他带着周访继续进军长沙，杜弢不能抵挡，请求投降。

身在南京的司马睿没有同意，因为早在公元312年，杜弢就曾向当时的荆州都督投降，很快再度叛变。

如今司马睿被陶侃的胜利鼓舞，想要完全凭借武力拿下湘州。

杜弢于是给南平郡太守应詹写信，想要他帮忙说情。

南平郡治所在今湖北省公安县，位于长江以南，与荆州治所江陵隔江相望。

公安原本叫孱陵。三国赤壁之战后，刘备驻扎此处，因为刘备当时官居左将军，人称左公。该地为"左公安营扎寨"之地，因此改名为"公安"。

这里位置极其重要，通过北面的长江上通巴蜀，下接三吴。杜弢原本是蜀地人，巴蜀大乱后，他顺江东下。南平郡太守应詹欣赏他的才能，举荐他当了湘州醴陵县的县令。

现在生死存亡之际，他再次想到了应詹。

他在求救信中称：

第一，叛乱实属无奈。天下大乱从蜀地先开始，巴蜀流民流亡荆、湘，遭到排挤。为了在乱世活命，他被迫造反。

第二，如果朝廷能够宽恕他的罪过，他愿意带兵逆江西上，帮助司马睿平定巴蜀。

第三，如果朝廷还是不能宽宥，那他会顽抗到底，玉石俱焚。这是他最后的威胁。原文是：**衡岳、江、湘列吾左右，若往言有贰，血诚不亮，益梁受殃，不唯鄙门而已。**

衡山、长江、湘江就在我左右，如果大家言语之间出了什么差错，或者我的忠心不能被朝廷看到，那么益州、梁州恐怕要跟着一起遭殃。

益州在四川，梁州在汉水中上游的汉中一带。杜弢可以通过湘江进入长江，逆流而上进入四川，也可以在武汉进入汉水，一路北上，祸及汉中等地。

收到杜弢的信后，应詹意识到问题的严重性，他上书司马睿，请求他接受杜弢的投降。

司马睿也许并不相信杜弢能够实现沿着长江作乱巴蜀、汉中的计划，但这两地多巴蜀流民，杜弢对他们有极强的号召力。若真杀了杜弢，很可能激起更大范围的民变。

司马睿选择了妥协。

他派使者去湘州，接受杜弢投降，封他为巴东监军。

巴东在今天重庆奉节一带，扼三峡要地。

既然你说要平定巴蜀，那就沿江西上吧。

随杜弢一起作乱的将士都得到赦免。

但事情并没有这么简单。

杜弢愿意投降，司马睿也愿意接受投降，与之作战的陶侃以及他麾下的将士们却并不愿放下屠刀。

《晋书·杜弢传》载：**弢受命后，诸将殉功者攻击之不已。**

杜弢领命后，那些想要建功立业的将士仍然继续攻击他。

这是战争最残忍、黑暗的一面。

一场战争，往往刚开始的时候大多出于平定叛乱、夺回失地等光明正大的、诉诸集体利益的目标。但战争的机器一旦开动，双方互有杀伤，就卷进越来越多的私人利益。

你杀了我的父兄，我必须报仇。

或是杀人越多，战功越大，封赏越厚。

如此战争的风暴越卷越大，也越来越残忍，不到一方伤亡殆尽，几乎不可能停止。

杜弢之乱开始于公元 311 年，至今已有四年之久，积累了多少个人恩怨、私心算计？

陶侃的部队向来以悍勇著称，上到作为主将的陶侃，下到将军、都尉、普通士兵，都正是需要杀敌建功、博取功名的时候，怎能允许你杜弢就此罢手？

杜弢在写给应詹的信中，就有这样一句话：

陶侃宣赦书而继之以进讨。

陶侃之前曾宣布赦免，但很快就再度进军讨伐。

陶侃的部队从来都没想真正放过杜弢。

现在留给杜弢的最后一条路也被堵死了。

他不准备坐以待毙，于是杀掉司马睿派来的使者，起兵再叛。

陶侃等的就是这个结果。

杜弢先派兵越过湖南和江西之间的群山，向东进攻南昌，很快被周访打败。他又派部将王贡向西进军武陵郡，也就是今天的湖南西北部的常德一带。常德在长沙西北方向，紧挨洞庭湖西部边缘。

杜弢先是往东打江西，继而往西进军武陵，如此大开大合地用兵，实在有他迫不得已的理由。上文曾提到，湖南地形条件类似江西，都是口袋状，有利于割据。

但割据的前提是守住北部的袋口，也就是长沙。现在长沙已经为陶侃控制，杜弢在湖南的兵力就被困在了口袋中，呈瓮中捉鳖之势。所以他首先越过湖南和江西之间的边界，想要在江西拓展出新的地盘，或者在拿下南昌后，通过鄱阳湖出长江。

陶侃自然早就料到他会有这个动作，提前将周访派往江西，堵住了他往东逃窜的出口。

东部战线失败后，杜弢孤注一掷，派王贡带三千精兵，向西探索。这已经是他最后的资本了。

如果王贡能够成功抵达常德，顺利进入洞庭湖，就有可能绕到陶侃背后，切断他的粮草运输线，并与杜弢前后夹击，大败陶侃。

当然，这个计划过于激进，成功概率较小。他还有第二个选择：打通洞庭湖到长江的逃跑路线，将湖南防守撕开一个口子。一旦进入长江，杜弢可以逆江西上，进入巴蜀，或者渡江北上荆州。如此就有了更大的腾挪空间。

遗憾的是，王贡高估了自己的实力，错误地选择了更激进的第一个作战计划。

他绕到陶侃军背后，试图切断陶侃的粮草。

陶侃派部将郑攀拦击，大败之。

王贡逃回长沙。

陶侃一鼓作气，紧追王贡至长沙。

面对王贡，陶侃的心情或许有些复杂。他原本就是陶侃部下，当年陶侃武昌大胜后，在王敦面前为他争取荆州刺史职位的正是此人。

王贡不辱使命，但在回程途中，或许觉得这个功劳还不足以表达对陶侃的忠诚，或者想要锦上添花，他去拜见荆州另一个叛军领袖杜曾。史载，杜曾"勇冠三军"，如果能帮陶侃收服这员悍将，那么平定荆州的事业就又更进一步。

为了说服杜曾，王贡设计帮他夺取了竟陵郡，也就是今天的湖北省钟祥市一带，在汉水下游。在这个过程中，他假借陶侃的名义，封杜曾为前锋大都督。没想到，杜曾夺取竟陵后，却拒绝了陶侃的征召。

此时的王贡陷入了尴尬而又危险的处境，他自觉愧对陶侃，更怕以治军严厉著称的陶侃追究自己擅自封官的罪责，只好将错就错，跟杜曾一起造反。陶侃派兵讨伐，竟被王贡打败，因此也被王敦拿住把柄，削去了刺史一职。

真是成也王贡，败也王贡。

跟着杜曾一起造反的王贡再没了退路，后又投靠杜弢，为其所重。

陶侃这次追到长沙后，与王贡遥遥对峙。

或许是为了遮掩自己的愧疚，或者是心有不甘，王贡面对旧日主帅陶侃，态度倨傲，"横脚马上"，也就是将一双脚架在马背上，脚底板正对着陶侃。

陶侃苦笑了一下，说：**卿本佳人，何为随之也？天下宁有白头贼乎！**

你本来是君子，何必跟着杜弢造反呢？天下难道有善终的叛贼吗？

陶侃的宽容大度打动了他，王贡有所动摇，规规矩矩地放下了脚，神色恭顺起来。但投降也不是能马上就定下来的事情，当日两军各回营垒。

陶侃随后听说，杜弢集团内部已经开始分裂，于是又给王贡写信。他还割了自己一缕头发作为信物，表示如果投降，既往不咎。

这是很隆重的誓言。头发代指脑袋，曹操就曾自割头发，以示削首谢过。

王贡最终投降。

杜弢知道大势已去，逃亡。《晋书·杜弢传》说"弢乃逃遁，不知所在"，也有一些史料说他半路病死。从这点可以看出，司马睿没有对逃亡的杜弢穷追到底。之前平定江州的时候，他也没有对华轶逃亡的其他几个儿子追杀到底。这一点宽容和善念，对他收服整个江南大有裨益。

战功越高，打压越狠

湘州平定后，司马睿论功行赏。

王敦以元帅加都督江、扬、荆、湘、交、广六州军事，并领江州刺史。

也就是说在此役之后，王敦掌握了长江以南除四川以外所有地区的军事大权。南京所在的扬州地区虽然暂时还在司马睿的主控之下，但家族中的王导此时任丹阳太守，王敦可借助王导控制扬州。

江州、湘州都是在他的统筹下平定，已经成为他的大本营所在。

荆州一带还有多股流民起义，剩下的交州、广州在今天广西、广东一带，尚属蛮荒之地，同时也有叛军盘踞。司马睿把这三州军权交给王敦，是希望借助他的力量加以平定。野心勃勃的王敦自然欣然领命。

我们据此也能推断出，眼下的司马睿集团在军事上只能仰仗王敦。

王敦并没有独吞战果，他上表司马睿，申请任命周访为豫章太守。

周访之前因为江州战役的功劳升寻阳太守，驻扎今江西九江一带。而南昌所在的豫章才是江州枢纽所在，也是江州刺史办公场所。从寻阳太守到豫章太守，是明显的升职。

王敦上表的时机还有些微妙。此前湘州战役尚在进行中，司马睿就曾升周访为龙骧将军。如今局势已定，司马睿大概率会再度封赏周访。王敦抢先为周访表功求官，明显是想加以拉拢。

周访忠诚、善谋，有大局观，又行事果断。在整个江东，除陶侃以外，就属他最能战善战。在后续的荆州平叛中，王敦还要借助他的力量。

司马睿也同样要争取周访的忠诚，于是在应王敦之请升周访为豫章太守后，额外加封"征讨都督，赐爵寻阳县侯"，也就是有对外征讨大权，同时封县侯。

陶侃的运气就没那么好了。

他的战功比周访更高、名声更大，正因如此，他为王敦所忌惮。

湘州平定后，陶侃准备北还江陵，那是荆州刺史的办公所在地。陶侃此时为荆州刺史，而荆州还盘踞着另一股叛军。他需要北上荆州战场，加以平定。

出发前，他准备去跟王敦道别。

手下将领都清楚王敦的猜忌，劝陶侃别去，说不如直接带兵回到荆州。即使王敦有所行动，他们在自己的地盘上进可攻，退可守。

陶侃没有同意。刺史职位是自己凭借实力争取来的，他想要名正言顺地得到王敦的认可。

但他低估了王敦的狡诈。

陶侃刚到王敦处，就被扣押。

史载：**敦果留侃不遣，左转广州刺史。**

"左转"就是贬官的意思。王敦留住陶侃，不让他返回江陵接管荆州，而是贬为广州刺史。广州就是今天的广东一带，需要翻过漫长巍峨的南岭才能抵达，地形崎岖破碎，山高林密，开发较晚。即使到了宋代，依然是用来发配犯人、贬斥官员的流放之地，比如被贬的苏东坡兄弟就是寄身此处。

而荆州所在的湖北一带就优越多了，有广阔的江汉平原，有充足的人口、粮食供应，是每个野心家的梦想之地。

两相对比，判若云泥。

更讽刺的是，王敦还赠给了陶侃另一个头衔：平越中郎将。

"越"指的是岭南两广地区，当时叛军割据。既为六州都督，平叛本是司马睿交给王敦的军事任务。在门阀体制下，出身豪门的王敦名为统帅，却不用亲冒矢石上阵杀敌，这种流血拼命的事情交给陶侃这样出身低微的战将去做就行了。

官给你降了，但仗还是需要你去打。

一如此前让陶侃以白衣身份征讨湘州。

还有更残忍的——陶侃心心念念的荆州被交给了王廙。王廙出身琅琊王氏，是王敦堂弟。

公元307年，王廙放弃太守职位，随王导一同南渡。司马睿很喜欢他，任其为司马，官职跟王导相同。

王廙被司马睿看重，还有另外一个原因：他是司马睿的表弟，两人母亲是亲姐妹。南渡后，他先后担任过庐江、鄱阳两郡的太守。这两个地方都在长江沿线，军事位置极为重要。他还曾带兵驻守石头城，也就是南京城的核心防线。

王廙还有另一个身份，"书圣"王羲之的书法老师，因为他是王旷的亲弟弟、王羲之的叔父。《晋书·王廙传》记载，王廙工于书画，人称"江左第一"，同时还擅长音乐、射御、博弈、杂伎。总而言之，这是一个出身豪门、才华横溢的艺术家。

但与王衍、王澄类似，带兵打仗，实非其所长。

即使如此，王敦还是将荆州交给了他。荆州要地，一定要掌握在琅琊王氏自己人手中才安心。陶侃虽然战功累累，终究是外人，而且还出身寒微，不如发配广州，继续为自己开疆拓土。

是可忍孰不可忍！

陶侃的手下将领率先发难。郑攀、苏温等在湘州战役中立下大功的悍将群情激愤，要求王敦收回成命，留陶侃在荆州。

第一，他们跟随陶侃披荆斩棘，刚刚平定湘州，却被发配广州。他们不愿去这么蛮荒的地方。

第二，他们听说王廙残暴多疑，不愿在他手下为将。

王敦大怒，不许。

现在他是六州都督，遥远的广州、交州也归他管辖。调兵遣将是他的权力所在，不容他人置喙。

见王敦如此强硬，陶侃部将知道再无转圜余地，索性造反。他们带领三千人北上荆州，联合荆州叛军首领杜曾，一起攻打王廙。

王廙不敌，从江北的江陵逃到了江南的公安县。

郑攀等人小胜，但却把依然被王敦扣留的陶侃置于死地。王敦认为叛变得到了陶侃的私下授意，准备将陶侃斩杀。

《晋书·陶侃传》载：（王敦）披甲执矛，将杀侃。

王敦是如此愤怒，以至于要亲自穿上铠甲，手执长矛去杀死陶侃。

但他依然有所顾忌，若真杀了陶侃，很可能在荆州激起更大的动乱，也没法向天下人交代。

因此他走出去又返回来，走出去又返回来，如此多达四次。

陶侃倒是镇定自若，对王敦朗声说道：**使君之雄断，当裁天下，何此不决乎？**

王将军您雄勇果断，是能裁定天下大事的人，为何在这件事上犹豫不决呢？

根据历史记载，陶侃说完这句话就转身"如厕"。

这个时候跑去上厕所，实在是很有意思的一件事。

应该是借机躲开，避免正面对峙。不然将王敦激怒，他说不定真会下手杀人。

现在走开，反而可以留王敦一个人好好掂量轻重，给他一个台阶下。王敦虽然凶暴，但不愚蠢。

陶侃决定赌一赌。

果然，陶侃刚离开，谘议参军梅陶、长史陈颁就对王敦说：

周访与侃亲姻，如左右手，安有断人左手而右手不应者乎？

周访与陶侃是亲家，如左右手一般相互支援，哪里有砍了别人左手而右手不反击的呢？

这两人都是王敦心腹，一个参军，一个秘书长。他们都是聪明人，能看出眼下最迫在眉睫的风险：周访！

王敦此时在江州，而周访为豫章太守，近在咫尺。

一旦陶侃被杀，周访必然不会善罢甘休。只要想想当年周访对华轶穷追猛打的英勇，王敦就不得不三思。

三思之后，王敦终于打消念头，史载"敦意遂解"，并大办宴席，给陶侃践行。

陶侃吃完饭之后，没敢久留，当夜就走。

此情此景，让人想起在鸿门宴上落荒而逃的刘邦。

大乱之世，生死存亡，就在一念之间。

不过王敦还是留下了陶侃的儿子，名义上说是在自己府中担任参军，实际上是拿住一个人质。陶侃不是久居人下之人，必须拿个把柄在手。

陶侃离开王敦后，去跟周访作别。

见到知己的那一刻，陶侃才感到后怕，屈辱。

堂堂战将，也落下泪来。

他说：要不是有你作为外援，我这次恐怕就躲不过去了。

作别周访后，陶侃一路南下，翻过南岭，前往正被叛军占据的广州。

陶侃离开后，荆州的混乱依然在继续。陶侃的一些部将与叛军首领杜曾联合，对抗王廙。

杜曾原本是晋朝将领，"勇冠三军"。后荆州乱起，杜曾背离朝廷，拥军自立。

有心人会留意到，西晋末年发起动乱的人大都曾在西晋当官。杜弢曾任县令，张昌、王如都曾担任县吏，陈敏还是西晋的将军。

究其原因，内部人有信息优势，更能提前洞悉这个王朝的衰败。担任地方官的经历，也让他们在发动叛乱时有更大的政治号召力。

这个现象在其他朝代也同样明显，刘邦曾任秦朝亭长，李自成是明朝的驿卒。虽都是微不足道的小官，相比老百姓，还是有更多的信息优势。

这也说明，历代王朝兴衰，乱都是从统治集团内部开始。统治者不要老把目光死死盯着平民百姓，更应该注意团队建设。

杜曾在得到陶侃部将支持后，如虎添翼，占据汉水沿线。新任荆州刺史王廙屡战屡败，局势堪忧。

王敦此时能够依仗的将领，只有甘卓和周访。

二人北上，与杜曾周旋。这是一场持久战，一直持续到公元319年。我们暂且先把目光转向南京。因为就在荆州战场陷入胶着之际，南京的政局又再起波澜。

越是复杂的问题，越需要简单的解题思路

建兴二年（公元314年）十一月，周玘之子周勰再次作乱。

作为周玘的长子，他从来没有忘记父亲的遗言。

杀我者诸伧子，能复之，乃吾子也。

父亲死后，他蛰伏了一年半，做了精心的准备。他这次把行动目标直接对准了王导。

《晋书·周勰传》载：**豪侠乐乱者翕然附之，以讨王导、刁协为名。**

刁协曾侮辱周玘，是上次动乱的诱因，自然在被诛杀之列。周勰这次要把王导一并杀掉，一方面因为父亲周玘的政变正是败在王导手中；另一方面原因，王导是司马睿集团的核心。

既然要对付北方士族，就绝对不能放过王导。

为了提高成功率，他还联合了东吴末代皇帝孙皓的族人孙弼。

史书说"孙皓族人弼亦起兵于广德以应之"。广德在今天安徽省广德市一带，靠近太湖，与周勰家族所在的吴兴郡接壤。

这种江东大族与东吴皇室后裔的联盟，早在钱璯之乱时就曾出现

过。以此观之，周勰这次行动与父亲周玘的兵变已经有所不同。

周玘只是想以江东大族取代北方豪门的主导地位，但仍以司马睿为主。此时周勰联合孙氏后人，当是准备发起江东本土与北方士族的全面战争，彻底驱逐司马睿集团。

如果计划实现，王导、司马睿南渡多年经营的一切，都将毁于一旦。

动乱仍是先从吴兴郡开始。

这里既是江东最富足的地方之一，也是周家的大本营。周玘因平定钱璯之乱曾升吴兴太守，公元313年死后，新任太守是一个叫袁琇的人。

袁琇此人在史籍中没有留下太多痕迹，他很可能属于司马睿集团，在周玘之后接管吴兴郡。

这对周勰也没造成太大的障碍，他越过太守，与吴兴郡功曹徐馥结成联盟。

功曹主管官员政绩考核，是太守的主要辅佐，人脉广，影响力大。萧何就曾任沛县功曹，不过那时候叫"主吏掾"，汉时改为功曹。

徐馥同属江东豪强，也有部曲私兵。这是周勰拉拢他的重要原因。

徐馥杀掉太守袁琇，接管了吴兴郡的兵力，再加上自己的私兵，累计"有众数千"。

发动政变，需要一个有威望的主事者。周勰、徐馥乃至孙弼，政治声望有限，都不是像周玘那样能够一呼百应的人。

于是周勰让徐馥以叔父周札的名义招揽众人，史载"勰使馥矫称叔父札命以合众"。既是"矫称"，事先应该没有征得周札的同意。

周札是周玘的亲弟弟，曾跟周玘一起平定钱璯之乱，因功封侯。在侄子周勰发动叛乱的时候，他正在司马睿府中担任从事中郎，相当于幕僚，是司马睿身边近臣。

周玘死后，他已经是周家事实上的族长，因此周勰才会想到借用叔父的名义来招揽叛兵。这个方案确实发挥了作用，史载"豪侠乐乱者翕然附之"。

豪侠，大抵类似战国时期的游侠。他们大多是低等士族，或者有野心、有武力的百姓。大乱之时，他们无法做官，又无田产，要么做强盗，要么投靠豪门。这是最不稳定的一个群体，是历来动乱的主要参与者。

问题在于，周札并不想领导这场叛乱。

《晋书·周札传》记载，周札"性矜险好利，外方内荏"，也就是生性阴险，贪图名利。外表看似刚强，内心其实软弱。

他年轻时以豪杰自居，但真要他像兄长周玘一样发动政变、血流五步的时候，他退缩了。

当时他正好因病休假，从南京回到了老家阳羡，也就是今天的江苏宜兴市。听到侄子的计划后，他大吃一惊，立即通知了义兴郡太守孔侃。

义兴郡也就是周家祖籍阳羡所在地，原本属于吴兴郡。当初周玘因功升吴兴郡太守的时候，司马睿担心他在老家坐大，因此将阳羡单独摘出来，划为义兴郡，以此制衡周玘。

没想到关键时刻，这步闲棋当真发挥了作用。

太守孔侃祖籍会稽绍兴，也是江东人。但他跟周札都相对清醒，知道此时的江东豪族已经无力对抗北方豪门。

因为没有得到周札支持，周勰不敢发兵。这种拖延引发了同盟者的猜忌，徐馥的手下以为事情有变，选择倒戈，攻击徐馥，并杀之。

徐馥死后，另一个同盟者孙弼的部众也紧跟着溃散。

按照这个趋势，叛乱将很快偃旗息鼓。相比周玘的政变，周勰的计划并不周全，联合的都是乌合之众，最重要的是一开始就没有争取到叔父周札的支持。

没想到事情突然出现了变化，周札的儿子周续突然起兵，并吸纳了徐馥之前的溃兵。周札这一辈人依然能够得到司马睿集团重用，但是周勰、周续这些年轻一代只会随着北方势力的增长而越来越边缘化。这或许是周续起兵的重要原因。

眼看局势生变，司马睿决定发兵征讨。

对于周玘家族，他已经忍耐太久了。自从南渡江东，他就对这个家族处处防备，但依然是叛乱迭起。

周玘在时，他还有所忌惮。如今周家内部分裂，不如趁着眼下良机一网打尽。

此时的司马睿也从左丞相升为丞相，在事实上已经成为晋王朝最有权势的人。八王之乱以来，他就始终在暗处默默等待，他不想继续压抑下去。

这时王导又站了出来，告诉他还需要继续忍耐。

王导说：**今少发兵则不足以平寇，多发兵则根本空虚。**

王导口中的"根本"就是南京。真要打仗的话，出兵太少，不足以平叛，出动太多，南京则又陷入空虚。

从这句话中我们可以看出，司马睿集团在南京已经有了一定的军事基础，或许是在周玘之乱后，做了一些兵力上的储备。这也是司马睿敢于跟周勰正面开战的底气。

但王导始终是个谨慎的人，对眼下局面有清晰的洞察。王敦的部队远在荆州，不能提供及时的援助，而南京在江东依然面临当地大族的威胁。长江以北的流民帅势力、匈奴也有可能兵临南京。

如果此时跟江东豪族正面开战，南京很可能遭到偷袭。

另一方面，司马睿集团眼下的首要任务还是平定荆州，除非迫不得已，最好不要在两个战场同时开战。他们力量还小，一段时期，只能集中力量解决一件大事。

当然，王导也不准备坐以待毙，他有更好的解决办法。

他告诉司马睿，平定周家叛乱，只用一个人足矣。

而且还是周家人。

周续的堂弟周莚。

根据王导的观察，此人忠诚谨慎，才干超群，史称"卓荦有才干"。卓荦（luò），就是超绝出众。

周莚此时正在司马睿身边担任黄门侍郎，属于贴身近臣。周札的从事中郎也是近臣。周家两人都被司马睿留在身边，明面上是表示器重，引为心腹，实际上有利于就近控制。

在王导看来，周家已经分裂成两派，不如就拉一派打一派。以子之矛攻子之盾，司马睿集团不用出一兵一卒，就可坐享渔翁之利。

更重要的是，以周家人杀周家人，不至于激化南北之争。

在复杂的局势中，洞察问题的关键，并找到最简洁的处理方案，这是王导远超常人的能力。也延续了他一贯以柔克刚的行事风格。

周莚没有辜负王导的信任。

他从南京出发，回到阳羡老家，见到了正在筹备兵变的周续。

此时的周续很可能还不知道堂兄回家的目的。

周莚说：咱们一起去见太守孔侃，有些事情要大家一起商量。

186

周续不愿去见孔侃，因为孔侃和他的父亲周札一样，不支持兵变。

周莛拖住他，一定要他去。

周续糊里糊涂地就跟着去了。

糊里糊涂的人，往往也就糊里糊涂丢掉了性命。

到了太守府，众人坐定。周莛突然变脸，对孔侃说道：

府君何以置贼在坐？

太守大人为什么要给一个反贼座位？

周续这才轰然醒悟，从怀中抽出尖刀，朝周莛扑了过去。

周莛大叫，孔侃手下跳起来抓住周续，将其杀掉。

这里值得分析的是，周莛为什么一定要在孔侃的太守府杀掉周续呢？

很可能是为了拉孔侃下水。

孔侃之前已经知道周续的兵变计划，作为太守，他却没有发兵攻打，那么估计是准备观望风向，再定去从。现在周莛当着孔侃的面杀掉周续，孔侃也就只能做出明确的表态，要么选择站在司马睿一边，要不然只能跟着周家一起叛乱，九死一生。

由此可见，周莛早知道局势并不像之前呈现的那么简单。孔侃、周札看似不支持周勰，其实都是在观望形势变化。

孔侃表明立场之后，周札也不得不彻底站在司马睿一边。

周札虽然不愿意领导兵变，态度也同样暧昧。他最早知道周勰的计划后，却并没有直接告诉司马睿，或者强硬地阻止计划，只是将消息告知了孔侃，很可能是在测试孔侃的态度。如果孔侃坚定反对叛乱，他也就顺水推舟。如果孔侃模棱两可，那他也就坐等事态发展。

周续之所以起兵，可能跟父亲暧昧不清的态度有很大关系。

到了这个时候，我们终于知道周莚的心思缜密远在常人之上。

如果他先劝说叔父周札，不仅不会成功，还可能被一并卷入家族叛乱。于是他先见孔侃，杀周续，在事情已无转圜余地的时候，再去逼周札表态。

同族相残，相互算计，也是残酷之至。

但这是大乱之世，周莚想要保存家族，不得不出此狠手。

他见到周札后说：事已至此，不如乘势杀掉周勰。

周勰是叛乱主谋，只有杀掉他，才能彻底铲除祸患。

周札终究有些不忍，那是他的亲侄子，也是周玘唯一的血脉。他也知道事情不可能就此罢休，必须给司马睿、王导一个交代。于是他将叛乱的罪责推到周勰的一个堂兄周邵头上，将其杀掉，作为贼首献给司马睿。

历史上没有记载这个周邵到底是谁的儿子，也许他的血脉相对较远，就这样白白做了家族的替死鬼。

一场可能再度引发南北对立的兵变就此平息。

事后，周莚被提拔为右卫率，掌握一支宫廷禁军。这是一个非常敏感的职位，往往由王室中人或者皇帝心腹出任。司马睿将他擢升至此，既是对他的报答，也是更进一步的拉拢。几年之后，王敦叛乱，周莚也曾参与讨伐。

周札虽然态度暧昧，司马睿也升他为吴兴郡太守，依然掌握周氏的地盘。

即使周勰也没受到追究。

《晋书·周勰传》载：**元帝以周氏奕世豪望，吴人所宗，故不穷治，抚之如旧。**

就像上次面对周玘之乱一样，司马睿在王导的劝说下，再度选择了怀柔之策，避免跟江东豪族直接刀兵相见。

周勰此时的处境跟当年父亲周玘一样，彻底归顺，心有不甘，想要报仇，又无能为力。心中愤懑，如出一辙。

而且他还成为家族祸根，被叔父周札责备。

活到这个程度，人生已经没有太多指望。他落魄归家，沉迷酒色，以此麻醉自己。每当被人问起，他就说：人生几时，但当快意耳。

人生几何，忧苦实多，还不如醉生梦死。

从公元312年底到公元315年初，短短两年，两场叛乱，足见王导、司马睿当时局势艰难。幸运的是，他们始终选择了以静制动、以柔克刚，在不激起整个江东兵变的前提下，谨小慎微地将祸患消弭于无形之中。

在两次兵变接连失败后，江东豪族也意识到天下终究是北方人的天下，江东再无力抗衡。他们要么归顺，要么归隐。南北之争，至此基本平息。

这为司马睿下一步的登基称帝，打下了扎实的政治基础。

第十一章 代管天下

跟盗墓贼抢生意的皇帝

就在司马睿胼手胝足地经营江东时，西晋末代皇帝司马邺也在勉力维持着他的长安朝廷。

按照辈分，他是司马睿的侄子，血统却比司马睿高贵得多。他是西晋开国皇帝司马炎的嫡孙，而司马睿只是远房旁支。他比司马睿年轻，公元 313 年登基时才十四岁，原本应该比已经三十八岁的司马睿拥有更加光明的未来。

但他的运气实在不好，身边没有琅琊王氏这样的豪门支持，长安也远没有江东安全，不能给他提供足够的经营时间。

自从西周以来，长安一带就是中原王朝的立国所在。它深处广袤的关中平原，人物两丰，函谷关、武关、萧关、大散关四大关卡在四方提供天险般的屏障。

自秦始皇在此开创真正的帝国之后，所有人都意识到，这才是真正的帝王居所。可惜的是，东汉末年以来的轮番战乱不断地消耗关中的人口、土地，尤其是董卓在公元190年迁都长安，直接将其推向风暴中心。等到司马邺进入长安的时候，这个朝廷的心脏已经经受了长达一百二十多年的战火摧残。

《资治通鉴》载，司马邺在长安登基时，长安人口不足百户，公私牛车加起来也只有四辆。在这种情况下，他还是任命了自己的百官，但是连朝服、印信也无力颁发，只能在桑木板上刻下官号，聊以自慰。

财政也陷入了极端困境，百官没有收入，只能去郊外荒地寻找野谷子充饥。《资治通鉴》记载说，长安盗贼四起，将西汉文帝、景帝等人的坟墓挖开，盗取金银财宝。司马邺不仅没有能力追究，还在盗贼走后，派人去将盗贼遗漏的财宝都捡了起来，缴入皇宫。

堂堂皇帝，沦落到盗墓贼般境地。

司马懿九泉之下若能看到后裔窘迫至此，不知是否会后悔当年发动高平陵政变？

匈奴人也很快看穿了长安朝廷的衰弱，从山西越过黄河，直扑而来。

司马邺无力抵挡，只能向江东的叔叔司马睿求救。

他派出的使者从长安出发，跋涉千里，依次穿过陕西、河南、湖北等战区，历时三个月，于当年八月底抵达南京。

使者以近乎乞求的姿态告诉司马睿，皇帝希望作为叔叔的他能够北上勤王。

为了说动他，皇帝升他为左丞相，并都督陕东军事，相当于把关中以外的地区都交给了司马睿。

司马睿接受了官职，却不失礼貌地拒绝了北伐的邀请。

他表示自己刚刚平定江东，实在无力北上。

孤单的皇帝只能继续苦熬。

建兴四年（公元 316 年）八月，匈奴人攻入长安。原本还能给皇帝提供一定支持的凉州兵马无力抗衡，向西撤退。皇帝被孤单地遗弃在长安孤岛，实在熬不下去了。他哭着对身边的大臣说道：现在已经到了穷途末路，只能忍辱投降，或许还能给人民留一条生路。

为了人民才投降，只是一个不那么难堪的借口。但我们不能对司马邺苛求太多，毕竟他才十七岁。

他派出使者，准备向匈奴将军刘曜投降。刘曜是匈奴皇帝刘聪的堂兄弟，也是对晋用兵的主要战将。

就在这个时候，无耻的一幕出现了。即使中国历史上充斥着无情的算计、阴险的陷阱，读史至此处，依然齿冷心寒。

《资治通鉴》载，使者准备出发时，被皇帝身边的大臣索綝（chēn）偷偷拦住。

索綝是敦煌人，年轻时就展现出卓越的才能，曾在陕西任地方太守。公元 313 年，他迎接司马邺入长安，官升尚书左仆射，也就是副宰相，兼任京兆尹。

他拦下使者后，另派自己的儿子出使。他儿子到了敌方大营，对主帅刘曜说道：现在长安城里的粮食还可以支撑一年，想要攻克并没那么容易。

这当然是假话，他只是吓唬一下刘曜，为后面这句话铺垫：

如果你能任命我父亲为车骑将军、仪同三司，封邑万户，我们就把城池献给你。

这就是索綝的打算，不是要力挽狂澜，也不是为投降的皇帝争取更好的待遇，而是挟长安城以自重，为自己换取更好的投降条件。

长安的城破人亡，王朝的覆灭，都成为他谈判的筹码。

令人讽刺的是，索綝的"綝"原本有善良的意思。

不得不说，索綝确实聪明，国破家亡之际，别人看到的是灾难，是心碎，他却看到了进身之阶。

但他低估了匈奴人的道德感。

即使是匈奴将军的刘曜也不齿于跟索綝这样的人合作，他用一个简单的行动做了回答：将索綝儿子斩首。

送回人头的时候，他还附带了一段话。

这段话挺长，《资治通鉴》悉数照录，翻译过来是：

我堂堂帝王之师，按大义行事。我领兵作战十五年，从不用阴谋诡计去击败敌人，一定要对方战斗力完全丧失，然后夺取。索綝竟说出这种话，看来天下的恶行，处处相同。

每个字都令人汗颜！

然后他又告诉司马邺：

我已经把来使处决，如果你们仍有粮食、有军队，只管努力守城。如果粮食、军队都已枯竭，最好早一天觉悟到天命有归，否则本大王兵威一震，玉石俱摧。

司马邺自然没有粮食，也没有军队，只能投降。

建兴四年（公元316年）十一月十一日，十七岁的司马邺脱下衣服，赤裸着上身，带着自己的棺木，乘坐羊拉的小车，出长安城东门投降。长安的官员拉住司马邺的车子，沿路哭号。

御史中丞，也就是负责百官监察的吉朗说：我的智慧不足以贡献谋略，守卫皇帝，又不甘心一同投降，去北方侍奉强盗蛮夷，还活着做什么呢？于是自杀。

跟着司马邺投降的队伍中，也有索綝。但就连昏庸残暴的匈奴皇帝刘聪也看不上奸诈的他，因其不忠于国，斩首，弃市。

把最棘手的问题留给时间

司马邺被匈奴掳走的消息传到江东，已经是年底十二月了。

此时的司马睿已经先后平定了周玘、周勰父子的叛乱，并通过王敦，先后掌握了江州、湘州。长江以南，除去巴蜀之地，已尽入囊中。

前一年皇帝又升他为丞相。普天之下，能够拯救晋王朝和皇帝司马邺的，唯有司马睿。

他不能再继续沉默下去，不然会失去号令天下的政治资本。

于是司马睿"**出师露次，躬擐甲胄，移檄四方，刻日北征**"。司马睿亲自穿上铠甲，将部队开出郊外，做出出师北伐的样子。同时他号召四方将领，一同北上勤王。

部队出发没多久就停了下来，原因是"漕运稽期"，也就是粮草转运延期。司马睿斩杀督运粮草的官吏淳于伯。

但人杀了后，他并没有着力解决粮草的问题，部队依然按兵不动。

至此我们终于明白，司马睿的出师只是一场表演。

他根本就没有打算北上勤王。

在他看来，北方局势已然不可挽救。如果贸然北上，南京兵力空虚，很可能给江南豪强或者淮河一带的流民帅留下可乘之机。那时候进退失据，几有灭顶之灾。

这还只是军事上的顾虑。

更重要的是政治上的考量。

若司马睿兵力强盛，真的将皇帝司马邺从匈奴人手中救回，那他又该如何自处呢？

如果将司马邺继续安置在长安、洛阳，司马睿就需要留在中原辅佐，而他的根据地在江东。离开根据地，自己的败亡之期也就不远了。

将司马邺带回江东也不现实。他已经是一人之下、万人之上，再建立了拯救皇帝的大功，皇帝又拿什么去赏赐他呢？

如此下去，君臣之间，必生嫌隙。司马睿想要活下去，唯一能做的就是重走曹操的道路：挟天子以令诸侯。这就很容易给潜在的政治对手留下把柄，甚至重蹈司马越的覆辙。

要不要救皇帝？历史上很多帝王都曾面对相似的处境。项羽最终选择杀义帝楚怀王，朱元璋将起义军名义上的领袖韩林儿沉江，宋高宗赵构也没有拼力北伐救徽、钦二帝。

司马睿的选择和后世赵构差不多：等！

这是他和王导最擅长的策略之一。

只要耐心等待，匈奴人早晚会替他杀掉侄子司马邺。

不过这个心思不能暴露，他依然要做出北上勤王的样子，再找个借口拖延出兵。这个借口就是督运令史淳于伯。这是个完全不重要的小人物，唯一一次出现在史籍上，就是将自己的头颅献给了司马睿。好像他人生的唯一使命，就是为司马睿集团背下这口黑锅。

但这显然不是出自他的本心，他会感到冤屈和不公。于是根据《晋书》记载，在他死后，他的鲜血沿着柱子逆流而上，有二丈多高。

这个异常的现象引起了广泛关注，就连当时的史学家、小说家干宝也将其记录到《搜神记》之中。

鲜血逆流而上应该只是群众的演绎，他们传播这事，只是看穿了司马睿的表演，并为淳于伯感到冤枉。据说就连风水大师郭璞也上书司马睿，认为杀淳于伯用刑过重。

这让司马睿始料未及，他必须想办法阻止这件事继续发酵，不然他的计划就全部摊开了。

于是他的属官刘隗上书说，淳于伯延误粮草转运，确实不对，但罪不至死。其实这一切是从事中郎周莚的罪责，应该罢免他的官职。

周莚这个平定周勰之乱的大功臣，恰巧主导了对淳于伯的审判。刘隗认为，正是他的判决不公，让淳于伯死后以血鸣冤。

这个说法显然站不住脚，周莚只是奉旨行事。

刘隗甩锅给周莚，首先是替司马睿开脱。其次还有一个隐秘的动机，那就是借打压周莚，对付周莚背后的王导。

这个猜测有一个佐证。

在《晋书·刘隗传》中，刘隗说淳于伯一案"皆由莚等不胜其任，请皆免官"。紧跟着接了一句：**于是右将军王导等上疏引咎，请解职。**

王导为何在刘隗弹劾周莚之后马上上书，引咎辞职呢？

因为他看穿了刘隗的计划。

那周莚有罪为何能牵扯到王导呢？

其一，当年周莚以一己之力平定周勰叛乱，正是出自王导的举荐。周莚建功后升职，应该是很感谢王导的，甚至有可能跟他走得很近。因为在处理南北冲突时，王导一向坚持怀柔政策。

周莚刑罚失当，提拔他的王导自然也是看人不准、用人不当。

另一个原因可能更加扎实。冤杀淳于伯，王导应该就是主要的决策者。他需要帮司马睿找到一个拖延北伐的借口。

所以刘隗最终的计划就是把责任推到王导头上。

对司马睿来说，为了快速平息舆论，他也需要一个很有分量的人物来承担责任。周莚只是个从事中郎，分量远远不够，只能由王导这样的人来背锅。

王导对此自然心知肚明。于是在看出刘隗用意的那一刻，他立马站了出来，上书辞职：都不要再讨论了，都是我的错。这件事不能继续发酵了。

他的上书为这件事画上一个句号。

司马睿在有王导掩护的情况下，自己也主动承担了一部分责任，模棱两可地说：刑法失当，是我太糊涂了。

淳于伯有罪的定性依然不能变，只是错在不该直接杀头。

这件事就这样被掩盖过去了。王导自然也没有被免职。

接下去，司马睿、王导只用继续耐心等待，权力终将转移到他们手上。

他们并没有等待太久。

传统就是规矩，规矩就是合法性

第二年二月，晋王朝弘农郡太守宋哲抵达南京，给司马睿带来一个梦寐以求的消息。他称自己接到皇帝司马邺诏书，命丞相、琅琊王司马睿统御天下。

《资治通鉴》载：**宋哲至建康，称受愍帝诏，令丞相琅琊王睿统摄万机。**

统摄万机，也就是代行皇帝职责，号令天下。

《晋书·元帝纪》也说：**平东将军宋哲至，宣愍帝诏。**

仔细对比两条记载，就会发现《资治通鉴》中多了一个意味深长的"称"字，**"称受愍帝诏"**。也就是说，修史者司马光等人只承认"统摄万机"来自宋哲之口，是否真是愍帝司马邺授意那就不得而知了。

这是典型的春秋笔法。

宋哲是否真的得到了愍帝的口头诏命，后世史家确实没法证实。但疑点也是显而易见的，转让皇权这么重要的事情，司马邺竟然没有留下任何文字为据。这种口头许诺很难说服各方势力，有可能引发晋朝内部的冲突，不利于挽救朝廷。

此外，宋哲并不在都城长安为官。他掌管的弘农郡在今天的河南三门峡一带，他如何突破匈奴重围，获得皇帝的口头诏命？何况宋哲只是一郡太守，出身并不高贵，威望有限，世人也没有看到他受皇帝器重的记载，他凭借什么担此大任？

司马光怀疑宋哲这道诏命的真假，谨慎起见，用了这个"称"字。仔细揣摩，恐怕也有司马光对司马睿隐晦的批评，讽其得国不正。

不过些微疑点，并不妨碍司马睿继续争取最高权力。

他已经是这个国家最有实权的人物，想要得到帝王这个称呼，只需要借助宋哲之口顺势而为即可。即使宋哲的声音不够响亮，不够有说服力，一旦有人开了这个头，自然有更有说服力的人接棒而至。

果然到了三月初，"西阳王羕及官属等共上尊号"。

西阳王司马羕的身份就与众不同了。他的父亲司马亮是西晋奠基者司马懿的儿子，也就是开国皇帝司马炎的叔叔。

公元 307 年，司马羕随司马睿一同南渡。南渡前，他的封邑已经多达三万五千户，是健在的司马皇室中，血统最高贵、威望最重的藩王之一。

他支持司马睿还有一个原因，他是司马睿的同宗叔叔，血缘更近。司马亮与司马睿的祖父司马伷是同母兄弟。

当时有可能争夺帝位的还有南阳王司马保，他的地盘在秦州，也就是今天甘肃天水一带，位于长安以西。司马邺在长安称帝后，为了得到他的支持，封其为右丞相，高于司马睿的左丞相。当司马睿都督陕东诸军事的时候，司马保都督陕西诸军事。

可惜司马保在血统上劣势明显。他的祖父司马泰是司马懿的侄子，与司马师、司马昭这一系血脉疏远。

而且根据《资治通鉴》记载，司马保体重八百斤。这个数据有些夸张，但司马保大概率是个过度肥胖的年轻王爷，好读书，优柔寡断。

西阳王司马羕看准形势，抢先一步给司马睿上尊号，也就是请他登基称帝。这又是司马睿集团的借题发挥，因为宋哲的口头诏命也只是让他统摄万机，并没有挑明说要转让帝位。

司马睿也知道这其中的差别，没有接受上尊号的请求。

司马羕认为司马睿这是在演戏，就像曹丕、司马炎等逼迫上一任皇帝禅让，三辞三让是标准流程。

于是司马羕等再次请求司马睿登基，《资治通鉴》说"羕等固请不已"。坚定地请求，不答应就不罢休。

没想到司马睿还是不同意。

他流泪道：我是个罪人啊，皇帝被匈奴掳走，我不能救援。现在你们还逼着我当皇帝，我只能躲回琅琊老家去。

说完就叫来贴身仆人，收拾行李回家。

琅琊在江北的山东，此时正被匈奴、羯族势力围困，司马睿如何能回？经营江东十年，果真忍心弃之不顾？

以常理度之，自然是不大可能的。司马睿摆出这么一副决绝的姿态，应该是确有难言之隐。

　　历来劝进，都是君臣之间的一场联合表演。君王做出一副不愿登基的样子，而臣子既要持续劝进，又要为君王接受天下寻找合理合情合法的借口。如果没找到，君王自然是不便接管天下的。最微妙的是，君王还不能主动透露这个借口，一定要臣子自己去猜、去揣摩。

　　这个过程看似虚伪，但是是符合舆论要求的。大多数百姓还是会被这个来回劝进的过程打动、说服，认为他们迎来了一个道德高尚的皇帝。少数看穿这套把戏的聪明人也会支持这种游戏，一个虚伪的人，总比一个赤裸裸暴露自己私欲的人看起来更体面。这也是为什么时至今日，刘备的口碑都好于曹操。

　　所以劝进就是天下人的一种集体表演。臣子、百姓，都要仔细揣摩自己在这幕大戏中的角色和台词。

　　现在就轮到司马羕等人去揣摩了。

　　经过一番思索，他们终于找到了问题的关键：此时皇帝司马邺还活着，司马睿若登基，名不正言不顺，很可能给潜在的反对力量留下口实。

　　症结既明，一个优秀的折中方案也就很快出炉：依魏、晋故事，称晋王。

　　就是依据曹魏、西晋的开国故事，先请司马睿称晋王。

　　曹操以兵威胁迫天子，晚年封魏王。曹操去世后，曹丕先继承魏王位，再于当年逼汉献帝退位，篡汉称帝，建立魏国。从魏王到魏帝，有一个循序渐进的过程，便于观测民意，分清敌我，为最终称帝积累势能。

　　后来司马昭将这套把戏原封不动地施加在了曹家人身上。先是逼末代皇帝曹奂封他为晋王，在他死后，儿子司马炎继承晋王位，第二年逼曹奂退位，建立西晋。

一件事发生两次，就可能成为传统。我们两千多年的帝制史，大多时候靠的不是法治或者明文法在运作，而是依托传统，也就是在暗处真正起作用的潜规则来运转。传统就是规矩，规矩就提供了借口和合法性。

既然祖上就是靠这种方式接管天下的，那么司马睿自然就不便违背祖宗的路径。于是，他终于接受了司马羕等人的方案。《资治通鉴》记载说"许之"，轻飘飘的两个字背后，掩盖了司马睿多少曲折的心路历程！

建兴五年（公元317年）三月九日，司马睿登晋王位，大赦天下，改元建武。

根据《资治通鉴》记载，宋哲是在二月十八日到达南京，三月九日司马睿就正式称王。其中还有三天时间，司马睿在为司马邺的被掳哀悼。也就是说，整个过程仅半个月左右，可见司马睿集团早为这一刻准备良久，也近乎赤裸地暴露了司马睿心情的迫切。

从南渡之初算起，司马睿在江东如履薄冰已有十年，如今终于等来了自己的时代。

第十二章　东晋立国

嫡长子继承制的优越性

登上王位后，司马睿接下去要做的就是册封太子，以示后继有人，让南北士族都能安心地支持这个新生的政权。

司马睿当时有两子，长子司马绍，次子司马裒（póu）。司马睿更喜欢次子，想要弃长立幼。但立太子从来不只是皇家私事，关系整个国运。

帝制国家如果不能确定一套稳定的、有明确标准的继承制度，官僚集团就不能提前知晓下一个掌管自己命运的是谁。为了未来的仕途升迁甚至是生死大计，他们就不得不像赌徒一般在各个皇子之间选边站队，引发党争，消耗国力，甚至引发灭国之灾。秦帝国经二世而亡，就与此有很大关系。

儒家的嫡长子继承制提供了一个务实的方案，血统和年纪都是清晰而准确的参考指标，不至于引发争议和动乱。

只要长子不是过于残暴、愚蠢的人，基本都会得到整个官僚集团的认可。即使是中下之资，也不太会影响未来帝国的运作。和大多人想象中不同，帝制时代负责整个国家运作的，不只是皇帝，甚至不主要依靠皇帝，而是依托官僚集团和运行百代的政治传统。

现在司马睿想要违背传统，册封次子，就需要找一个站得住脚的借口。

他对王导说：立子当以德。

潜台词就是说次子司马衷更加贤德，应该立为太子。

"立贤"是嫡长子继承制的补充方案，所谓"天下唯有德者居之"。但这个方案的标准不够明确，有很大的解释空间和作假机会，会引发争议和对立。

司马睿清楚其中利害，不便明确说要立次子，只是暗示一下王导，希望以王导之口来说服众人。在立储这么重大的事情上，他必须得到王导的支持。

过去大多时候，王导遇事都是一种无可无不可的态度，不像刁协那么刻薄傲慢，不像庾亮那么严肃固执，看起来是个很好说话的人。

立太子虽关乎天下安危，毕竟是司马睿自己的王位。这么敏感的事情，大臣往往不便过于强硬地违背帝王心意。

但司马睿这次错了，他还是不够了解王导。其实每到关键时刻，每到原则性问题，王导都比常人更加清醒和笃定。

眼下司马睿自封晋王只是过渡，早晚都会接管天下，届时太子就是国本。不能还没登基，就埋下这个隐患。

所以王导这次不准备和这个稀泥，他明明白白地说道：世子（司马绍）、宣城（司马衷），俱有俊朗之美。

您的两个儿子都丰神俊朗，都很好。

他自然不能贬低次子。一句两个儿子在贤德上不分高下，就能抽去司马睿册立次子的根基。

随后，他又斩钉截铁地强调了一句：而世子年长。

两人都一样优秀，但世子年长。

王导说完这句，就不再发一言。

《资治通鉴》载，司马睿听后"从之"，立司马绍为太子。

立储风波还有一段后续故事。司马睿登基后，宠爱郑皇后，想要改立她的儿子司马昱为太子。看来他确实不喜欢长子司马绍。

群臣大多反对，因为这违背嫡长子继承制。而且皇太子司马绍聪明果断，是皇储的最佳人选，没有理由换掉。

但这时候的司马睿已经是皇帝，权势增大，心腹之臣刁协也大力支持。司马睿就想避开坚决反对的王导、周顗两人，发布诏书。于是他把两人召入皇宫。

《世说新语》详细记载了这个过程：

元帝便欲施行，虑诸公不奉诏，于是先唤周侯、丞相入，然后欲出诏付刁。周、王既入，始至阶头，帝逆遣传诏遏使就东厢。

王导、周顗两人到了皇宫，正准备去见皇帝，却被传诏使者拦住，让他们先去东厢房等候片刻。司马睿准备把两人支开后，把诏书传给刁协，令其施行。

周侯未悟，即却略下阶。丞相披拨传诏，径至御床前，曰："不审陛下何以见臣？"

周顗没有猜到司马睿的心思，就老老实实地准备走。王导却推开使者，径直往里走，一直来到司马睿的御床前，兜头问道：不知道陛下找我们什么事？

他这是在明知故问。

帝默然无言，乃探怀中黄纸诏裂掷之。

司马睿见此，也知道被王导识破，只好从怀中拿出改立太子的诏书，撕碎后扔在地上。

由此皇储始定！

这件事过后，周顗感叹道：我常自言胜茂弘，今始知不如也！

我之前总觉得自己比王导更优秀，现在才知道不如他。

周顗是个非常骄傲甚至狂妄的人，但王导在这件事上表现出来的心机深沉、意志笃定确实是他不能够相提并论的。

遇大事，决大疑，王导总是足够清醒、坚决。在这两次关乎国本的风波中，都是他一语定乾坤，将风暴掐灭在未发之前。

有时升迁很可能是试探

确定太子之后，就是封赏百官，这也是众人抢着给司马睿上尊号的目的所在。

首先提议上尊号的西阳王司马羕封太保，在三公之上。

另一位宗室司马承封谯王。辈分上，司马承是司马睿的族叔，血缘较远。但是分封司马家族的人，有利于司马睿壮大自己的王室力量。在不久之后的王敦之乱中，司马承是司马睿对抗琅琊王氏的主要援手。

司马睿喜欢的次子司马裒则继承祖上琅琊王的爵位。从礼制上讲，次子属于小宗，不能继承祖上爵位。但现在长子司马绍已是太子，司马睿就将琅琊王的爵位给了司马裒。为了弥补次子，司马睿还加封其青州、徐州、兖州三州都督，以提升他的威望，能更有力地掌握军权，翼庇王室。

封赏王室之后，就是琅琊王氏。司马睿是一个懂得感恩和分享的人。

于是王敦升大将军，江州牧。

王导则都督中外诸军事，领中书监，录尚书事。

大将军是最高军事统帅，权力甚至高过丞相、三公。尤其在君弱臣强的乱世，大将军往往以兵权掌握国政。曹魏末期，司马懿、司马师、司马昭父子三人先后任大将军，独揽大权。

司马睿自然清楚这个职位的分量，但此时的王敦已经是江、扬、荆、湘、交、广六州都督，是事实上的最高军事统帅。更重要的是，王敦此时正领兵剿抚荆州，司马睿在军事上还要继续仰仗他。

而江州牧，则是江州都督兼江州刺史，统一州军权、行政权。这本来就是王敦囊中之物。他自从公元312年平定江州后，已经在事实上占据了这片地区。

所以司马睿对王敦的封赏，只是对王敦实际早已掌握的权力加以官方确认。

王敦还是做出了相对谦虚的姿态，谢绝了江州牧的任命。实权在握，这个头衔无关宏旨。

不过大将军这个职位不能拒绝，他可以借此掌管整个天下的军权。南到广州、广西，北上河南、河北，王敦至此都有了发兵征讨的权力。

司马睿同意王敦辞掉江州牧的职位。

当然他也知道，即使王敦辞去江州牧，依然会占据江州。

但是这一来一回，至少在表面上维持了二人的君臣之义，表现了对彼此的尊重。

王敦在外控制天下兵权的同时，王导则在朝堂之内掌握了核心的政权。录尚书事主管国家行政，统领百官，职权等同于宰相。

中书监是皇帝秘书机构中书省的长官。这个机构负责起草诏书，参与决策，权力极大，性质类似后来明朝的内阁。

按照当时的政治运作模式，一般是皇帝和中书省制定政策，交予宰相，再由宰相具体给百官分配任务，并监督执行。现在王导兼领中书省长官、宰相，既是政策制定者，又是实行者和监督者，完全是大权独掌。

而且他此时还是扬州刺史，而扬州是江东最核心的政治、经济区。

似乎这样还不足以表达对王导的器重，司马睿又令他都督中外诸军事。

这是一个更加敏感的职位。

很多人误以为这是掌管中央和地方的全国部队，其实"中外"指的是宫城内外。这个职位掌握的是宫内禁军，以及驻守在京城郊区的中央军。

它离皇帝如此之近，又执掌着一个政权的军事精锐，尤其是其中的禁军力量，往往是宫廷政变的决定性因素。当年司马师正是担任禁军将领中领军，才能协助司马懿发动高平陵政变，诛杀曹爽集团，让司马氏掌握大权。后来的八王之乱，皇后贾南风也是利用禁军诛杀辅政大臣杨骏。

因为这个缘故，都督中外诸军事多由皇帝亲信或者宗室重臣担任。历史上第一个担任此职的是曹爽的父亲曹真，他是皇帝曹丕的亲信，也是宗亲。另一个著名的都督中外诸军事是司马昭，他麾下的中护军贾充帮他杀掉了皇帝曹髦。

王导很谨慎，上书请辞。

《资治通鉴》载：王导以敦统六州，辞中外都督。

王敦已经是大将军，王导再接了京城军事力量，琅琊王氏就掌握了全国兵力。

这是足以谋反的实力。

王导绝对不敢接，至少在江东局面刚刚稳定下来的时候，他不能接。

司马睿自然也知道这个职位的分量，他又如何敢把所有的兵权都交给琅琊王氏呢？

这很可能是他对王导的一次试探。

于是面对王导的请辞，司马睿欣然"许之"。

接下去就是其他有功之臣。

刁协升尚书左仆射，相当于副宰相。周顗升吏部尚书，主管人事选拔。戴渊升尚书。刘隗升御史中丞，负责监察百官。

这四人都出身北方大族，多在洛阳沦陷后就效力于司马睿军府，是心腹之臣。他们很快将成为司马睿制衡琅琊王氏的主要力量。

南方士族代表贺循也升为中书令。中书令是中书省另一长官，名义上犹在王导的中书监之上。

司马睿想要建立的是一个获得南北士族共同支持的政权，必须对江东之前的支持示以回报。顾荣、周玘先后死去，贺循就成为江东的主要代表。

不过贺循拒绝了中书令的升迁，理由是老病加身。

这或许是他真实的理由，也有可能是眼下北人主政已成定局，他没有必要再留在中书省跟王导相互掣肘。

司马睿接受了他的谦退，改封了"太常"这样一个名誉性职衔。太常是九卿之首，负责宗庙礼仪，声望高，实权小，很适合用来安置贺循这样的老臣。

另一个不能忘掉的功臣是宋哲。《资治通鉴》没有记载他此次得到的封赏，但明确记录次年在司马睿正式称帝后，宋哲升丹阳太守，主管南京所在核心地区。他自此成为司马睿心腹，后来一路高升至梁州刺史，并封爵野王公。

每一个功臣，不分南北，无论亲疏，都得到了合适的赏赐。

但这里有个小问题被忽视了。司马睿登晋王位，可以备百官，立宗庙，建社稷，但不能轻易改元，也就是改变年号。《晋书·元帝纪》载：（司马睿）**即王位，大赦，改元**。改之前司马邺的建兴五年为他的建武元年。

改元是皇帝才享有的特权。司马邺虽然投降匈奴，毕竟还活着。司马邺当初也是等上一任皇帝被匈奴杀死后，才登基改元。

那么司马睿的这个举动，就是以晋王之名，行登基之实。

这种等同僭越的大不敬之举，似乎有违司马睿之前的谦恭克制。但我们不能对他过于苛责，毕竟随着权势的不断增大，他有了稍微放纵自己的底气。更重要的是，他这个举动很可能还有一个更加实用的动机：试探天下人，尤其是各地方将领的态度，为自己的真正登基造势。

在所有需要争取的对象中，以刘琨的表态最为重要。

千古风流，吹笛退敌

刘琨是名将。

从公元 307 年起，他驻扎山西，以太原为基地，对南边临汾的匈奴大本营形成牵制，以至于匈奴不能举全国之力攻打晋朝的洛阳、长安。

刘琨对抗匈奴，有段佳话，叫作"吹笳退敌"。

《晋书·刘琨传》载：**在晋阳，尝为胡骑所围数重，城中窘迫无计，琨乃乘月登楼清啸，贼闻之，皆凄然长叹。**

晋阳也就是太原。匈奴铁骑围城数重，刘琨兵力不支，于是在朗月之下，登楼清啸，动摇敌方军心。

魏晋时期，名士多喜欢"清啸"，大概类似噘嘴长啸，抒发心中苦闷，或是喜悦。据说阮籍就长于此道。刘琨本人出身贵族，长于音乐，是当时名士，也善于清啸。

其声清越凄凉，动人心魄。匈奴人听了刘琨的清啸，想起家乡故土，征战漂泊，都凄然长叹。

刘琨见此，更进一步，在半夜奏起胡笳。他在山西对抗匈奴有年，学会了他们的胡笳等乐器。此时演奏，能激起他们的怀乡之念。

匈奴人听了，果然"流涕歔欷，有怀土之切"，军心涣散，"弃围而走"。

能与此战相比的恐怕只有楚汉相争时的四面楚歌了，但又少了刘琨的优雅飘逸。遥想当年，皓月当空，孤城耸立。城外的铁骑在月下泛着森寒的光。刘琨一人，独上高楼，对着敌阵悠然长啸。

万千敌阵，顿时溃散。

这恐怕是独属魏晋的风流。

史载，多年之后的乱世枭雄桓温也对刘琨仰慕不已。他在北伐时找到一个年老婢女。老婢曾是刘琨的家伎，一见桓温，潸然泪下：公甚似刘司空。

您长得真像当年的刘琨大人啊。

桓温大喜，连忙整了整衣冠，问道：具体哪里像？

老婢答道：面甚似，恨薄；眼甚似，恨小；须甚似，恨赤；形甚似，恨短；声甚似，恨雌。

您脸型有些像，但比较平；眼睛有些像，但小了些；胡须有些像，但红了些；身形有些像，但遗憾有些矮；声音有些像，又不如刘琨大人浑厚。

桓温听了，大为失望，抑郁数日。

由此可见刘琨风度之迷人。

靠音乐退敌这种事是出奇兵，不可常用。刘琨的军事实力远弱于匈奴，始终无法实现"志枭逆虏"的宏愿。

但他从始至终都是最坚定的主战派。在司马越、苟晞争权夺利的时候，他在守护山西；在司马睿远渡江东，割地自保的时候，他在守护山西；在幽州刺史王浚勾结匈奴、妄自称帝的时候，刘琨依然在守护山西，至今已有十年之久。

司马邺公元313年在长安登基后，封刘琨都督并州诸军事，掌管山西一带的兵权，同时升大将军，名义上为全国最高军事统帅。公元315年，又令他都督并、冀、幽诸军事，掌握山西、北京、河北军权，相当于将整个北方的军事指挥权都交给了他，同时升司空，为三公之一。

历来登基，都需要出身高贵、功勋卓著的大臣劝进。当今汉人天下，如果说还有谁有资格在拥立这件事上发表看法，非刘琨莫属。

而如今形势对司马睿非常有利。

公元316年，刘琨为石勒所败，丢失山西，投奔幽州刺史段匹磾（dī）。

段匹磾是鲜卑族段部首领之子，协助西晋征讨匈奴势力。公元

314年，原幽州刺史王浚妄图称帝，被石勒所杀。段匹磾趁机占据幽州，也就是今天的北京一带。从司马越时代开始，鲜卑族一直是西晋对抗匈奴的盟友，所以皇帝司马邺也就默认了段匹磾对幽州的控制，任其为幽州刺史。

段匹磾向来敬重刘琨。刘琨来到北京后，两人结为异姓兄弟，发誓共同捍卫晋王朝。

从地理角度分析，山西、河北一带是守护长安、洛阳的北部屏障。两个地区之间虽有太行山相隔，但可通过山间孔道连成一片，构筑成北方壁垒。

匈奴人的兵力也主要分布在山西、河北两地，主要在太原、北京一线以南。在还拥有太原的时候，刘琨凭借着与河北的联动，与匈奴势力纠缠，互有胜负，僵持不下，给西晋争取了喘息的时间。

现在他被赶出山西，即使跟段匹磾合兵一处，也是困守北京的孤军。匈奴可从山西往东，以及从河北往北进行两路夹击。

刘琨自己也清楚，留给他以及整个北方的时间不多了。皇帝司马邺已然被掳，救援无望。为整个汉家天下考虑，必须重立新帝，聚拢人心，否则就是四分五裂的局面。到那时候，恐怕就是他的盟友段匹磾也会趁乱而起，割地自守。

《晋书·刘琨传》曾载：（刘琨）**亦知夷狄难以义伏，冀输写至诚，侥幸万一。**

这里的夷狄自然是指段匹磾以及他背后的鲜卑势力。刘琨并不完全信任他们，只是为了对抗匈奴，心存侥幸。

眼下他得竭力巩固这个联盟，吸引更多的势力加入反匈奴阵营。那么拥立新帝、高举晋室大旗就迫在眉睫。

司马睿是他最好的选择。

想清楚这些，刘琨立马行动。建武元年（公元317年）三月十九日，也就是司马睿登晋王位十天之后，刘琨向治下的汉人以及鲜卑等少数民族发布公告，公开支持司马睿登基称帝。

他还派自己的姨甥温峤携带誓书，前往南京劝进。

温峤出身太原温氏，叔父温羡曾官至西晋司徒。《晋书》记载，温峤聪明博学，长于清谈，风姿俊美，十七岁就入仕为官。他在姨父刘琨军府中任参军，后升至司空右司马。

他受命南下时，才三十岁，正是建功立业的大好年纪。

出发前，刘琨对他说：晋祚虽衰，天命未改，吾当立功河朔，使卿延誉江南。

由此可看出，刘琨也知道晋朝只能在江南重起炉灶。

那他有没有考虑过一同南渡呢？

从理论上讲，以他的军功威望，应能在江南再受重用。但遗憾的是，琅琊王氏等大族已经占据江南政权的显要位置，王敦也升至大将军。刘琨曾贵为司空、大将军，司马睿又哪里有合适的位置来安置他呢？

司马睿需要的，只是他名义上的支持，而不是他本人。

刘琨真正的归宿，只有北方的战场。

所以他把生机和希望留给了温峤，说：行矣，勉之！

去吧，好好努力。

然后他毅然转身，决绝地走向幽州战场。

六月十五日，温峤抵达南京，"具陈琨忠诚，志在效节"。

司马睿早年和刘琨没有私交，两人悬隔千里，也不曾互通音信。在这种情况下，刘琨是否真的效忠于他，甚至是否愿意继续效忠于司马皇室，司马睿都不得不有所怀疑。

所以温峤刚刚见到司马睿，就代刘琨表达了忠诚，说他始终忠于晋王朝，会一直在北方为司马睿抵抗匈奴势力。

接着就上交了誓书，回应了司马睿最关心的问题：劝进。

他说：社稷无主，天人系望。

如今社稷无主，天下悬心，希望您上应天命、下抚人心，登基称帝。

《晋书·温峤传》载，温峤的一番话辞旨慷慨，举朝瞩目。

司马睿"器而喜焉"。

他等这一刻已经很久了。

跟着温峤一起到来的，还有段匹磾的劝进使者，以及黄河以北地区一百八十人的联名上表。这起到了很好的示范作用，豫州牧荀组、冀州刺史邵续、青州刺史曹嶷、宁州刺史王逊等地方将领紧随其后，纷纷上表劝进。

司马睿终于得到了他想要的四方响应，但是对于劝进，他依旧"不许"。

他再一次按捺住了自己的野心，因为皇帝司马邺还没死。

司马睿今年才四十二岁，他还有充裕的时间。相比于司马家其他藩王，司马睿拥有超乎常人的忍耐和克制。在这一点上，他像极了先祖司马懿。司马懿在七十高龄才发动高平陵政变，一举夺得曹魏大权。

在等待的间隙，司马睿并没有放松准备工作。

温峤到达南京之前，他还派使者前往辽东，封鲜卑族另一个部落的首领慕容廆（wěi）为龙骧将军、大单于。

慕容廆领导的是鲜卑族慕容部落，他趁中原大乱之际，盘踞辽东。永嘉之乱后，中原士族、百姓除了流亡江东、长安外，多数都投奔了慕容廆。

慕容廆雄才大略，大量任用流亡的中原名士，经营多年，成为辽东最强大的势力。他的后代在此基础上先后建立了前燕、后燕、南燕等政权。在金庸的《天龙八部》中，慕容复就将自己的先祖追溯到鲜卑慕容家族，以恢复大燕为使命。

司马睿主动给慕容廆封官，是为了暗示他给自己劝进。

现在的天下已经是匈奴、鲜卑、羌人等各民族混杂，司马睿想要称帝，需要少数民族首领的认可。同时，他还可拉拢鲜卑慕容部对抗匈奴。

慕容廆手下汉人贵族、百姓极多，司马睿也需要他们的臣服。

但是对于司马睿送上门来的官职，慕容廆并不领情。辽东是他的地盘，不需要司马睿的认可。

手下将军鲁昌劝他道：

将军您虽然雄踞一方，还是有很多部落不服从，因为您的官职是自己任命的，不是来自正统王朝。现在不如接受司马睿的封赏，同时给他劝进。再以他的名义讨伐其他部落，那时候还有谁不服从呢？

鲁昌是汉人，出身官宦之家，比少数民族的慕容廆更懂得如何处理来自中央王朝的示好。

慕容廆接纳了建议，接受司马睿封的官职，并派使者去南京劝进。

高筑墙，广积粮，缓称王

除了继续扩大自己的政治影响力外，司马睿还做了更长远的规划，比如重设太学，储备人才，鼓励农耕，扎稳根基。

《资治通鉴》载：**是岁，王命课督农功，二千石长吏以入谷多少为殿最，诸军各自佃作，即以为稟。**

二千石长官就是各州刺史、郡太守，司马睿以缴纳谷物多少为考核指标，就是鼓励他们发展农桑、稳固根本。至于各地驻军，则就地开垦种地，收获由各军自己支配。

高筑墙，广积粮，缓称王，在朱元璋之前一千多年，司马睿已经深谙此道。

他不慌不忙，稳扎稳打地按照百年大计来规划自己的事业，继续克制自己的欲望，一如既往地等待。

建兴五年（公元 317 年）十二月二十日，皇帝司马邺在匈奴大本营临汾被斩首，年仅十九岁。西晋王朝的最后一个皇帝，伴随着动荡了三十年之久的西晋，一同走进历史。

皇帝死亡的消息传到南京时，已经是第二年三月七日。

司马睿穿上粗麻衣服，把卧室搬到地窖，表示要为司马邺沉痛哀悼。

但百官没有时间哀悼，他们有更重要的事情做：皇帝终于死了，晋王司马睿可以名正言顺地登基了。

史载：百官请上尊号。

司马睿不许。

他已经没了不许的理由，但流程还是必须要走。

南方人纪瞻站了出来，劝道：晋朝无主，如今已经是第二年了，陛下您自然应该继承大统。不然放眼宗室，还能推让给谁呢？

司马宗室早在八王之乱期间已经大半凋零，确实无人可让！

说完实际情况，纪瞻又进一步阐释现在登基的意义：若光践大位，则神、民有所依凭。

如果这还不行，纪瞻直接进行恐吓：

如果上违天时，下违人事，大势一去，不可复还。

话说到这个份儿上，司马睿依然不许。做戏要做全套，三请三让的程序，既是君王标榜自己谦虚有德的机会，也是测试臣下真心的关键时刻。

纪瞻的这番话字字在理，却没有多少真情实感。历来劝进，都是先夸奖一番君王的道德、能力，并表示天下人期待他登基称帝，犹如久旱盼甘霖。

纪瞻只是摆事实、讲道理，只字不提司马睿本人的贤德，这让司马睿不得不起疑。

于是他让殿中将军把御座搬走。

看来百官确实筹备已久，连御座都准备好了。

此时纪瞻大喝一声：帝王座位，上应星宿，胆敢擅动的，应该斩首。

见纪瞻如此决绝，司马睿终于相信了百官的真心，"王为之改容"。

到了这个时候，司马睿终于可以名正言顺地接受尊号了。

但一个不合时宜的人突然站了出来。

他叫周嵩，是周顗的弟弟。

他提出了两个反对意见：

第一，先帝司马炽、司马邺都死在山西临汾，至今灵柩未归。

第二，故都洛阳、长安都还在匈奴人手中，没有光复。

在这种情况下，忠义之士，流下血泪，男女老幼，惶惶不安。怎么能够登基称帝呢？应该训练士兵，北伐报仇啊。

史书记载，周嵩性格耿直，恃才傲物。他这时候跳出来发表反对意见，既是性情使然，也可能跟他北方人的身份有关。

他出身豫州汝南郡安成县，也就是今天的河南汝南县。作为世家大族，他自然希望朝廷光复中原，回归故土。

这番话直接将登基称帝的资格跟是否光复中原挂钩，一时将司马睿置于险境。

大多人都清楚，眼下江东无力北伐。

难道一日不成功北伐，司马睿就一日不能称帝？

对于这种过于敏感的议题，最好的办法就是直接忽视，不讨论，不深究。大家都装作没看见，没听到，继续按剧本走。

周嵩事后还是受到了处罚，先是贬官，继而下狱。不过司马睿终究顾念他是周颛的弟弟，原谅了他，并升其为御史中丞，以高官堵住了他的嘴。

建武二年（公元 318 年）三月十日，也就是在司马邺死亡消息传到南京三天之后，司马睿正式登基称帝，改元太兴，建立了一个全新的王朝——东晋。

这里需要单独提出来的是，在司马睿登基称帝的劝进队伍中，我们似乎看不到王导的身影。之前司马睿登晋王位的时候，也看不到他的大力呼吁。这看似有些奇怪，但恰恰说明他在司马睿集团中身份的独特性。

他是司马睿最坚定的支持者，不管是登王位还是帝位，他应该都是幕后的策划者。也正是如此，他才不方便站在前台大力鼓吹。这种事只有交给司马羕这种宗室长者、刘琨这样的边疆大将，或者是纪瞻代表的江东士族去做，才有说服力，才显得名正言顺。

再说了，他也不需要像其他大臣一样需要通过劝进来表达自己的忠心。

所以，在所有人都参与表演的时候，他只需静静地站在幕后，心中清楚地知道，一切都会按照他的剧本去演。

这样就行了。

第十三章 琅琊王氏，功高震主

成大事者，慢半拍

永嘉元年（公元307年）九月一日抵达南京，太兴元年（公元318年）三月十日建立东晋，其间整整十年零六个月。在经历了长达三千七百多天的漫长等待后，司马睿终于迎来了自己的时代。

这不是一趟容易的旅程。沿途有猛兽逡巡，荆棘遍地。司马睿一路战战兢兢、如履薄冰，时刻压抑自己的野心与欲望。将他与司马越的命运做一个对比，或许有助于我们看清历史的残酷与其令人眩晕的复杂性。

当司马越通过军事实力掌握西晋朝政的时候，所有人，当然包括他自己，都以为重整乾坤的时机已然来临，他接下去的行为却很快将自己以及整个国家都拖入泥潭。

其一，没能处理好与皇帝的关系，取得政治合法性。

当时的局面还没有恶化到让大多数人意识到西晋天命已衰。不论是傻皇帝司马衷，还是继位的司马炽，都依然享有血统的庇护，拥有一定的政治向心力。不管是中央的三公九卿，还是地方的都督、刺史，大多相信能够通过皇帝聚拢人心、重振朝纲。这些对司马越的集权或者重起炉灶产生了极大的障碍。

司马越要么选择谦退守礼、辅佐皇帝，或许能够建立类比周公的功勋；要么耐心等待，在大家普遍对皇帝失望甚至绝望的情况下，再顺势而起。遗憾的是，司马越既不甘居人下，又缺乏足够的耐心，他过早地卷入了跟皇帝的权力争夺，遭到了中央和地方军镇的讨伐。

清醒的司马睿则选择了等待，在熬死更有号召力的藩王、拥有天然政治合法性的皇帝之后，他顺势而为，接过了天下的权柄。

成大事者，慢半拍。

司马睿被历史严重地低估了。

历来的豪杰枭雄，都目标远大、野心勃勃，但能够按捺雄心、延迟满足的又太少。多数人都过早地卷入你死我活的零和游戏中，在低等级的前期混战中将力量消磨殆尽。

其二，司马越从始至终没能建立起自己的地盘。他在与皇帝失和后，出走洛阳，在许昌、项县、甄城等地游走，形同流寇。内有政敌，外有匈奴，败亡之期，也就近在咫尺。

司马睿则与他形成鲜明对比，稳扎稳打地经营江南。一方面平息南北豪门冲突，凝聚人心，一方面通过王敦在长江一线拓展更大的生存空间。

其三，刚愎自用，没能真正发挥世家大族的价值。司马越掌权后，也拉拢琅琊王氏的王衍来扩大政治影响力，但他真正信任、重用的只有自己的几个亲兄弟。

后来帮助司马睿扎根江东的王敦、王导、顾荣等人都曾进入司马越的军府，并无太多发挥空间。他对王敦的任命步步设防、多次调任，尤其暴露了他的多疑、寡断。

不能充分用人的君王多有两个明显缺点，一是好自逞其能，二是没有识人之力。归根结底，都是一种不自信、无能的表现。

但司马睿有。

他既明白自己血统疏远、影响力有限，也能看见王导、王敦的实力和野心。他甘愿隐居幕后，将权柄和机会都交给琅琊王氏，任由他们去开疆拓土。这有让琅琊王氏坐大的风险，他依然选择去赌。这是一种难能可贵的理智上的清醒，他知道唯有如此，才能拓展出一线生机。

人终究是历史的人质，受限于所处时代的资源、契机。

人更是自己性格的人质。

当然，司马睿的登基，迎来收获的不只是他自己，甚至最大的受益者也不是他，而是琅琊王氏，以及随后崛起的颍川庾氏、龙亢桓氏以及陈郡谢氏四大门阀。

东晋前接强汉，后启盛唐，与这两个王朝的皇权至高无上大相径庭的是，东晋皇权旁落，门阀崛起。四大家族在内掌握中枢，在外沿长江一线占据军事重镇。上到皇位继承，下到地方州郡治理，都由他们在幕后操控。

这是两千年帝制史上的全新政治模型，田余庆先生将其称之为封建帝国的变态。

这一切的开创者是王导、王敦两兄弟。

《晋纪》说"晋中兴之功，导实居其首"。不为妄言。

南渡江东，拉拢顾荣为首的名士，平定周玘、周勰家族政变，王导都是最核心的决策者。

当他在内协助司马睿站稳脚跟的同时，王敦则沿着长江一线逆流西上，先后平定江州、湘州、荆州，真正建立起长江防线。

司马睿对此也非常清楚，于是在登基的那一天，中国历史上最戏剧性的一幕出现了：

帝命王导升御床共坐。

司马睿在接受百官朝拜时，邀请王导共坐御床。

既然天下是咱们一起打下来的，那就一起管理天下吧。

这是中国历史上少有的一幕，也是决定司马睿、王导命运的关键一刻。

王导面临一种近乎致命的考验。

作为一个天生的政治家，他清楚地知道没有一个帝王愿意分享自己的权力。

司马睿此举，自然是充分肯定琅琊王氏对建立东晋的贡献。十年创业艰辛，司马睿对王导有真诚的依赖和感激。

但司马睿、王导这样的政治强人都习惯了将情感深藏，一言一行，更多的依然是考虑权力的运作与分配。

这就引出了司马睿的第二层动机：

试探王导的忠诚。

建立东晋之前，司马睿集团的主要任务是对内收服江东豪族，对外平定长江一线。建立东晋之后，首要矛盾已然悄无声息地转变，那就是司马睿的王室与以琅琊王氏为代表的世家大族之间的权力博弈。

从司马越、王衍时代开始，晋王朝已经出现了"王与马，共天下"的格局，南渡之后，王导、王敦对晋室的贡献远超王衍，司马睿必然担心琅琊王氏要进一步分享权力，甚至取而代之。

所以这是司马睿对他的一次深入试探。

去年任命王导为都督中外诸军事同样也有这个目的。

王导对此心知肚明。于是《资治通鉴》记载：

王导固辞曰：若太阳下同万物，苍生何由仰照。

如果太阳自降身份，与万物等同，苍生又能去仰望谁呢？

这是王导对司马睿的主动臣服。如今的司马睿已经贵为皇帝，需要确定君臣之间的等级秩序，王导知道其中分寸。

听了王导这句话后，"帝乃止"，司马睿放弃了邀请王导共坐御床的打算。君臣相互尊重，懂得妥协，一切都很美好。

然而历史的真相并没有这么简单。以上故事版本来自《资治通鉴》，《晋书·王导传》的记载更为复杂。

（司马睿）命导升御床共坐。导固辞，至于三四，曰："若太阳下同万物，苍生何由仰照！"帝乃止。

《晋书·王导传》中的记载多了"至于三四"这个细节。这四个字至关重要，它明确透露出司马睿与王导之间的多轮拉扯。

《资治通鉴》之所以要删除这个细节，恐怕是修史的司马光等人觉得有损司马睿的帝王尊严。司马光强调君臣之间的等级尊卑，将其视为治理国家的关键。他在主持编修《资治通鉴》时，以三家分晋开篇，并提纲挈领地分析道：正是因为韩、赵、魏三家以士大夫的身份，篡夺了诸侯的位置，扰乱了周朝自古以来的君臣纲纪，才诱发了后来的天下大乱。

邀请臣子共坐御床，还至于三四，对帝王来说实在不是一件光彩的事情。司马光体贴地删除了那四个字，将多番拉扯简化为一来一往，留下了一个帝王谦退、臣子守礼的美好结局，为司马睿和王导都保留了一丝体面。

我们可以做一个有意思的假设：如果王导当真做出什么越礼举动，司马睿又该如何自处呢？当真就允许王导一同登上御座，接受百官朝拜吗？

合作多年，司马睿深谙王导的隐忍和谦抑，当然知道这样的事情不可能发生。如果王敦在朝，他大概率不会做出如此谦让的表演。

所以，司马睿的这次政治表演，还有一个更深层的目的：逼王导表态。让他当着百官的面，表达对自己的臣服。

在立足江东并最终建立东晋这件事上，司马睿也不得不承认，王导和琅琊王氏的功劳远大过他本人。他清楚这种舆论的后果，魏晋时代，功高震主的权臣往往以禅让为由，取代天子。曹魏、西晋都是借此夺取天下。

他必须要让琅琊王氏当众承认他的君权：

大家看看，既然王导都一而再，再而三地认可了我的权力，其他人大抵可以闭嘴了吧！

看似深情动人的你来我往，其实是两个聪明人的顶级较量。

王导明白司马睿的所有算计，并能理解甚至包容他的苦心与辛酸无奈，体面地做出了最符合当下环境的应对。

以下治上，以贱治贵

为了回报王导的谦退，司马睿加授王导骠骑大将军、开府仪同三司。王敦则加江州牧。

按照魏晋官制，武官以大将军最高，为一品，骠骑将军次之，二品。如今在骠骑将军中加"大"字，同时授予开府权力，则等同于一品。

仔细分析，其中又有蹊跷。

早在去年司马睿登晋王位时，就已经封王导为骠骑将军。两相对比，虽然官升一级，但王导此时任职中央，并不带兵打仗，骠骑大将军就有名无实，只是一个虚衔。

王敦的江州牧也同样如此。去年司马睿已经给过王敦这个职位，后王敦辞让。

也就是说，王导、王敦兄弟在这次封官中并没有得到太多的实际利益。

司马睿集团中的其他人则悄然上升。

《资治通鉴》载，太兴元年（公元318年）四月，也就是司马睿登基次月，他就"诏组与太保西阳王羕并录尚书事"。

这里的"组"是西晋司徒荀组。他出身威名赫赫的颍川荀氏，家族声望，犹在琅琊王氏之上。这个家族据说可以一直追溯到战国大思想家荀子，真正崛起则始于东汉时期的荀爽，此人是曹操首席谋臣荀彧的叔叔，曾官至司空。

曹操曾言：汝、颍固多奇士。

汝南郡、颍川郡一带多名士、谋士，其中尤以颍川荀氏人才最多，如荀彧、荀彧侄子荀攸等，犹如群星璀璨。

荀组是荀爽的玄孙辈，年轻时就被王衍盛赞为"夷雅有才识"，也就是娴雅平和、博学多识，这是贵族独有的风度。

荀组在公元318年南渡江东之前，已经官至司徒、太尉。如今刚到江东，就录尚书事，相当于掌握宰相职权。这不是光凭出身、资历就能简单解释的，其中深层原因，恐怕要追溯到他们家族与司马睿的历史渊源。

《晋书·荀组传》中有这样一条关键线索：组与藩移檄天下，以琅邪王为盟主。

这事发生在公元311年洛阳沦陷后，荀组跟他的哥哥荀藩传檄天下，共推司马睿为盟主。当时的荀藩已经是贵为三公之一的司空，荀组则为侍中，领太子太保。更重要的是，他们还是晋愍帝司马邺的亲舅舅。

两人对司马睿的推举，大大提高了他的政治声望，让他有了名义上号令天下的基础。这对他后来登晋王位、继而称帝都至关重要。

公元313年，荀组升司空、太尉，继续坚守中原。直到公元318年，荀组不敌石勒，举家南渡，投奔司马睿。

司马睿于是投桃报李，令他跟西阳王司马羕共录尚书事。前文已述及，司马羕是司马睿重点扶植的宗室力量。

而我们都知道的是，王导在公元317年得到了录尚书事这个职位。不到一年，就被司马睿转移到颍川荀氏和宗室手中。

这个变动已经隐隐揭示了司马睿的一个计划：用声望更高的北方豪门，制衡琅琊王氏。

颍川荀氏世代三公，荀组父亲、兄长都曾在西晋官至司徒、司空。如此出身的荀组出任录尚书事，大家都无话可说。

司马睿的心腹对他的加入深表欢迎，比如司马睿深为信任的属官熊远就曾赞扬荀组"朝之素望，识了旧典"。

制衡计划还有一个旁证：荀组录尚书事两个月后，他的族侄荀崧升尚书左仆射，相当于副宰相。

荀组另一个侄子荀邃官拜侍中，是司马睿身边近臣；又一个侄子荀闿官至御史中丞。

这些迹象都让王导意识到，琅琊王氏与司马睿风雨同舟，推心置腹地共同经营大业的时代已经初步结束。现在是开始分享权力的时候了，那么王氏与已然成为皇帝的司马睿之间就有不可回避的冲突。

虽然在那场邀请共坐御床的表演中，王导做出了谦卑的退让，表达了真诚的支持，但司马睿防范琅琊王氏的决心没有因此动摇。合作这么多年来，王导见证了司马睿的隐忍和坚韧，也清楚地洞察到他的野心与深藏不露。这是无可厚非的事情，诸侯王者之所以自称"寡人"不是没有道理的。从司马睿登基的那一刻起，王导就不得不与他分道扬镳。

如果说颍川荀氏的快速上升，有家族出身、过去功勋等各方因素的加持，还不至于让王导过于在意，那么司马睿对次等家族的提拔，则让他感受到越来越明显的威胁。

就在荀崧升尚书左仆射的同时，刁协出任尚书令。

刁协出身渤海刁氏，祖籍在今天河北省沧州市南皮县。这个县今天还有一个叫刁公楼的村子，就是刁协的出生地。后人在此盖楼追忆先祖功勋，将其命名为刁公楼，又叫尚书楼，村子也因此得名。

刁协的父亲曾任御史中丞，刁协南渡前也升至太守，这个家族不管声望还是功勋都远不及琅琊王氏，但刁协却不是一个容易对付的人。

《晋书·刁协传》载：**协性刚悍，与物多忤。**

刁协性情刚强，常与人不和。

我们上文提到，他曾先后激怒过周玘、周勰父子，并引发了周家的兵变。

另据《资治通鉴》记载，刁协"使酒放肆，侵毁公卿"。每到酒后，以下犯上，指责公卿，见者无不侧目。

这种刚强好斗的性格，看似棘手，却正好可被司马睿用来打压琅琅王氏。

《资治通鉴》说他"每崇上抑下，排沮豪强，故为王氏所疾"。

当然，司马睿对他的重用不只是看中了他刚强激愤的个性，更与他的儒士出身有关。

《晋书》载：（刁协）少时好经籍，博闻强记。

从小就研读儒家经典，博学强记。后入仕西晋，为太常博士。太常是九卿之首，掌宗庙礼仪，地位崇高。太常博士辅佐太常，参与礼仪制定，并在太学传授儒家经典。这虽然是个六品小官，却关乎文化权威的建设。

所谓礼仪，关乎祭祀、封赏，以及议定君王、大臣谥号等活动的规矩和传统，比如怎么磕头、献酒，不同等级穿什么衣服、按照什么规格下葬，等等。虽然烦琐细碎，却又是一套自从周朝以来就发展完备的话语体系，或者叫符号系统。如同宗教一般，符号构成仪式，仪式则将君权具象化，时刻向百官庶民昭示等级尊卑。

这是君王建立统治秩序的方式。

当年刘邦以草莽身份建立汉朝，难以统御臣下，于是用儒者叔孙通制定礼仪。见群臣按仪制叩拜、敬酒，刘邦大悦：我今天才尝到做皇帝的滋味啊。

这就是司马睿重用刁协的底层逻辑——刁协代表的儒家伦理为他制衡琅琊王氏等大族提供了道统上的依据。

著名学者罗宗强教授曾在《玄学与魏晋士人心态》中有过一针见血的论述：儒家经典的力量便表现在它能够为政治行为提供理论的依据，给某种政治行为以正义性的解释。

自从汉武帝罢黜百家、独尊儒术以来，上到皇帝下诏，下到百官上奏议事，多援引儒家言论作为证据。如今司马睿想要重振皇权，他的目光自然会远远地望向确立了君权至高无上的汉朝，汲取营养。

其实在登晋王位时，司马睿就曾令刁协制定祭祀、封赏礼仪。

史载：**于时朝廷草创，宪章未立，朝臣无习旧仪者。协久在中朝，谙练旧事，凡所制度，皆禀于协焉，深为当时所称许。**

朝廷草创，制度未定，司马睿集团中的官僚大都不太熟悉礼仪。

司马睿、王导等贵族虽然自小熟读儒家经典，但具体的礼仪规矩自从周朝以来发展千年，每个朝代又会有所损益，以至于烦琐细致，不是专门学习此道者，无法精通。

这个时候就只能指望刁协了，他自从入仕西晋就负责礼仪，熟悉传统、规矩。但凡是祭祀、封赏等各种制度，都交给他来制定。

刁协很好地完成了任务，时人称许，司马睿也很满意，升其为尚书左仆射，也就是副宰相。

如今正式登基后，司马睿还需要继续借用刁协的儒者身份对抗门阀大族。

当然，这也意味着他把刁协推向了一个非常危险的处境。

司马睿即使贵为皇帝，实力依然不敌王导、王敦。琅琊王氏一旦反击，刁协很可能最早被牺牲掉，重蹈西汉时期晁错的悲剧命运。当年晁错帮汉景帝打压藩王，激起七国之乱，汉景帝就杀掉了晁错求和。

其实这也是历代皇帝喜欢重用晁错、刁协这样出身较低之人对抗权臣、藩王的原因，在权术中有个专门的称呼，叫作"以下治上，以贱治贵"。他们出身低微，根基薄弱，权力都来自皇帝，是以对皇帝更加忠心，成为他们打压权贵的利剑。而一旦权贵翻脸，君王就杀了这些寒士求和。他们没有背景，杀之也没有太多负担。

当然，根据后来的历史，我们知道最后动手杀掉刁协的不是司马睿，而是王敦。但不管谁动手，在刁协被司马睿选中作为利剑的那一刻，他的命运就已经注定。

作为儒者，刁协自己能够接受这样的命运。

《晋书·刁协传》载，刁协虽为王氏所疾，"然悉心尽力，志在匡救"。在他生活的那个时代，大多读书人崇尚玄学，羡慕王衍那种坐谈玄虚，手挥麈尾的风度。刁协这样的严肃儒家是传统的，另类的，也是顽固的，强硬的。

帮助司马睿重振君权，打压琅琊王氏这样的豪门，能够满足他作为儒家知识分子的骄傲。

跟着刁协一起得到重用的还有刘隗，他们两人是司马睿后来对抗琅琊王氏的主要谋臣。

刘隗祖籍彭城，也就是今天的江苏省徐州市。南渡前，刘隗曾任彭城太守，南渡后被司马睿任命为从事中郎，属于陪在身边的近臣。我们甚至可以大胆猜测，他们早在南渡前就有一定的私人交往，毕竟当时司马睿在下邳，距离徐州并不远。

《晋书·刘隗传》载：**隗雅习文史，善求人主意，帝深器遇之。**

刘隗自幼熟悉历史、典章制度，善于揣测人主心意，因此为司马睿器重。

根据后来的言行判断，刘隗并不是一个阿谀奉承的人。这里的"善求人主意"，可能是琅琊王氏对他的有意编排。事情的真相应该是，他的出现，正好契合了司马睿裁抑门阀的心意。

就刚强不屈的个性而言，他可能还在刁协之上。

《资治通鉴》说他"性刚讦"，就是生性刚强，好指责别人过失，"当时名士多被弹劾"。

刘隗熟悉刑律、礼法。如果说刁协从儒家伦理的角度给司马睿提供了对抗门阀的道德支撑，刘隗则是直接为他提供了具体的法律手段。

早在公元 313 年，司马睿升左丞相时，就任刘隗为丞相司直，委以刑宪重任。丞相司直是丞相属官，负责纠察检举臣子的不法行为，始置于汉武帝时期，官秩比二千石，略低于刺史、太守的二千石。

他在任时弹劾过戴渊、周顗等名士重臣，原因多是违背礼法。

比如周顗参加了一个官员的酒宴。这个官员正因妻子去世而服丧，在服丧结束的前一天请客喝酒赏舞。周顗向来好酒，好热闹，也就欣然前往。

刘隗援引《春秋》中的例子，说周顗丧期集会，有违礼法，应该罚俸一个月。那个服丧官员则面临更严重的惩罚，免官，削除侯爵。

司马睿照准。

从刘隗援引《春秋》的例子来看，他与刁协一样都是谨遵儒教的礼法士，刚强，有舍生取义的信念，在检举不法上向来不避权贵。他还弹劾过世子司马绍的属官，理由是此人在为姊姊服丧期间结婚。

很巧，这个属官出身琅琊王氏，叫王籍之，是王羲之的哥哥。

但司马睿这次没有追究王籍之的责任。他说凶荒之年，往往要省去一些过于苛刻的礼仪，让年轻男女能够结婚，有助于人口繁衍。

至于不予追究的真实原因，除了琅琊王氏的出身，还因为王籍之是司马绍的属官。下属行为不检点，世子作为长官也难逃其责。

这并没有打击到刘隗的积极性，他依然兢兢业业地检举纠察，尤其面对琅琊王氏时毫不留情。

比如弹劾王含，王敦的亲哥哥。

《资治通鉴》记载，王含在任职南中郎将时，"以族强位显，骄傲自恣，一请参佐及守长至二十许人，多非其才"。

王含仗着家族权势，骄傲放肆，一次保举推荐的人才就多达二十多人，包括参军、太守、县令等，但大多不称职。

"刘隗劾奏王含，文致甚苦。"

刘隗上书弹劾，其中"文致甚苦"四字尤其意味深长，意思是说刘隗的弹劾文书深挖王含罪责，苛刻无情，务必要痛惩王含。

但那时的司马睿还没登基，不到打压琅琊王氏的时候，所以这件事就被压了下去。不过王氏却自此"深忌疾之"，对其深恶痛绝。

现在司马睿登基，继续发挥刘隗的特长，任其为御史中丞。

我们前面曾经介绍过，御史中丞主管百官监察，在朝会时有资格独坐一席，与尚书令、司隶校尉称"三独坐"。

为了进一步提升刘隗的声望，司马睿还给他加官侍中，引为近臣，随时咨询，并赐封都乡侯。后他又出任丹阳尹，有了管理都城南京的行政大权，王导就曾任此职。

刁协、刘隗两人步步高升，成为司马睿制衡琅琊王氏最主要的援手。《资治通鉴》说二人"俱为帝所宠任，欲矫时弊，每崇上抑下，排沮豪强"。

还有一个关键人物的出现，给琅琊王氏带来了更深刻、持久的压力。

那就是庾亮，琅琊王氏之后另一门阀颍川庾氏的造就者。

颍川庾氏的崛起

庾亮祖籍颍川鄢陵县，也就是今天的河南省鄢陵县，位于许昌市东部。

颍川自古多名士，庾亮年轻时就以清谈闻名，长于老庄，风度优雅，姿容俊美，有人将他和曹魏时期的大名士夏侯玄相提并论。夏侯玄出身曹魏宗室，仪态出众，人称"朗朗如日月之入怀"。

据说司马睿第一次见到他的时候就大喜过望，忍不住说道：你比大家传说的更加令人倾倒啊。

庾亮的伯父庾衮是西晋名士，学通《诗》《书》，非法不言，非道不行。八王之乱期间，他多次拒绝朝廷征用，避居深山，行事风格与琅琊王氏的奠基人王祥有接近之处。

庾亮很好地继承了谨慎的家风。司马越执政时，征召十六岁的庾亮为属官。庾亮拒绝了，跟着父亲庾琛南逃会稽。据此推断，其渡江时间还早于王导、司马睿等人。

司马睿渡江之后，庾氏父子改变了自己的隐逸姿态，接受征召。庾琛为军谘祭酒，庾亮为西曹掾。

这与他们当初拒绝司马越似乎有些矛盾，仔细分析，可能有两个原因。

其一，司马睿此时扎根江东，庾亮父子早居会稽，已然看出相较于中原，江东才是重振乾坤的理想之地。

其二，司马睿相对于司马越更加谨慎、谦退，是成事之主。

这两点成为庾氏与司马睿合作的基础。

也就是在这个时候，司马睿第一次见到了风姿优美的庾亮，大喜过望，想让儿子司马绍娶庾亮的妹妹庾文君为妻。庾亮姿容俊美，庾文君想必也是姿色秀丽，而庾氏家风整肃，的确是王室儿媳的上好之选。

出人意料的是，庾亮拒绝了。

《晋书·庾亮传》说"亮固让"，也就是坚定地拒绝。一方面不敢高攀王室，庾亮父亲之前最高也只做到太守之职；另一方面也不排除庾氏还想继续观望，毕竟那时候的司马睿初来江东不久。

但司马睿"不许"推辞，庾亮最终接受了这门婚事。

这成为颍川庾氏崛起的第一步。

公元318年，司马睿登基后，司马绍成为太子，庾文君则是名正言顺的太子妃。庾亮升为中书郎。此职隶属于中书省，而中书省是皇帝的秘书机构，负责拟定、颁发诏书。庾亮的中书郎看似只负责文书，其实是能参与甚至左右皇帝的决策。

除此之外，庾亮还兼任了一个特殊职位：侍讲东宫。也就是太子老师，负责为其讲解诗书。这个位置尤其敏感和重要，能与太子朝夕相处而发展出深厚的私人情谊，更能影响未来皇帝的思想和价值观。

太子日后登基，侍讲东宫者往往随之升迁，甚至位极人臣。后来明朝的张居正就因此身份进入内阁。

当然，司马绍的老师除了庾亮之外，还有贺循为太子太傅，周顗为太子少傅。

王导则不在其中。

这点相当可疑。

在拥立司马绍为太子这件事上，没有人比王导更加坚定。司马睿曾先后两次有意废掉司马绍，最后都是王导一锤定音，保他上位。

再论学识、德行、声望，王导不在贺循、周顗之下。更不用说王导一路辅佐司马睿直至称帝，如果说还有谁有能力在乱世辅佐君王、纵横捭阖，那也非王导莫属。

那么辅佐一个太子又有什么不一样吗？

为了理解司马睿的真正用心，我们需要先看看他为何重用庾亮、贺循和周颙。

很多人一开始误以为庾亮是王衍类人物，长相漂亮，长于清谈，却无能于政事。实则不然，庾亮行事谨慎，为政严肃方正。《晋书·庾亮传》说"时人皆惮其方俨，莫敢造之"。一般人都害怕他的严肃，不敢登门拜访。

他与大多时候笑而不言的王导完全不同，是个谨守礼法的人。

关于两人行事的区别，《世说新语》中有个特别生动的例子：

丞相尝夏月至石头看庾公。庾公正料事，丞相云："暑，可小简之。"庾公曰："公之遗事，天下亦未以为允！"

说的是王导曾去南京西边的石头城看望庾亮。时值酷暑，庾亮正伏案办公。

王导就劝他说：这么热的天，办事就可简略一些嘛。

庾亮并不领情，说：您留下公事不办，恐怕天下人也不会觉得您办得妥当吧。

司马睿重点提拔的刁协、刘隗都是礼法之士，办事忠诚严谨。他们的集中出现，有助于司马睿重建礼法，整饬朝纲。

至于贺循任太子太傅，倒是可以说实至名归。他在司马睿南渡江东之初就给予鼎力支持，同时他和刁协一样，熟悉朝廷礼仪，曾任太常，是司马睿树立天子权威的重要支撑。同时作为江东人的他出任太子老师，有助于安抚江东士族。

三人中，真正值得商榷的是对周颙的任命。

周颙好酒，酒后行事荒诞；为政也懒惰，有三日仆射之称。他却得到了司马睿从始至终的信任，多次酒后闹事都被宽宥。当初去荆州平叛，到任即败，司马睿也不予追究，重用如初。

深究其中原因，恐怕是周顗的忠贞不贰。周顗虽然好酒闹事、办公懈怠，却是一个至诚至性之人，坦坦荡荡，为人亲和，很容易招人喜欢。尤其是在忠诚这个原则性问题上，从来没让司马睿失望过。在后面的王敦之乱中，他也将证明自己的赤诚和热血。

所以，司马睿给太子安排的三个老师，都是能帮助司马绍在未来制衡门阀的人。

而王导就是那个被怀疑、被忌惮的门阀代表。

没有人比司马睿更清楚王导翻手为云覆手为雨的能力，越是了解，越不能让他插手太子的培养。就差明说，不能让王导再控制下一代了。

现在我们简单总结一下司马睿的部署：在事关行政大权的中央，司马睿起用荀组、司马羕、刁协、荀崧等任尚书令、录尚书事、尚书仆射，将王导移出宰辅群。与此同时，提拔庾亮、周顗等辅佐太子，同样将王导排除在外。

此时的王导除了骠骑大将军的虚衔外，应该只剩下中书监、扬州刺史两个实权职位。中书监能够草拟诏书，参与制定决策，实际执行仍需要交给录尚书事、尚书仆射。

扬州刺史倒是至关重要的职衔，但面对司马睿建立起的亲信集团，略显势单力薄。

令人唏嘘的是，此时司马睿登基还不到半年，他对琅琊王氏态度转变是如此急遽，以至于恍惚间不免令人怀疑，之前的亲密合作、风雨同舟仿佛不曾存在一般。

王导可能会被司马睿的这种转变伤害，但作为老练的政客，他也能够清醒地意识到，面对最高权力时，掺杂太多的个人情感就有些幼稚了。他能理解司马睿这些动作背后的不安，以及攥紧权力的野心。当年还在下邳的时候，他已经清楚地看见了司马睿的隐忍和坚毅，知道他辅佐的不是一个能被轻易驾驭的人。他能接受这一点，并且忍耐下去，直到自己出手的时候到来。

他俩在某种程度上很相似，都是善于忍耐的人，长于潜伏，以静制动，后发制人。司马睿是因为血统微寒，势单力孤而不得不如此。王导却是主动选择了处柔守慈，他相信不管在什么情况下，自己都会是最后的胜利者，所以姑且等待一下也没有什么关系。

但琅琊王氏的另一个人，远在江州的王敦却截然不同。他跟司马睿之间没有太多的个人交往，也不会被旧日的情谊绊住脚步。面对司马睿越来越明显的攻势，他很快就做出了回应。

于是根据历史记载，就在司马睿紧锣密鼓地培养自己势力的时候，一个令人吃惊的消息从北方传来：抗胡名将，东晋的北方屏障刘琨被杀。

而综合各方面的情报来看，此事与王敦有关。

第十四章 重振君权，打压豪门

"闻鸡起舞"的结局

太兴元年（公元 318 年）四月，驻扎在北京的幽州刺史段匹磾找来刘琨，出示了一封密信。

刘琨看后，大惊失色。

信来自他的儿子刘群。

刘群在信中说，受段末波所托，请他在幽州作为内应，共击幽州刺史段匹磾。事成后当共推他为幽州刺史。

段末波是段匹磾的堂弟，为人狡诈、残暴，一心想要夺取幽州。此时带兵驻扎在北京东部的唐山一带。

年初，段部鲜卑首领（段匹磾之兄）去世，段匹磾带着刘琨的儿子刘群一同前往会葬。段末波趁机攻杀，段匹磾逃走，刘群被俘。

没想到，段末波利用刘群来离间刘琨和段匹磾。

段匹磾对刘琨说：我根本不担心你会背叛我，所以才敢把这封信给你看。

刘琨说：咱们曾立誓共抗匈奴，我不会为了一个儿子，辜负你对我的恩义。

这很可能是刘琨的真心话。

他之所以在公元316年投奔段匹磾，就是想和他一起将幽州经营成对抗匈奴的北方屏障。段末波曾经多次阻挠他们的计划，刘琨自然不会接受他的拉拢。

段匹磾素来敬重刘琨，相信了他的话，准备放他回到北京东边的征北小城。那是刘琨驻军所在。

就在这个时候，段匹磾的弟弟段叔军却站了出来，警告哥哥说：我们是蛮夷，汉人之所以服从听命，是畏惧我们人多力强。现在我们骨肉残杀，正是汉人翻身之日，如果有人尊奉刘琨起兵，我们全族都要死光。

自古以来，汉人多相信非我族类，其心必异，其实被视为蛮夷的少数民族也有同样的顾虑。在段部鲜卑内斗方炽的当下，段叔军的话不无道理。所以段匹磾起了疑心，留下刘琨，将其软禁。

这就是悲剧的开始，因为疑心只会招来另一方的疑心，如此往复，形成猜疑链，双方都走向万劫不复。

东边征北小城得到刘琨被软禁的消息，担心会遭到段匹磾的进攻，立马关城自保。而这又被段匹磾视为他们即将反叛的征兆，于是先下手为强，发兵攻打征北小城，斩杀刘琨部众。

到了这个时候，双方再无转圜余地。但段匹磾很快发现自己身陷尴尬，他不知道该如何处理刘琨。

刘琨此时贵为东晋的太尉，且因为在北方坚定地抵抗匈奴而受到北方人敬重。段匹磾若杀了他，相当于跟东晋朝廷以及整个北方的汉人为敌。他的幽州刺史就受封于汉人朝廷，杀了刘琨，相当于自断政治合法性。

根据后来的历史，我们知道他还是在这年的五月八日将刘琨杀死。

《资治通鉴》记载：匹磾称诏收琨，缢杀之。

段匹磾将刘琨勒死，并声称是得到了司马睿的诏命。

司马睿为何要杀死刘琨呢？

《晋书·刘琨传》记载说"琨欲窥神器，图谋不轨"，也就是说刘琨想要篡位自立。这自然是段匹磾的诬陷。刘琨忠心晋朝，天下共知。他在自己声望最隆的时候都没有过如此想法，而今身陷囹圄，怎么会如此糊涂？

司马睿更不会相信这个说法，也不会因此下令将刘琨杀死。

那是谁给段匹磾出了这个假借诏命的主意呢？

《晋书·刘琨传》留下了明确的证据，是王敦！

《晋书》原文说：**会王敦密使匹磾杀琨，匹磾又惧众反己，遂称有诏收琨。**

在段匹磾将刘琨软禁的时候，王敦的密使刚好赶到，劝他杀死刘琨。

刘琨对此也心知肚明，他在狱中说：处仲使来而不我告，是杀我也。

处仲是王敦的字。多年前在洛阳时，这两个都出身豪门的人或许也有私交，但今时今日，王敦遣使北来，不为救援，却是杀人。

王敦为什么要杀死刘琨？后世很多人将其解释为嫉妒，说王敦嫉妒刘琨功高，掩盖了自己的光辉，于是趁机将其杀死。

这是对王敦最大的误解。

王敦并不是善妒之人，更不会为了这么个站不住脚的理由冒险杀死朝廷大员。

他杀刘琨，应是对司马睿拉拢其他豪门制衡琅琊王氏的回应。

刘琨远在千里之外，潜在威胁却最大。

不要忘了，正是刘琨的劝进，才让司马睿坐稳了帝位。只要他还在一天，司马睿就依然可以继续仰仗他的名义来巩固自己的皇帝宝座，以及更进一步地压制琅琊王氏。

有一个细节能够证明刘琨的影响力。

《资治通鉴》载，建武元年（公元 317 年）六月十五日，温峤抵达南京时，"**王导、周顗、庾亮等皆爱峤才，争与之交**"。

温峤有才诚然不假，但能让王导、庾亮等都争相结交，恐怕主要还是因为他是刘琨的姨甥，以及刘琨的使者。

司马睿也对温峤委以重任，登基后任其为散骑常侍，并兼任太子中庶子，也就是负责辅佐太子。司马睿想要引为援手的人，都被安排进了太子集团。

这些都让王敦怀疑，刘琨会成为司马睿对付琅琊王氏的重要援手。而刘琨此时正好被段匹磾软禁，方便他借刀杀人。

五月八日，刘琨在狱中被勒死。子侄四人也一并被杀。

他终究没能实现志枭逆虏的大愿。

消息传到南京后，温峤等人相信司马睿会隆重地追悼刘琨，甚至发兵为他报仇。这是司马睿回报刘琨十年抗战以及劝进大功的最好时机了。

然而没有。

司马睿甚至都不允许为刘琨发丧致哀，因为他还想继续借助鲜卑段匹磾的力量对抗匈奴。

《晋书·刘琨传》载：**朝廷以段匹磾尚强，当为国讨石勒，不举琨哀。**

段匹磾还有些实力，可以为我们讨伐石勒。若为刘琨发丧，相当于公开指责他冤杀刘琨，会逼他造反。

这件事就当不知道，也不能给刘琨平反。

这就是司马睿等人的算计。

刘琨死前，曾在狱中作诗一首，其中有这样几句：

中夜抚枕叹，相与数子游。

吾衰久矣夫，何其不梦周。

其中"数子"指的是诗文中提到的管仲、张良等力挽狂澜的乱世功臣，他们的功业曾是刘琨的梦想。

中夜难寐，扶枕哀叹，多希望能像管仲、张良一样拯救乱世啊。但是年岁已老，功业难建。

"不梦周"说的是很久没有梦到周公了，援引的是《论语》中孔子的典故。

孔子终生以恢复周礼为宏愿，但暮年深重，理想沉没，于是哀叹：

甚矣吾衰也，久矣吾不复梦见周公。

我已经很老了啊，好久没有梦到周公了。

壮志难酬、蒙冤入狱的刘琨，遭遇了跟孔子一样的幻灭。

他最后以这样一句结尾：

何意百炼刚，化为绕指柔。

怎么也不会想到百炼的钢铁，如今竟变成可以在指头上缠绕的柔丝。

刘琨的这首诗，原本是赠给他的姨甥，如今在段匹磾手下为别驾的卢谌。希望通过他说服段匹磾重归于好，共建大业。

他之前已经给卢谌写过一首类似的诗，没有达到目的，于是又写了这首，名为《重赠卢谌》。如此卑躬屈膝，让刘琨这样出身贵族、铁骨铮铮的人感到有些难为情。所以他在诗的结尾如此自嘲，也是自哀。

后世很多人不知道，刘琨不只是志在收复中原的武将，更是魏晋时期一个至关重要的诗人。他的诗清越刚健，慷慨悲凉。叶嘉莹先生在《叶嘉莹说汉魏六朝诗》中借古人之口赞道：英雄失路，万感悲凉，满衷悲愤，即是佳诗。说的就是这首《重赠卢谌》。

钢铁服软，化为柔丝。大多可能有两个目的，一是苟且偷生，一是忍辱负重。

刘琨自然是后者。

他还想继续重返战场，重新追逐自己匡扶天下的宏愿。

只是再没有机会了。

他死的时候，才四十八岁。

或许死前，他会想起当年跟祖逖一起月下舞剑的情景。《晋书·祖逖传》载：（祖逖）与刘琨俱为司州主簿，情好绸缪，共被同寝。中夜闻鸡鸣，蹴琨觉曰："此非恶声也！"因起舞。

他和祖逖年轻时候就志同道合，发誓要在乱世中建立一番功名。有日同寝，半夜闻鸡鸣，遂起而舞剑。

那时候的他还很年轻，还对未来充满希望。虽然天下大乱，但他还没遭遇过人心的毒打，没有体验过历史的残酷。他总以为一切都还有机会，整个天下都等着他去拯救

他想要杀敌报国，想要马革裹尸，最终却如此窝囊地死在狱中，

并背负叛逆大罪。

这是他从来没有想到的事情!

司马懿的血脉

刘琨死后,司马睿不为他发丧,一方面是怕激惹段匹磾,另一方面,恐怕也跟他对王敦的忌惮有关,毕竟王敦是杀死刘琨的帮凶。

这件事也提醒了司马睿,王敦掌握东晋主要的军事力量,对皇权的威胁更大。

不过现在的他也不敢贸然收回王敦手中的兵权,唯一能做的,就是提拔其他将领制衡王敦,就像重用刁协、刘隗制衡王导一样。

可选的人并不多,放眼江南地区,能征善战者屈指可数。战功赫赫的周访正在荆州前线征剿另一股流民起义,甘卓则任湘州刺史,这两个地方都是王敦的实控区,不宜过早插手。

于是他想到了正在广州刺史任上的陶侃。

被王敦排挤出长江核心区域的陶侃,已经在广州养精蓄锐了四年。他与王敦之间的嫌隙,正好为司马睿借用。关于陶侃,他曾听说过一个非常有趣的事。

据说陶侃平定广州后,无事可做,就开始锻炼身体。早上把一百块砖从屋里搬到院子里,晚上了,再把一百块砖从院子里搬回屋里。

有人说,你这是何苦。

陶侃答曰:吾方致力中原,过尔优逸,恐不堪事。

我志在收复中原,现在生活太过安逸,不加紧锻炼身体的话,将来时机到了,也怕自己不堪大用。

244

这时候的陶侃已然五十六岁，将近暮年，依然梦想驰骋沙场。

老骥伏枥，志在千里。烈士暮年，壮心不已。

深想一层，陶侃恐怕话里有话，他的目标不只是争夺中原。对于历来打压自己的王敦，他只怕早晚也要回到江东战场，与之一争高低吧？

太兴元年（公元 318 年）十一月十三日，司马睿"加陶侃都督交州诸军事"。

最早的交州原本包含了今日广西、广东两省地界，以及越南北部地区。刺史驻地在今日广州市的番禺。东吴时期，将其一分为二，靠南的广西南部等地为新的交州，其余地区新设广州。

陶侃本为广州刺史，如今加官交州都督，一是有了一州兵权，二是可再度将广州、交州联为一体，从后背处牵制王敦。

值得一提的是，早在公元 315 年，王敦就因为战功领江、扬、荆、湘、交、广六州都督。也就是说广州、交州兵权都在王敦手中。

司马睿不敢直接将广州兵权划给陶侃，否则陶侃就成为广州州牧，掌握一州军政大权，这很可能会刺激到王敦。所以退而求其次，将更加偏远的交州的兵权转移到陶侃手中。

即使如此，司马睿也担心激怒王敦。所以在给陶侃加官之前，他先封王敦为荆州牧，相当于在他之前的荆州都督之外，加封荆州刺史。

这是对王敦的一种安抚，或者麻痹。

你看，我没有单独提拔陶侃，大家都升了官。

司马睿还耍了一个小花招。

前任荆州刺史王廙，也是琅琊王氏的人。荆州的军政大权本就掌握在琅琊王氏手中，司马睿只是将他们左口袋的东西掏出来放到了右口袋。

王敦看穿了他的心思，"固辞州牧"。

坚决推辞州牧重任。

王敦从来不是一个谦虚的人。仔细揣摩，他这么做一方面应该是出于不平，以请辞来表达不满；二是暂退一步，徐图大局。

司马睿年初登基以来的变革，大多指向琅琊王氏。王敦都看在眼里，但还没做好彻底反击的准备，那不如先退一步，再做筹划。

司马睿也就顺坡下驴，"乃听为刺史"，也就是接受了他的"固辞州牧"，允许他只当荆州刺史。

这点也很有意思，为何不让他继续当都督呢？

因为乱世之中，领兵的都督比刺史重要得多。

在不动声色中，司马睿将荆州、交州兵权都从王敦手中抽走。

这一回合，司马睿赢得了暂时的胜利。

登基短短八个月，司马睿对内进行政治组织的更新，对外调整地方军镇的布局，思路清晰、下手果断，与他之前的谦退宽厚大相径庭。

后世读史者，往往低估司马睿，以为他软懦温厚。

相比历史上其他好行杀戮的帝王，司马睿确实宽仁大度。《世说新语》中曾记载，司马睿在皇子诞生后大赐群臣。名士殷羡谢恩道：

皇子诞育，普天同庆。臣无勋焉，而猥颁厚赉。

皇子诞生，普天同庆，臣没有半点功勋，却多取厚赏，心中实在惭愧啊。

这句话其实不妥，皇帝生子，需要你做什么贡献呢？若是其他皇帝，很可能勃然大怒，降罪去职。

司马睿没这么做。他有体贴他人的温厚，也有不错的幽默感。

他对殷羡笑道：此事岂可使卿有勋邪？

这件事怎么能让你立功呢？

但司马睿终究流着司马懿的血液。一旦涉及皇权这个根本命题，他骨子里的野心和欲望瞬间炽热起来。它们从来不曾熄灭，只是大多时候都深埋心底，就像在大地几千米深处默默等待燃烧的燧石一样。

梳理司马睿即位后一年的表现，我们完全有理由怀疑这些军政变革措施，是他登基之前就早已酝酿成熟的。尤其是对刁协、刘隗的任命，让他从儒家道统中找到了振兴皇权的依据。早在登基之前，他就不断提拔二人，为后面压制琅琊王氏早做好了准备。

他像司马懿一样长于蛰伏，同样也知道在时机到来后果断出击。相比司马氏其他藩王，他确实是最有可能重振皇权的那个人。

尤其令所有人包括王导都意想不到的是，谨慎宽仁、善于放权的司马睿其实是法家的信徒。

法家的底层逻辑

古代中国的治理，大体有王道、霸道两途。前者以仁德治理天下，比如孔子推崇的周朝；后者以刑法和权术治国，代表是秦朝。

霸道面临更多的道德指控，因为多依靠法家。

那个时候的法与现代法治并不是一个概念。通俗来说，现代法治像是执政组织与百姓签订的契约，约定彼此的权利、义务，相互监督。古代的法更像是单方面的霸王合同，百姓只有义务，没有权利；君王则天赐神权，没有对老百姓的必然义务。

法只是君王挥向老百姓的一柄巨剑。

司马睿现在要做的，正是要重新拾起这柄利剑。在他看来，东汉以来的乱世根源就在于大族崛起，皇权不振。他们家族的惠帝司马衷、怀帝司马炽、愍帝司马邺三任皇帝都因此而死，司马睿自己也可能重蹈覆辙。

这让他感到彻骨的寒冷，他必须结束这个局面。

在登基不久后发布的一道诏书中，他沉痛地说道：**王室多故，奸凶肆暴，皇纲驰坠，颠覆大猷。**

王室屡遭灾变，皇权坠落，大道颠覆。

而他"夙夜忧危，思改其弊"。担惊受怕，整夜都睡不着觉，一直想要革除这个弊端。

随后他公布了具体的改革措施，主要有两点：

其一，地方刺史、太守从严治理地方。

其二，地方刺史、都督相互监察，不得损公肥私。

加强对刺史、都督的管理，就是要将权力从地方收归中央，更准确地说，是收归皇帝司马睿手中。他尤其强调要"抑齐豪强"，就是打压地方大族豪强。

这是典型的法家手段。

《资治通鉴》也记载说，**"帝好刑名家，以《韩非》书赐太子"**。

在先秦诸子百家中，韩非子可能是最刻薄、残酷的一位。正像他那张广为流传的画像所彰显的一样：侧目而视，眉毛上挑，双唇紧闭，看起来过于冷漠、尖刻，与孔子的低眉而笑大相径庭。

韩非的作品阐释了君主控制臣下、百姓的具体手段，为古代帝王术的集大成者。就连秦始皇读完他的书后，都忍不住慨叹说：寡人得见此人与之游，死不恨矣。

这本书正是司马睿赐给太子的《韩非》，一般又叫《韩非子》。

这套学说主要建立在这样一个底层逻辑上：

第一，任何关系，在本质上都是利益关系，君臣、父子也不例外。

第二，既然是利益关系，一定会产生利益冲突。

第三，因为人性本恶，这种冲突必然变成一种你死我活的零和游戏。

以上三个条件，就必然推导出一个结论：君主为了赢得这个游戏，必须防患未然，想尽一切办法控制臣下、百姓。核心手段就是严刑峻法，以及高深莫测的权术。

司马睿不仅自己重拾法家，还要让这种意识形态贯彻到下一代统治者身上。根据史料记载，他的儿子司马绍"仁孝"，可能是个宽厚优容的人。但乱世当用重典，他不希望自己以及自己的后代再被大族挟持。

太兴元年（公元 318 年）十一月十八日，司马睿又下诏让群臣讨论政治得失，上到三公九卿，下到低等士族，都要发言。这道诏命有些微妙，看似是要百家齐鸣，实则另有期待——令心腹之臣代他传达自己的旨意。

果然，很快就有一个叫熊远的官员上书。

熊远是江西南昌人，在司马睿升为丞相后被征召为主薄。《晋书·熊远传》记载，熊远廉洁耿直，忠心王室。

司马睿常叹其忠贞，说：**卿在朝正色，不茹柔吐刚，忠亮至到，可为王臣也。吾所欣赖，卿其勉之！**

爱卿你辞色严肃，不避强权，忠诚坚贞，是王佐之臣，要继续努力，我很信赖你。

由此可见，熊远是刁协、刘隗一类的耿直人物，都是司马睿的心腹之臣。

他自然能领会司马睿诏书的意思，于是对朝政提出了严厉的批评，主要聚焦"吏治"一点：

如果官员选拔不看能力，只重虚名，那么这些人一旦任职，也是日夜饮酒清谈，不以政务为心。由此吏治废弛，国事不振。

熊远确实指出了一个非常致命的问题，西晋的覆灭就与此干系极大。

而这个问题的根源，就在豪门执政。

那些以虚名上位的人，诸如王衍之流，都出身豪门。他们不仅垄断了官位，还垄断了对好官的定义权。所谓以从容为高妙，以治事为俗吏，即整日清谈、饮酒怠惰的为高雅，埋头做事的则是俗吏。

熊远特意加了句，**"举贤不出世族"**。

魏晋时期，官员多是地方刺史、太守向中央举荐，称为秀才、孝廉。这些人大多曾在刺史、太守府中任职，早已结成门生故吏的关系。其实不论是刺史、太守，还是他们举荐的秀才、孝廉大都出身世家大族。他们通过这种盘根错节的关系不断扩大世族的权势范围。

熊远看到了其中的风险，意识到长此以往，官场就为大族垄断。

于是他提出了自己的建议：以考试的办法加强对秀才、孝廉的考核。

这个建议的本质，是把人才选拔的权力从豪门转移到皇帝手中。

事实上，熊远早在司马睿刚升左丞相时的公元 313 年就提出过类似建议，被司马睿以正逢多事之秋为由，不予采纳。当时司马睿还需要依靠琅琊王氏等大族支持，不敢以整顿吏治触怒大族。

如今时代变了，他欣然接受了熊远的建议。

但凡地方举荐的秀才、孝廉，都要参加考试，主要考核他们对儒家经典的掌握，以及时政对策。但凡"不中科者，刺史、太守免官"。

由此可以看到，这个政策真正打击的是以刺史、太守为代表的豪门大族。

这是一个非常敏感的政策。

司马睿集团清楚它的分量，所以在政策发布之前，熊远就上书铺垫了一个宏大的背景：

梓宫未返，而不能遣军进讨。

司马炽、司马邺两个皇帝的棺材还在山西匈奴人手中，我们既不能将棺材迎回，也不能派兵讨伐。在这么严峻的情况下，我们的官员还是不以为耻，沉溺于调戏、酒食。

那么司马睿考核官吏，不为集权，而是为先帝报仇雪耻。

这是谁都没法拒绝的理由，绝对政治正确。

不过我们应该没有忘记，司马睿登基时，大臣周嵩就曾提到梓宫未返，不宜登基，当时司马睿谨慎地避开了这个话题。

而现在，他却主动竖起了北伐报仇的大旗。

时殊世异，一件事的意义随时可以根据环境的变化加以变化。当北伐妨碍登基时，就闭口不提。为了集权，北伐就摇身一变为最好的借口。司马睿之后的其他枭雄如桓温、刘裕等都曾以此为由，收拢权力。

即使如此，新政策发布之后，依然遭到了抵制。

秀才、孝廉不再进京，即使有到的，也借口有病，不能参加考试。

《资治通鉴》记载：比三年无就试者。

一连三年，无人应试。

这是豪门对司马睿"刻碎之政"的反制。

为政不难，不得罪于巨室

"刻"为刻薄，"碎"为琐碎，这是法家治理的典型方式，政令烦琐，且条条刻薄，不近人情。但魏晋以来，天下多是王室与大族共治。执掌朝政的贵族，比如王导等人，更愿意接受一种清静无为的治理方式。

《世说新语》曾记载了这么一件事。

公元317年，王导出任扬州刺史时，派僚属视察扬州各郡的治理情况，包括太守是否称职，地方大族是否守法。众人回来后一一汇报，唯有顾和沉默不言。

顾和是顾荣的侄子。

王导见他沉默，主动追问道：卿何所闻？

你去下面都看到什么，听到了些什么？

顾和这才回答说：**明公作辅，宁使网漏吞舟，何缘采听风闻，以为察察之政。**

"网漏吞舟"是说渔网的网眼足够大，以至于能够吞舟的大鱼都能逃脱。引申的意思就是法网不宜太严。该典故出自《史记·酷吏列传序》：

网漏于吞舟之鱼，而吏治，不至于奸，黎民艾安。

司马迁说汉朝建立之初，废黜秦朝严刑峻法，宽容治国，法网大得能漏掉吞舟大鱼，官吏依然政绩斐然，百姓安居乐业。

顾和正是借这个故事告诉王导：您现在辅佐天下，宁可清静无为，何必捕风捉影，行刻薄之政呢？

清静无为是道家的治国主张，强调轻徭薄赋，不扰百姓。但顾和这句话并不是为江东百姓请命，更多是指不干扰地方大族的政治、经济特权。当政者应该允许他们兼并土地，蓄养奴隶，发展庄园。即使家族中有人触犯刑法，也应该得到宽容。

魏晋以来，一直如此。

顾和是江东大族年轻一辈的代表，以聪明谨慎、长于应对著称。他的这番话说得含蓄，但足以向王导表明江东大族的态度。

王导听完这番话后"咨嗟称佳"，也就是感叹良久，认为所言不错。

王导本身就出自大族，这种无为之政符合家族利益。琅琊王氏想基业长青，就需要在政治上与本阶层的世家大族站在一起。

当然，我们不能只从家族利益这个狭窄的角度分析王导的执政风格。他在政治上的清醒和老练，也会让他意识到东晋立国伊始，仍然需要南北大族的支撑。儒家的孟子也曾说过：为政不难，不得罪于巨室。

在辅佐东晋三代皇帝的执政生涯中，他始终贯彻了无为之政。

《世说新语》载：

丞相末年，略不复省事，正封箓诺之。

"封箓"指公文，"诺之"指签字同意。

翻译过来就是，王导晚年执政，基本是放任无为，只管在公文上签字通过。

有人说他这是"愦愦"，老糊涂了。王导听后，只淡淡说道：

人言我愦愦，后人当思此愦愦。

或许能让王导感到欣慰的是，后世史家确实肯定了他的无为而治。

日本六朝史学者川胜义雄在《六朝贵族制社会研究》中，就给了非常高的评价：对于固有势力的基础还十分薄弱的北来贵族政权来说，要维持作为统治者的优势，最好的办法就是作为调整者周旋其中，除此以外，再无别的方法。

"再无别的方法"或许言过其实，但王导协调各大家族、集团利益，并给予较大程度的宽容，确实是稳定初创政局的一种有效手段。

不过，站在司马睿的角度，事情又是另外一个样子。王导的无为政策在短时间内有助于朝局，但长远来看，终究是对皇权的一种不断侵蚀。坐在皇帝这个位置上，打压豪门、收拢权力的改革必须推进。

短期、局部的利益冲突或许可以调和，但基本国策上的分歧，让司马睿与王导的分道扬镳已经是势所必然。当历史走到这一步，只需要一个导火索的出现，就能彻底引爆琅琊王氏与司马王室的战争。

这个导火索很快就出现了。

太兴三年（公元320年）八月，周访死于襄阳。

第十五章 政变的导火索

王敦借荆州

周访至死没能得到荆州刺史的位置，最终以梁州刺史、都督的身份死去。

梁州治所在今日汉水中游的襄阳，为荆州北部屏障，战略价值远不及荆州。

自从湘州杜弢起义平定后，王敦、周访等北上荆州，讨伐流民首领杜曾。王敦主控全局，真正在前线杀伐的是周访。

周访沉着刚毅，是能与陶侃并列的东晋名将。公元317年，周访曾以八千人对阵杜曾，一战成名。

当时的战场位于今日武汉。

周访分全军为左中右三军，以左右两翼先行迎敌。

他告诉部下：一翼战败，战鼓连擂三声；两翼全败，战鼓连擂六声。

安排完之后，周访做了一件令人吃惊的事情：跑到军阵后面的野地打猎，据说是射杀野鸡。

周访是个很冷静的人，但也敢于出奇制胜。他此举应该是为了安定军心，表示悍勇如杜曾者，他周访也无所畏惧。

战争开始后，周访左翼先行溃败，部下飞马求救。周访大怒，命部下回去死战。部下大哭而回。从早晨一直厮杀到下午四点，两翼皆败。

周访见此，从军中挑选死士八百人。

到了这个时候，所有人都认为该投入战斗了，周访依然稳坐军帐，按兵不动。有擅动者重罚。

杜曾部队的杀伐声越来越近，甚至已经能听到他们的脚步声，己方的败兵也在不断后撤。

周访依然不动。

直到敌军距离大帐三十步，周访才一声大喝：出击！

按捺已久的八百死士喷涌而出。而杜曾军已是强弩之末，不能抵挡，大败，死亡多达千人。

此时已是深夜，应该收兵了，周访却下令乘胜追击。

部下劝阻说，深夜追击，容易遭到杜曾埋伏，希望等到天亮再行追击。

周访不许。

在所有人都贪婪的时候恐惧，在所有人都恐惧的时候贪婪，这是周访的兵法。

周访趁夜追击。杜曾大败，沿着汉水一路逃窜，直到今日的武当山一带。

战后，周访升梁州刺史、都督。

梁州治所襄阳位于武当山东南，距武当山只有一百多公里。朝廷给他这个职位，是希望他能更进一步，彻底平定杜曾之乱。

王敦也许诺说，只要彻底平定荆州，就升其为荆州刺史。

当他听到王敦这番话时，或许会想到他的亲家陶侃。

当年杜弢之乱时，王敦也曾许诺陶侃，只要平定杜弢，就升其为荆州刺史，结果却将其发配到蛮荒之地广州。

周访明白自己很可能会重蹈覆辙，但他没有更多的选择。像陶侃一样，他也出身寒族，只有在战场上不断证明自己。

两年后的公元319年，他终于杀死杜曾，平定了整个荆州。

此时的司马睿正大力提拔寒族以对抗豪门，所以他召回原来的荆州刺史王廙，想要将这个职位给周访。

王敦却突然横刀夺爱，自领荆州刺史。

王敦的基地在武昌，也就是今日湖北鄂州，荆州为其北部屏障。强大的周访若占据荆州，就会成为司马睿在长江中游最得力的军事助手，可以顺势攻王敦后背。

所以可以想见，王敦从一开始就没准备把荆州让给周访。

历史没有记载王敦和司马睿的具体博弈过程，只留下了结果：

太兴二年（公元319年）六月七日，司马睿下诏，周访"进位安南将军，持节"，"都督、刺史如故"，依然只是梁州都督、刺史。周访收到诏书后，意识到之前受了王敦的欺骗，"大怒"。

为了安抚周访，王敦给他写了一封信，还带了玉环、玉碗等礼物，表示诚意。

《资治通鉴》载：**敦手书譬解，并遗玉环、玉碗以申厚意。**

"环"暗示"归还"，"碗"暗示"完整"。

就是说你暂且忍耐，荆州将来必定还你。

这是刘备借荆州在多年之后的回魂。

但周访不是甘愿忍耐的鲁肃，他"投碗于地"，曰："吾岂贾竖，可以宝悦邪！"

他将王敦的玉碗摔在地上，说我岂是小商小贩，可用一两件宝贝就收买的。

这件事让周访看清了王敦作为权臣的面目。

作为一个刚毅暴烈的人，他下定决心，要还以颜色。

《资治通鉴》载：**访在襄阳，务农训兵，阴有图敦之志。**

周访大力发展生产，积累粮草，训练士兵，有从襄阳往南攻打王敦的志向。但凡境内太守、县令有缺，周访都是自行任命，然后才汇报给南京的司马睿。

擅自任命地方官员是权臣王敦的做法，周访作为忠贞之臣，也用此下策，只能说明他已经看出司马睿无力控制王敦，准备以一己之力制衡王敦。

王敦也确实感受到了压力，因为襄阳就在荆州北部，可沿汉水往南用兵。三国时期，曹魏攻打刘备、孙权，多从襄阳南下。

《资治通鉴》说王敦"患之而不能制"。

如果照这个趋势发展，周访或许真有机会进攻王敦，即使不能取胜，也能大大削弱王敦的势力。再退一步，即使不发兵荆州，也能对王敦后背处形成牵制，拖慢王敦之乱的节奏。

《资治通鉴》也说，王敦"终访之世，未敢为逆"。

不幸的是，就在第二年，也就是太兴三年（公元320年）八月，周访死于任上。

襄阳争夺战

周访死后，梁州空缺，王敦和司马睿立马展开了对此地的争夺。

对王敦来说，拿下梁州，既能屏护荆州北部边界，又能将其与荆州、江州连成一片，对下游南京的司马睿形成压倒之势。

司马睿自然要极力避免此事。他若能安插心腹进入梁州，就能在后背处对王敦形成牵制。

但在武昌的王敦占有地利优势，更靠近梁州。在周访死讯传开后，他立马安排心腹郭舒北上襄阳，担任梁州监军。监军负责军事监察，在军队系统中仅次于都督。都督周访死后，郭舒就成为梁州事实上的最高军事长官。

这里有必要单独提一下郭舒。

郭舒祖籍河南南阳，也算荆州人士。早在王澄任荆州刺史时，就因贤能被征召为荆州别驾，相当于刺史的行政副官。后王澄激起杜弢起义，准备往东逃往南京。郭舒出身远不如王澄，但论到骨气，王澄不能望其项背。

他告诉王澄，荆州之兵，足以平叛，不必逃跑。

王澄不听，想拉郭舒一起走。

郭舒拒绝道：我作为州郡官员，不能匡正乱世，却令使君奔逃，我不忍心渡江。

王澄逃后，郭舒带领部分残兵驻扎沌（zhuàn）口，也就是现在的武汉汉阳区。这里有条东荆河汇入长江，适合屯兵防守。

这时发生了一件事，郭舒的牛被当地百姓偷去吃了。那时候战乱，百姓流离失所，食不果腹。

这件事真要上纲上线，其实很严重，因为当时郭舒的粮草已经不够了，他甚至要带人到周边湖泽里采集野生的稻子养活军队。

这个可怜人战战兢兢地来向郭舒谢罪。

出乎意料的是，郭舒没有责罚他，只说：你饿了，所以才吃我的牛，剩下的肉可以与我一起吃。

《晋书·郭舒传》还记载了这么一件事：王澄任荆州刺史期间，有个书生喝醉后惹怒了他，他让手下人棒打此人。

棒打读书人，是件很粗鲁甚至残暴的事情。郭舒呵斥王澄的手下：刺史大人喝多了才下达这么荒唐的命令，你们怎么能这么胡作非为？

王澄听后大怒，说：你发狂了吗？怎么敢骗人说我喝醉了？于是下令连郭舒一起打。

掐他的鼻子，烫他的眉头。

郭舒跪着承受，不发一言。

后王澄死，郭舒投靠王敦，依然秉性不改，因事触怒了王敦。

王敦大怒说：你怕是狂病又犯了吧？忘了当年王澄是怎么打你的吗？

郭舒正色道：古代所说的狂就是正直。从前尧立木牌让人进谏，舜设大鼓让人喊冤，这样就不会再有冤枉无辜和放纵有罪的事情了。

说完这些，郭舒还觉得不过瘾，径直问道：您能超过尧舜吗？竟然阻止我，不让我说话，您怎么跟古人相差那么远！

那时候的王敦已经拿下荆州，掌握了整个长江中游的兵权，虽然比不上尧舜，也已经有了威胁东晋王廷的兵威。郭舒依然敢仗义执言。

王敦因此敬重郭舒。

也正是他劝王敦自领荆州刺史，不要让给周访。

以今天的视角来看，郭舒这个人似乎有些矛盾。根据他之前在荆州的所作所为，似乎是个正直、刚勇的人，为何又看不出王敦野心，甚至助纣为虐呢？

原因或许有两点：

其一，魏晋时期，忠君观念并没有明清以来那么强烈，已深入官员的潜意识。当时官吏，更多是效忠自己的刺史、都督。

其二，郭舒作为荆州人，优先考虑的是荆州的安定。王敦作为军事强人，相比司马睿、周访，更有能力护卫荆州。

所以他会积极帮助王敦谋取荆州、梁州。理解了这一点，在后面看到王敦之乱能吸引那么多人的参与，我们也就不会那么吃惊了。

根据《晋书·郭舒传》记载，王敦曾表奏郭舒为梁州刺史。这事应该就发生在他令郭舒为梁州监军以后，他想乘胜追击，坐稳梁州。

但司马睿并不准备放弃梁州。

他现在不便与王敦公然对立，于是想出了一个折中方案：令湘州刺史甘卓北上，就任梁州刺史，都督汉水上游军事。

早在平定江州华轶时，司马睿就大力提拔甘卓，用其制衡江东大族周玘。现在又故技重施，用其制衡王敦。

与此同时，平定华轶、杜弢之乱时，甘卓都在王敦麾下效力，两人也算有私交。司马睿用他替代周访，王敦不至于有那么大的敌意。

这个安排还有一个妙处，甘卓此时任湘州刺史，就在王敦西侧。如果王敦明确阻止甘卓就任梁州刺史，很可能会跟他结下仇怨，引发身边兵患。

司马睿赌对了这一点。

在甘卓北上梁州后，王敦召回了郭舒，避免引发正面冲突。

郭舒南返后，司马睿征召他入京，任右丞，也就是右秘书长。这显然是要挖走王敦心腹，削其羽翼。但"敦留不遣"，没有让他走。

当然，王敦最终让出梁州，也有自己的算计：既然甘卓北上梁州，那湘州就空缺了。

他看准的正是这个机会，上书请擢升心腹沈充为湘州刺史。

沈充出身江东吴兴沈氏，也是当地大族。沈充少习兵书，以雄豪闻于乡里，后为王敦器重，引为参军，继而被任命为宣城郡太守。

宣城郡在今天安徽宣城一带，东临太湖流域，西接江州，北近长江，是长江沿岸重镇，此时正夹在王敦的江州和司马睿的扬州之间。

沈充能任此地太守，可见王敦对他器重之深。他也没有令王敦失望，后成为王敦之乱的主要策划者。

让沈充担任湘州刺史，是王敦把梁州让给司马睿的交换条件。

但司马睿不能同意。

一旦让出湘州，王敦就能把荆州、湘州、江州都连成一片，彻底掌握整个长江中游地区，还是会对下游的扬州形成压倒之势。

尤其让司马睿不敢掉以轻心的是，王敦在索要湘州的同时，还给司马睿写了一封信。而这封信让司马睿看清了王敦的"不臣"之心。

曹操式枭雄

虽皇极初建，道教方阐，惟新之美，犹有所阙。

王敦在信中这样写道。

您登基以来，树立道德教化，实行新政，但还是有做得不到位的地方。

这句话奠定了整封信兴师问罪的基调，他要追究的是司马睿登基以来任用刁协、刘隗，疏远王导的事情。

他继续写下去，旗帜鲜明地表达了自己的不满：

臣每慷慨于遐远，愧愤于门宗，是以前后表疏，何尝不寄言及此。陛下未能少垂顾盼，畅臣微怀。

朝中发生的变故让我感叹不已，觉得愧对自己的家族。我以前上奏何尝不曾提到这些事呢？但是陛下您并没有垂顾一二，让我心情稍微舒畅一些。

王敦常年驻军在外，他口中的遐远当指朝中发生的变故。他不能保护族人王导免受疏远，因此说感到羞愧、愤恨。

这些话用词强硬，已非臣子所言，因此《资治通鉴》说他"辞语怨望"。

他接着笔锋一转，回忆起了司马睿当年对他们琅琊王氏兄弟的许诺：

昔臣亲受嘉命，云："吾与卿及茂弘当管鲍之交。"臣忝外任，渐冉十载，训诱之诲，日有所忘；至于斯命，铭之于心，窃犹眷眷，谓前恩不得一朝而尽。

过去您亲口说："我与你，还有王导是管鲍之交。"后来我在外带兵，渐有十年。过去您说的很多话我都快忘了，唯有这句话，至今铭记于心，我想之前的恩情总不能一朝散尽吧？

司马睿南渡之初，形单影只。若是没有王导、王敦协助，不会有今日局面。王敦重提此事，倒不是要以情动人，真正用意是暗示司马睿：

圣恩不终，则遐迩失望。天下荒弊，人心易动。

如果陛下您的恩赏不能从一而终，那么远近的人都会失望。现在天下草创，人心易动，保不齐会发生什么事情啊。

近于威胁了。

在信的最后，王敦表达了自己的诉求：继续重用王导，维持琅琊王氏权势。所谓"**霸王之主，何尝不任贤使能，共相始终**"。

古代成就霸业的人，都能与自己的贤臣有始有终。我们何不一起继续走下去呢？

客观地说，王敦的抱怨不是毫无道理，就连朝中大臣也对司马睿疏远王导有异议。中书郎孔愉就曾向司马睿上书，说王导忠诚，有王佐之才，应该一如既往地委以重任。司马睿不听，将其贬官。

如今王敦以臣子身份，如此赤裸地以威胁语气表达不满，就让司马睿有充足的理由怀疑王敦已经不受控制，必定以下犯上。

这种担忧是完全有道理的。

《晋书·王导传》记载，早在公元 317 年，众人劝司马睿登基时，王敦就"惮帝贤明，欲更议所立"。

他想要立一个更加庸懦的皇帝，便于琅琊王氏控制。后因王导坚定拒绝，他才断了这个念头。

但他终究不是一个愿意接受别人辖治的人。根据多方面信息来看，他的野心和抱负，接近曹操。《晋书·王敦传》曾记载这样一个细节：

（王敦）每酒后辄咏魏武帝乐府歌曰："老骥伏枥，志在千里。烈士暮年，壮心不已。"以如意打唾壶为节，壶边尽缺。

每到酒酣之际，王敦都会吟咏曹操《龟虽寿》中的名句：老骥伏枥，志在千里。烈士暮年，壮心不已。

一边闭目吟唱，一边用如意轻轻敲打唾壶伴奏。时间久了，壶边都是缺口。

在上书公然表达不满这一年，王敦已经五十五岁，但他并不准备忍气吞声，以和为贵。自己征战十年，不会接受司马睿的"兔死狗烹"。遥想当年的南渡谋划，他司马睿应该对琅琊王氏感恩戴德。

年轻的时候，王敦曾被同僚评价为"蜂目已露，豺声未振"。现在他已经掌握了长江流域的主要兵权，轻轻咳嗽一声，江南之地也能感受到来自长江中游的震撼。现在是时候发出自己的声音了。

根据历史记载，王敦写完这封信后先寄给了王导。

王导看后封了起来，退回。王导是个善于忍耐的人，"善处兴废"，不认为已经到了要跟司马睿公开摊牌的时候。

但他也只是把信退给王敦，没有坚定地阻止。或许在他看来，用这封信试探一下司马睿的态度也未尝不可。

这种暧昧不明的态度，是王导一贯的风格。

王敦果然没有退步，将信送到了司马睿手中。

司马睿得信，连夜召见了宗室藩王司马承，问道：**王敦以顷年之功，位任足矣；而所求不已，言至于此，将若之何？**

王敦战功卓著，但位置也足够高了，还所求不已，应该怎么办呢？

这是一个不容易回答，也不能轻易回答的问题。无论谁帮司马睿出谋划策，就意味着彻底站到了王敦的对立面。

司马睿也清楚这一点，所以只能求助司马承这种自家人。

司马承是司马懿六弟的后人，按辈分是司马睿的族叔。史载，司马承忠厚而有志节，是司马睿可以放心信任的人。早在公元317年司马睿为晋王时，他就封其为谯王。到了公元320年，司马承又升为左将军。

司马承没有回避自己作为宗室的责任，他明确地告诉司马睿：**敦必为患。**

王敦必定成为祸患，须尽早除之。

司马睿同意这个观点，补充说：王敦谋逆之迹已经很显著了，再不阻止，我可能会落到惠帝那样被权臣左右的命运。

然后他顺势提出了自己的计划：湘州地理位置极为重要，能够连接荆州、交州、广州，我想请叔父你任湘州刺史，如何？

这是一个非常危险的使命，没有人敢轻易接下。所以司马睿才会着重渲染这个事情的重大意义，给司马承施加更大的道德压力，截断他拒绝的退路。

司马承自然明白。他也知道湘州刚经历杜弢之乱不久，物力匮乏，民生凋敝，根本无力对抗王敦的荆州、江州。

但他是一个忠厚的人，笃定地接受了这个任命。

不过在答应之前，他提出了一个条件：

若得之部，比及三年，乃可即戎。

陛下您至少要给我三年的准备时间，才能一战。不然"虽复灰身，亦无益也"。

"灰身"就是粉身碎骨，司马承在接受这个任命的时候，已经做好了必死的准备。不过他也知道，如果没有三年的筹备期，即使自己战死也无济于事。

这里值得分析的是，除了司马承之外，司马睿再无可用之将了吗？司马承之前可从来没有在战场上证明自己，如何对阵战功赫赫的王敦？

根据当时的情况来看，司马睿或许可以起用陶侃、祖逖。

祖逖自从公元313年北上收复中原以来，已经占据豫州，并把对阵后赵石勒的战线推进到河北一带。多年征战已经证明了他在调兵遣将、收拢人心方面的卓越才能，被时人称为有"赞世之才"。

但祖逖的志向从来都是收复中原，而非参与江南朝廷的内斗。当他知道王敦与刘隗、刁协的矛盾不可化解的时候，没有选择协助司马睿压制王敦，而是担心他们的内斗影响自己的北伐大业，并因此"感激发病"。

理想的不同，让他跟司马睿之间没能建立足够的信任和私人情感。当年祖逖北伐中原时，司马睿不拨兵，不给兵器，只给了一千人的粮饷。这让他意识到司马睿缺乏北伐决心，因此北上以后，但凡军事行动、人员任命，甚至和后赵石勒的外交动作，都是自作主张。比如默许辖区内百姓跟石勒的商贸往来，送回石勒方面的降将，暂时缓和双方关系。

因此在面对王敦之乱这种关乎生死存亡的大局时，司马睿并不敢放心起用祖逖。

陶侃的情形也大体相似。虽然司马睿在公元318年加陶侃为交州都督，从江州后背处掣肘王敦，但依然不愿把湘州这么核心的位置交给陶侃。

其一，司马睿之前跟陶侃并没有过亲密的合作。当年征讨华轶时，陶侃选择了中立。很难说司马睿对陶侃有多大的信任和信心。

其二，陶侃出身寒微，虽然屡建战功，仍缺乏对抗王敦的威望和号召力。

在这种情况下，他只敢任用司马承这样的宗室。

太兴三年（公元320年）十二月，司马睿下诏，"以谯王司马承为湘州刺史"。为了遮掩制衡王敦的目的，他做了一番掩耳盗铃式的解释：晋室开基，方镇之任，亲贤并用。

自从西晋开国以来，地方刺史、都督这样的方镇大员，都是宗室亲贵和贤能将才一并任用。

那他任用司马承也就无可厚非。

这恐怕只是他的一厢情愿。根据《资治通鉴》记载，这道诏令下达后，湘州长沙一个官员说了句意味深长的话：

湘州之祸，其在斯乎！

山雨欲来风满楼，局中人已经看到了大乱的征兆。

司马承前往湘州途中，经过王敦驻地武昌。他中途下船，去拜访王敦，顺便刺探虚实。

王敦心中清楚，大大方方地设宴招待，但并没有收敛自己的气焰。

在席中，他挑衅一般说道：**大王雅素佳士，恐非将帅之才。**

谯王您是个风雅之人，恐怕不能上战场吧。

司马承坦率回道：**公未见知耳，铅刀岂无一割之用！**

铅刀一割是个历史典故，东汉班超请兵讨伐西域时，说自己铅刀虽钝，但尚能一割。司马承用此典，是表明自己誓死相争的决心。

王敦并不以为然，散席之后，他对心腹说：这个时候还不知害怕，徒说大话，可见不知兵，不足为惧。

他放心大胆地让司马承前往湘州。

他不知道的是，自己犯下了谋逆之路上的一个大错。

第十六章 挥师东下，剑指南京

蜂目而豺声，忍人也

《晋书·王敦传》载，在失去湘州这个关键位置之后，王敦又给司马睿上书一封。具体内容不得而知，史书只做了总结，说他"**陈古今忠臣见疑于君，而苍蝇之人交构其间，欲以感动天子**"。

按照这个说法，他应该是陈述自己的忠心，并希望司马睿不要轻信刘隗、刁协这样的苍蝇小人。目的是感动司马睿，缓和双方矛盾。

但这个结论有些可疑。因为不仅司马睿，恐怕就连王敦本人也不会相信自己的忠诚，更不会相信司马睿会相信他的忠诚。在这种情况下，他去信应该不是为了感动天子，而是进一步震慑。

当司马睿任用司马承的时候，王敦就知道司马睿决心反抗。这并不是他希望看到的局面。王敦确有不臣之心，但若仔细分析，他真正的诉求应当是挟天子以令诸侯，而非取而代之。

王敦野心虽大，绝不是愚蠢鲁莽之人。东汉乱世以来，权臣大多谋求的是控制天子，而非改朝换代，因为皇帝有不可替代的政治合法性。董卓如此，曹操亦然，司马家开国先祖司马懿临终也没敢走出登基自立这一步。

想要真正取代司马家的统治，王敦、王导这一辈人很难完成，至少要像之前的曹氏、司马氏那样积累两三代才有一线可能。

王敦需要的是司马睿听话，继续接受琅琊王氏的幕后操纵。他希望司马睿在拿到湘州之后适可而止，不要再进一步扩大彼此的分歧。

这在他看来不是什么过分的要求，毕竟司马睿的东晋天下基本是他和自己的堂弟王导打拼出来的。现在皇帝的位置让你坐了，我们也给足了你表面上的尊敬。

还有什么不满意的呢？

但他过于低估了司马睿的自尊和野心，在这一点上，他远没有堂弟王导清醒。

司马睿不是汉献帝，更不是司马衷。

他不可能接受这样的安排。

《晋书·王敦传》记载，就在收到王敦奏表之后，"帝愈忌惮之"，走出了彻底激化双方矛盾的一步棋：

以刘隗为镇北将军，戴若思为征西将军。

镇北将军刘隗带兵驻扎淮阴，也就是今日江苏淮安，都督青州、徐州、幽州、平州四州军事，并兼任青州刺史。

征西将军戴若思镇守合肥，都督司州、豫州、并州、雍州、冀州六州诸军事，并兼任司州刺史。

这其中幽州、并州、平州、冀州、雍州等地都在后赵等少数民族政权手中，二人只是虚领。他们实际掌握的是如今淮河以南，长江以北的河南、安徽、江苏等地，几乎是司马睿在长江以北能控制的全部国土。

这两股势力对外声称向北讨伐胡人，"实御敦也"。尤其是戴若思所在的合肥有可能阻挡长江上游的兵力东下。

合肥往南穿过巢湖，即可通过著名的濡须口进入长江。这是历来北方势力南渡长江的主要渡口，当年孙策就是从此处渡江，争霸江南。后来曹操攻打江东，也是在此与孙权反复争夺。

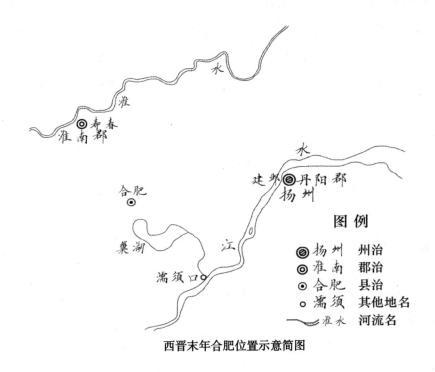

西晋末年合肥位置示意简图

如果王敦从上游武昌发兵，戴若思即可从合肥发兵南下，占据当涂县一带的长江两岸，扼住王敦东去南京的咽喉。

看到司马睿这个布局之后，王敦知道自己再无退路。一旦司马睿对长江中上游形成封锁，就会步步逆流而上，吞噬他的生存空间。

这不是王敦能够接受的事情。

《晋书·王敦传》中曾有这样一条记载：

洗马潘滔见敦而目之曰：“处仲蜂目已露，但豺声未振，若不噬人，亦当为人所噬。”

潘滔是王敦任职太子东宫时的同僚，第一次见到王敦，注意到他蜂目豺声的相貌特征，就评论说王敦这样的人，若不杀人，也必将为人所杀。

《左传》说“蜂目而豺声，忍人也”，也就是说胡蜂一样的眼睛、豺狼一样的声音，多是恶人之兆，生性残忍。上一个被视作“蜂目豺声”的人，叫秦始皇。

来年初，也就是东晋永昌元年（公元 322 年）正月十四日，王敦在武昌正式起兵，挥师东下，剑指南京。

史称“王敦之乱”。

隐秘的合谋

据说在王敦叛乱之前，他有个叫嗣祖的属下病亡。同在王敦帐下效力的郭璞前去吊唁，大哭道：嗣祖，焉知非福也！

嗣祖啊，你现在死去，何尝不是大福啊。

郭璞是风水大家，长于卜筮，据说已经提前算到王敦必反。《晋书》记载，他在吊唁现场“哭之极哀”。他的这种哀痛，想必不单是为死者，更是为即将遭遇大乱的生者痛哭。

这是一场对所有人来说都非常遗憾的战争。

他们先后躲过了八王之乱、匈奴铁骑，不远千里南渡江东。如今刚刚建立东晋，若能君臣同心，稳打稳扎地经营江东，不仅都有一个遮风避雨的立锥之地，甚至北伐中原，再度一统也未可知。

司马睿也原本有可能成为真正的中兴之主，结束东汉以来君弱臣强的局面，重振皇权，建立一个大一统的中央集权。

琅琊王氏也原本有希望基业长青，王敦、王导也有望留名青史，比肩管仲伊尹。

但王敦的兵变即将毁掉这一切。

这似乎又是无可避免的宿命，因为司马睿重振皇权的努力必然与"王与马，共天下"的欲望相冲突。

或许司马睿应该更有耐心一点，削弱琅琊王氏的动作可以再缓一点，但他曾亲眼见证了惠帝司马衷被毒死、怀帝司马炽被司马越架空，最终国破家亡。对权臣和豪门的恐惧，让他辗转难眠。

或许王敦可以再忍耐一些，姑且保持与皇室的力量均势，然后徐徐图之。但狡兔死，走狗烹，司马睿登基以来的新政让他越来越不安。权臣从来不得善终，他对此一清二楚。现在的他已经五十七岁了，而且身体患病，他想在有生之年彻底控制天子，建立琅琊王氏的绝对权威。

司马睿和王敦需要的都是时间，但时间对梦想家和野心家来说从来都是不够的，岁月总比他们想象的流逝得更快。

他们只能在复杂的环境下尽力去挣扎，最终迎来更加不测的命运。

起兵当日，王敦给司马睿上书一封，陈述了自己不得不发兵东下的理由：杀刘隗，清君侧。

他说：**自从信隗已来，刑罚不中，街谈巷议，皆云如吴之将亡。**

自从您重用刘隗以来，刑罚失当，民心沸腾，大家都觉得有如当年东吴灭亡的征兆啊。

在用如此危言耸听的语气敲打皇帝之后，他又表达了自己的期待：

陛下当全祖宗之业，存神器之重，察臣前后所启，奈何弃忽忠言，遂信奸佞，谁不痛心！

希望您"出臣表，谘之朝臣"，把我的奏表给群臣看看，听听他们的意见，想必他们都会支持我的说法。

如果您这次能听我的话，那么我立马退兵，"不至虚扰"。

当然，他也猜到司马睿不是一个会听话的人，而他等的就是对方拒绝的姿态。既然皇帝您自己不能下手，那也就怪不得我亲自发兵，清除您身边的奸臣了。

这是历来诸侯、权臣作乱惯用的手段和借口，比如著名的吴楚七国之乱就是以"诛晁错，清君侧"为理由。当年晁错也是辅助汉景帝削弱诸侯，加强皇权，与刘隗、刁协所为一般无二。

王敦在奏表中罗列了刘隗的两项罪名：

其一，王敦之前曾奏请允许荆州、江州将领将妻子接到身边，皇帝已经恩准，而刘隗从中阻挠，以致"三军之士莫不怨愤"。

其二，妄兴徭役，劳烦士民。

三国时的魏国、东吴会将出征将领的妻子、家人留在都城当作人质，以防叛变。西晋时已经废除了这一条，但王敦想要接回手下将领的妻子，有叛乱的嫌疑，所以被刘隗阻止。

王敦自然清楚其中原因，之所以在这里单独列出来，其实是为了威胁司马睿：领兵作乱不是出自我一个人的意见，我手下的将士对刘隗，还有皇帝您都很不满意。

这能为自己的兵变开脱。

真正重要的是第二条罪名。

"妄兴徭役"指的是去年司马睿组建刘隗、戴若思两个军府的时候，曾征发两万士兵转运粮草，修筑工事。

现在是大乱之世，征发徭役，原本无可厚非，但这次被征召的两万人身份特殊。

他们原本是中原人，永嘉之乱后流落江南，依附在江南大族门下为奴为客。也就是说，他们是江南大族的私人财产，原本不需要向司马睿政府缴纳税收，或者服兵役和劳役。

这才是王敦真正的狠辣之处。他知道司马睿的这个动作必然激怒江东大族，因此他奏表中的这句话其实是向江东豪族喊话。

他告诉他们，自己发兵，不为帝位，只是诛杀刘隗、刁协这样崇上抑下、侵夺豪门的奸臣。他不是乱臣贼子，而是士族豪门的守护者。

这是一个非常有效的策略。

《资治通鉴》记载，当司马睿发布征召大族门下奴客为兵时，大家都知道是尚书令刁协的主意，"由是众益怨之"。

豪门对刁协、刘隗的怨恨，不仅仅因为家族的奴客、田地被夺，更重要的是，无论南北士族，在政治上都希望与皇帝共治。这是魏晋以来的政治模式，刘隗、刁协却打击豪强，加强皇权。

在当时，不止王敦、王导，大多豪门世家都以"奸臣"看待二人。

《世说新语》记载：

有一天晚上，周顗在尚书台值班时突然大病，情况危急。当时只有尚书令刁协在身边。刁协"营救备亲好之至"，也就是极力营救。

过了很久，周颛病势缓和。第二天一早，刁协通知了周颛的弟弟周嵩。

周嵩仓皇赶来。刚进门，刁协就站起来对他大哭，诉说昨夜的危急情况。

刁协大哭，可能确实被昨晚的情况吓到了，但更重要的是表现自己对周颛的深情厚谊，拉拢两家关系。

没想到周嵩毫不领情，直接"手批之"，打了刁协一个耳光。

这实在是非常突兀的事情，为何如此呢？

周嵩没做解释。挨打的刁协也没有还手，更没有辩解，只是退到门后。

周嵩走到生病的周颛面前，也不问病情，而是指责道：**君在中朝，与和长舆齐名，那与佞人刁协有情？**

长舆是西晋名臣和峤的字，他是大名士夏侯玄的外甥，本身也是西晋名士，为晋武帝司马炎看重。

周嵩说：哥哥你在洛阳时候，好歹也是跟和峤这样的人齐名，怎么跟刁协这样的奸佞小人有交情呢？

竟然要他救治，真是有辱家门。

说完转身就走。

王敦很清楚当时士族的心态，所以在奏表中大力贬损刁协的同党刘隗，表明自己起兵只是清君侧。只要司马睿诛杀刘隗，自己立马退兵。所谓"隗首朝悬，诸军夕退"。

他的话确实取得了效果，就连刘琨的外甥温峤也说：**大将军此举似有所在，当无滥邪？**

大将军起兵恐怕只是诛杀刘隗等人，应该不会殃及无辜吧？

温峤此时是太子师傅，为司马睿看重，名动当时，如果他都有这种侥幸心态，更何况其他人呢？

当然，他们相信王敦清君侧的借口，并非只出于无知或者侥幸，而是在某种程度上对王敦之乱乐见其成，至少是保持观望。

他们清楚地知道，刁协、刘隗背后站的是皇帝司马睿。如果任由他加强皇权，打压豪门，魏晋以来的豪门共治将不复存在。他们需要王敦这样一个人敲打司马睿，扼杀新政，将局面重新拉回从前的轨道。

从这个角度来说，王敦之乱是他与当时世家大族之间的一场隐秘合谋。

一个看不清自己的人，只能任人宰割

现在我们再来看王敦的军事部署。

他起兵的地点在武昌，也就是今日湖北鄂州，位于长江南岸。向上可联通荆湘，向下可进入江州，是长江中游的枢纽位置。王敦自从讨伐江州华轶以来，就着力经营此地，至今已有十年。他曾不无得意地说道：

王处仲不来江湖，当有武昌地不？

我王敦不来荆湘，会有武昌这个地方吗？

其实早在他之前的三国时代，孙权就在此处建城，作为对抗曹操、刘备的前线基地。这进一步说明了江南政权但凡要进取荆州，或者巴蜀，都要着力经营武昌。

永昌元年（公元 322 年）正月十四，王敦大军在武昌登船，准备顺水东下。

可就在这时，一个令人吃惊的消息传来：梁州刺史甘卓派人来武昌，劝阻王敦不要东下。

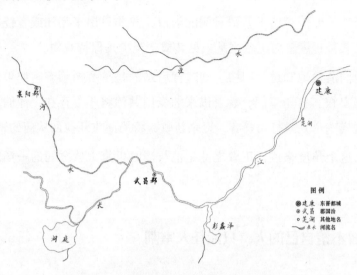

东晋初期武昌郡位置示意简图

甘卓镇守襄阳，可沿汉水南下长江，攻取武昌。若不能得到他的支持，王敦有可能陷入腹背受敌的绝境。

因此早在起兵之前，王敦就派人北上襄阳，约甘卓一起进军南京，共讨奸臣刘隗、刁协。甘卓表示同意。可此时见王敦真的起兵，他心中又燃起了作为臣子的忠诚，担心背负谋逆大罪。他按兵不动，派人南下武昌，劝王敦罢手。

但王敦不是一个犹豫不决的人，他再派人去见甘卓，许诺他一旦事成，封他公爵。甘卓又犹豫了。纵观甘卓一生，都是在义利之间反复摇摆，不善决断。

属下曾劝他说：不如表面答应王敦，等他到南京后再派兵讨伐。

甘卓回说：当年陈敏之乱，我也是先跟随他，后又反戈一击。舆论说我见风使舵，至今心中感到愧疚。如果再来一次，何以自明呢？

这就是甘卓的性格悲剧，见风使舵，还有沉重的道德包袱，不敢承认自己的欲望。每到关键时刻，他总也改不掉这个毛病。一个看不到自己本性的人，最终只能任人宰割。

在试图说服甘卓的同时，王敦也派人西去湘州，游说司马承，请他担任自己的军司。虽然司马承当初已经明确表明了必死之心，王敦依然认为可以拉拢他，或者以权势震慑他。

这是强者的傲慢。

司马承对来使苦笑道：**吾其死矣。地荒民寡，势孤援绝，将何以济！然得死忠义，夫复何求！**

湘州现在土地荒芜，百姓逃亡，势单力薄，又没有外援，我能怎么办呢？唯有一死，守住忠义。

与甘卓不同，司马承是个信念笃定的人。他知道湘州在兵源、粮草上都不能与王敦抗衡，所能仰仗的唯有人心。他新到湘州，恩信未著，于是找到长沙本地大族虞氏，希望通过他们凝聚当地人心。

族长虞悝正值母丧，仍慷慨允诺。他给司马承献计：湘州残破，无力进讨，只能收兵固守。

固守虽然不能阻止王敦东下南京，但可传檄四方，收拢勤王势力，待王敦露出破绽，再图进攻。

司马承接受了这个务实的策略。

他还派人北上襄阳，试图与甘卓结盟。如果梁州、湘州连成一片，即使不能击败王敦，至少可以拖延他东下的步伐，给南京争取更多的准备时间。

司马承使者先以大义劝说甘卓：现在正是您讨伐逆贼，辅佐王室，建立齐桓公、晋文公那样大功的时候。

甘卓被这种吹捧撩动，说：我虽然比不上齐桓晋文，但也志在殉国。

可甘卓手下马上说：如今王敦、王室两虎相争，您只用按兵不动，不管谁胜，都不得不重用您。若是王敦失败，也许他大将军的位置就是您的了。

甘卓听罢，刚才殉国的热情顿时熄灭，再度举棋不定。

一个人的到来意外地打破了僵局。

这个人叫乐道融，是王敦的参军。他原本的使命是再次说服甘卓跟随王敦一道东下。而一到襄阳，他就义正词严地告诉甘卓：您若参与谋逆，则生为逆臣，死为愚鬼，永为宗党之耻！

乐道融是南京人，愤恨于王敦作乱，史书说他"少有大志，有国士之风"。

他不仅晓以大义，还给甘卓提供了具体的操作方案：假意允诺王敦，然后派兵袭击武昌。王敦不备，必然溃散。

甘卓听后大喜，说：这就是我的本意啊。然后传檄周边将领，正式发兵讨伐王敦。

乐道融的策略跟之前甘卓部下提出的几乎一样。甘卓不听部属意见，却对乐道融的话"大然之"。究其原因，一方面乐道融是王敦的人，如果连自己人都背叛了他，那么王敦或许真没有想象的那么强大。这是甘卓的侥幸心理；另一方面恐怕就是常见的"外来和尚好念经"心理作祟，不善决断的人往往更愿意听从外面人的意见。

事情发展到这一步，王敦的局面就变得危险起来。甘卓、司马承不仅能从后方袭击武昌，还能切断他的粮草供应，阻断他的退路。若前进再不能拿下南京，则是腹背受敌，进退维谷。

遭遇这种情况，常见的方案就是暂缓东下，先平定梁州、湘州。

但王敦不是一个可以按照常理揣度的人，他清楚地知道这个方案的风险。一旦甘卓和司马承选择固守，他就会被拖入攻城战的泥淖之中，短则数月，长则数年。而谋反，最怕的就是夜长梦多，最重要的就是进军神速，快速拿下都城和皇帝。否则占据舆论主导权的皇帝得到喘息时间，征召四方将领，发起围攻，则大事去矣。就是自己阵营的将士，也可能倒戈相向。

一千多年后，朱棣谋反，从北京南下进攻南京，一开始也采取稳扎稳打策略，最后却被困在山东一带，形势危急。他后来冒险越过山东，直击都城南京。在拿下京城后，其他各地望风而降。

王敦深谙兵法、人心，坚定地选择了直接进军南京。

甘卓不是他最主要的担心对象，只要他能快速拿下南京，甘卓必定退兵。真正需要认真对待的是司马承。于是他分出两万兵力交给自己的表兄弟魏乂。

魏乂只有一个任务，将司马承死死困在长沙，阻止他攻击武昌。能攻破长沙最好，不能实现也没有太大关系，待王敦拿下南京，回头再行攻破也不迟。

安排好一切之后，王敦大军顺江东下。不到十日，就到达今日的安徽芜湖。此处在当涂县西南方，正是戴若思唯一能够抵挡王敦继续东下的地方。

可戴若思没能及时赶到。

这个时候的王敦原本应该快速通过芜湖，直接进军南京，但他却突然停了下来。在这个关键时刻停下来做什么呢？既不是整顿军备，也不是等待其他叛军，而是写信，写给司马睿。

史载，王敦上书一封，罗列刁协罪名，继续请司马睿诛杀奸臣。

这个举动有些蹊跷，王敦为何不在起兵一开始就同时罗列刘隗、刁协罪名呢？毕竟两人同属一个阵营，王敦没有必要把两人前后分开。现在却要延误宝贵的进军时间，专门来做这件事。

仔细揣摩，王敦大概有两个目的：

第一，追究刁协只是一个幌子，真正目的是继续向司马睿施压。让他杀掉刘隗、刁协，那么王敦就能不战而胜，实现重新操控司马睿的目标。或许这个时候，王敦依然担心背负乱臣贼子的骂名，将琅琊王氏推向深渊。

第二，如果不能实现第一个目的，声讨刁协就进一步证明了自己"清君侧"的忠心，为自己下一步的军事行动赢得舆论支持。

或许这也是司马睿与王敦和谈，避免大规模流血的最后机会。但司马睿退无可退，他不想重蹈惠帝司马衷的覆辙。

他下定决心，要以战争对抗战争。

他说：王敦恃宠而骄，犯上作乱，竟然把我比作太甲，是可忍孰不可忍。

太甲是商朝昏君，暴虐百姓。辅政大臣伊尹将其囚禁，待他悔过自新之后，才又迎他归位。王敦在起兵之初声讨刘隗的那封奏表中曾说：

昔太甲不能遵明汤典，颠覆厥度，幸纳伊尹之勋，殷道复昌。

王敦以名臣伊尹自居，威胁司马睿不要执迷不悟，落得太甲的结局。

司马睿不愿做任人摆布的太甲，正式下诏讨伐王敦，将他的"清君侧"定义为"谋逆"。他在诏书中明确说道：有杀敦者，封五千户侯。

与此同时征召刘隗、戴若思回援京城。

最先回到南京的是刘隗。《资治通鉴》记载，刘隗初到京城时，百官夹道迎接，视若救星。刘隗也自视甚高，"岸帻大言，意气自若"，也就是掀开头巾、露出额头，高谈阔论，意气风发。

他觉得自己拯救天下的时刻到了。

他跟刁协一道进宫，向皇帝献出了第一个计策："尽诛王氏"。也就是杀尽琅琊王氏全族。这个血腥残酷的建议，既出自两人对王氏的私仇，也是想坚定皇帝对抗到底的决心。

但司马睿比他们清醒，"不许"。

他清楚地知道，一旦诛杀王导等全族，那就与琅琊王氏彻底决裂。届时王敦进军南京，就不只是清君侧那么简单了，连他以及司马宗室全部遭遇屠戮也未可知。

《资治通鉴》记载说，刘隗"始有惧色"。

到了这个时候，刘隗、刁协才意识到司马睿并没有与琅琊王氏彻底决裂的勇气和决心。他们也通过司马睿的这个反应，真正意识到琅琊王氏的威慑力。这一战结局如何，现在还完全没法预料。

言宜慢，心宜善

当王敦不断向南京进发，而司马睿也决定以暴制暴的时候，还有一个人的处境比他们两人更加艰难，也更加微妙，那就是王导。

身在南京的王导事实上已成为人质。一旦王敦真的做出不可挽回的事情，王导及整个琅琊王氏随时可能陪葬。

这个时候的王导在想些什么呢？他对王敦之乱的真实态度又是怎样呢？

从个人感情来说，他与司马睿相处日久，比王敦对司马睿的感情更为深厚。同时王导是个可高可低的人，对司马睿登基以来的疏远，他并没有表现出非争不可的姿态。如果他站在王敦的位置，大概率不会通过兵变的方式夺回权力。

但令人遐想的是，从王敦上书公开表达不满开始，一直到王敦起兵，王导都没有做出坚决制止的姿态。以他对王敦个性的了解，原本是能预见到眼下局面的。

所以我们几乎可以相信王导对王敦的兵变至少持着默许，甚至乐见其成的态度。他与其他南北豪门一样，都希望维持一个门阀与王室共治的局面，而非皇权独大，豪门受制。王敦兵变成功，会有力地遏制这个势头。而且他相信，王敦大概率会成功。

当然，与其他豪族不同，王导希望王敦之乱能够维持在可控的程度，不致引发与王室的彻底决裂，甚至招来整个天下的反对，届时琅琊王氏将不可避免地走向覆灭。

所以对他来说，眼下最好的方式就是静观其变，待机而动。

这也是王导最擅长的应变策略。

据说琅琊王氏的先祖可以一直上溯至西汉后期的贤臣王吉，他死后留下家训，其中有六字格外意味深长：

言宜慢，心宜善。

成大事者，一言一行往往有意慢人半拍。一是能静观局势变化，等真正的机会出现后再后来居上。二是能从先说先做的失败者那里汲取教训，降低自己的试错成本。

至于"心宜善"，不能简单地解释为善良、老实，而是上善若水，以柔胜强。纵观琅琊王氏整个家族，恐怕除了王祥以外，就以王导最得其精髓。

于是王敦兵变一开始，王导就带着一家老小褪去朝服，跪在皇宫门口。日日如此，夜夜皆然，做出一副诚恳请罪的姿态。

据史载，王氏一共出动二十多人，包括中领军王邃、左卫将军王廙、侍中王侃，以及王羲之的亲叔叔王彬。

这既是请罪，也是一种微妙的示威。王导此时贵为司空，王邃的中领军、王廙的左卫将军都是宫廷禁军将领。王氏一族，在整个东晋朝廷中根深蒂固、盘根错节。试问司马睿又如何敢轻易对他们下手？

而且司马睿想要平定叛变，早晚都需要琅琊王氏来居中调停。

果然，几日之后，司马睿召王导进宫。

进入寝宫之后，王导看到司马睿光着脚坐在御床上。这是亲近的意思，表示没有把他当作外人。但王导清楚，自从王敦在武昌起兵的那一刻，他王导与司马睿就已经是君臣异利、各怀鬼胎，再难回到推心置腹的往昔岁月。当初密谋南渡的时候，当初携手共同面对江南豪族的时候，他们两人都没有预料到今天这个局面。

司马睿此时的示好让人有些心酸，王导心中恐怕也很难说没有一丝难过。

他快步走上前，叩头，说：**逆臣贼子，何代无之，不意今者近出臣族。**

逆臣贼子，哪一代没有呢？没想到今天出在臣家。

这句话有些意味深长，似乎心有愧疚，又带着一丝自我开脱。

但司马睿没有深究，他光着脚把王导扶起来，称呼他的字，说：**茂弘，方寄卿以百里之命，是何言邪？**

茂弘啊，你这是什么话，正要交给你诸侯之任呢。

就在去年，司马睿在组建刘隗、戴若思两个军镇的同时，升王导为司空，录尚书，领中书监。后两者原本就是王导官职，在司马睿制衡琅琊王氏的时候曾被夺去。司马睿给他官复原职，倒不是王导重新获得了他的信任，而是在对付王敦的时候，王导至关重要。

现在的情况同样如此，司马睿任王导为前锋大都督，对左右说：王导大义灭亲，可以把我做安东将军时候的符节给他。

拥有符节的将领在外作战，有斩杀官员大权。司马睿这是在极力表示信任。他还尤其强调给他的是安东将军时的符节，那时候司马睿镇守下邳，正是两人关系最密切的一段时光。

但这并不能抹去他让琅琊王氏自相残杀的事实，这是残忍又必须执行的一步。即使不能在军事上打败王敦，王导带领平叛大军这个事实本身，也足以让大家相信王敦的"清君侧"只是一个借口。

就连王导都公开反对王敦，大家又何必为虎作伥呢？

不过这些部署依然不足以制止王敦。司马睿甚至还派王廙前往王敦大营，劝他停手，但王敦没有听从，并将王廙留为己用。

三月，王敦大军顺着长江，浩浩荡荡地来到南京城，驻扎在西北方向的石头城外。

这是南京城的最后一道屏障。

从地理角度分析，南京没有长安、成都那样的四塞天险，主要依托的就是长江防线。为了防备北方以及上游敌军，江南政权往往在长江沿线的宜昌、江陵、夏口、武昌等中上游驻军布防。当年东吴末代皇帝不战而降，就是因为西晋从四川沿江东下，拿下了长江防线。

如今司马睿面临的情况几乎一模一样，他却不准备投降。南京城外沿长江一线还有一组群山可以组织防御，其中又以石头城也就是今日清凉山最为险峻，它西滨长江，南扼秦淮河入江口，是敌军登陆南京的主要入口。

石头城筑城起于孙权，司马睿南渡后，也着力经营此城。

面临王敦大军，司马睿原本可以把如此重要的位置交给其他人，诸如戴若思、刘隗、周顗等，但他却选择了出身江东周氏的周札。

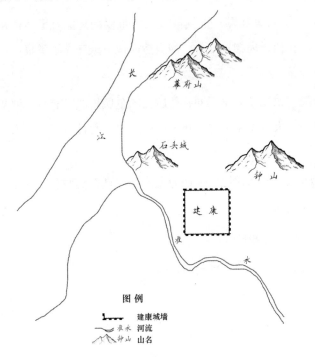

东晋初期建康位置示意简图

周玘死后，周札已经成为周氏的族长。司马睿希望通过他凝聚江东士族力量，这是对王敦离间他与江东豪门关系的反制。

还有一点也增强了他对周札的信心，那就是在周玘、周勰父子先后领兵作乱时，周札都没有参与，并举报了侄子周勰的作乱嫌疑。但司马睿明显高估了周札对他的忠诚，这一点敌人比他看得更加清楚。

当王敦准备攻城时，他最早选中的突破点并非石头城，而是它东北方向的金城。金城同样濒临长江，与石头城一同环卫南京。守将是

287

王敦的死敌刘隗。

但王敦部将杜弘却告诉他说：周札少恩，兵不为用，攻之必败。

周札不仅刻薄寡恩，士气散乱，更重要的是他对司马睿并没有多少忠诚可言。在侄子周勰之乱中，他虽然向地方太守做了举报，但随后就坐观成败，准备相机而动。

但刘隗的情况就完全不同，他所在的金城虽然没有石头城坚固，但他与王敦势同水火，无路可退，必定拼死一战，而且他麾下"死士众多，未易可克"。

王敦听从了杜弘建议，令他为先锋，攻打石头城。

札果开门纳弘。

周札果然开城投降。

恐怕就连王敦都没有想到会这么容易。

第十七章 门阀时代，政出王氏

战争的胜负，早在开战前就已决定

石头城陷落后，司马睿仍不甘心失败。他先后令刁协、刘隗、戴若思，甚至王导率兵重夺石头城，"皆大败"而归。

事情走到这一步，大局已定。

但他可能如何也想不到自己会败得如此容易，如此彻底。

他不熟悉军事，不知道战争的胜负大多时候并不决定于战场交锋的一刹那，而是早在战争开始前的部署中已经定下高低。他对周札、甘卓的重用就是最大的败笔。

《资治通鉴》载，当甘卓终于决定讨伐王敦时，得到消息的南京朝廷"皆称万岁"，司马睿迫不及待地加封甘卓为镇南大将军、侍中，并都督荆州、梁州军事。然而，甘卓大军走到一半就停了下来，观望不前。湘州司马承写信求救，说你再不来，就只能在死人堆中找到我了，但甘卓"不能从"。

司马睿不惜侵夺江东大族利益组建的两个军府也没能发挥作用。刘隗和戴若思的时间太有限了，从组建到应对王敦兵变只有半年，既不足以训练出一支能征善战的部队，也不能将合肥、淮阴打造成持久对抗王敦的基地。

司马睿唯一能依靠的，只剩下政治上的合法性和道德上的优势，但这需要足够的时间才能发挥作用，而王敦没有给他这个机会。

有意思的是，王敦打下石头城后，没有乘胜追击，直取南京城。

他再次停了下来。

这不同寻常的停顿说明王敦的心思悄悄发生了变化，事情进展的速度超乎想象，他需要想一想是否能谋取更大的可能。

他原本只是要诛杀刘隗、刁协，控制司马睿。一战下来，司马睿竟然如此不堪。何不取而代之呢？

根据《资治通鉴》记载，王敦进入石头城时，曾对豫章太守谢鲲说过这样一句意味深长的话：

吾不复得为盛德事矣！

从今以后，我再也不能做出盛德之事了。

从起兵开始，他就已经背上了乱臣贼子的罪名，怎么现在开始顾虑自己的名声了呢？

如此来看，他口中的"不复得为盛德事"恐怕指的不是起兵作乱，而是取皇帝而代之。而他之所以将这个心思透露出来，应该是为了试探周边人的态度。

聪明的谢鲲听出了他的言外之意，马上劝阻道：**何为其然也！但使自今以往，日忘日去耳。**

何至于此呢？只要就此罢手，大家都忘记从前的事情，重新开始吧。

王敦不置可否。

南京城内的司马睿可能也猜到了王敦的心思，辗转不安。他脱去战袍，换上朝服，表示要息兵谈和。他派人去石头城见王敦，说：

公若不忘本朝，于此息兵，则天下尚可共安；如其不然，朕当归琅琊以避贤路。

你若还顾怜天下百姓安危，就此息兵，咱们还是"王与马，共天下"。不然的话，我就回琅琊老家，皇帝你来当好了。

无计可施的司马睿以退为进，故意激将王敦，以天下安危的名义给他施加道德压力。

令人感叹的是，直到这个时候，他都没有杀掉刘隗、刁协。他原本可以这样做，至少能够在名义上满足王敦"清君侧"的要求，阻挡他进一步行动。当年汉景帝就杀掉了晁错。

石头城兵败后，刁协、刘隗入宫。司马睿拉着两人手，"流涕呜咽"，劝他们逃走避祸。

刁协不愿留下司马睿一人，他说：**臣当死守，不敢有二心。**

司马睿不许，坚持要他们离开南京，并给他们准备了马匹。

刘隗最终逃出江东，进入后赵，官至太子太傅。

刁协就没有那么幸运。他年老体衰，不堪骑行，还没逃出南京就被人抓住斩杀，首级被送给了王敦。《晋书·刁协传》记载，司马睿后来偷偷抓到了斩杀刁协的人并将其杀死，这是他对刁协最后的回报。

王敦对司马睿的激将没有回应，司马睿又派戴若思、周颢去见他。

王敦问戴若思：**吾今此举，天下以为何如？**

他这是在继续试探天下人的态度。

戴若思回答说：**见形者谓之逆，体诚者谓之忠。**

只看表面的人会觉得是谋反，体察您真心的人会觉得是忠义。

戴若思的这句话可能是反讽，王敦之举自然与谋反无异。另一种猜测是，这种表面上的恭维是要用天下人的态度来约束王敦：如果就此罢手，您之前的行为还可以被视作诛杀奸臣，忠心体国。再进一步，那就是谋反了。

王敦听出了背后的意思，苦笑道：你还真是会说话啊。

同样让他有所顾忌的是戴若思和周顗誓死相争的态度。

刚见面时，王敦就问戴若思：前日石头城一战，你还有余力吗？

戴若思慷慨直言：岂敢留有余力，只是力有不足。

潜台词是但凡有力，一定死战到底。

王敦又转头责备周顗：伯仁，你对不起我。

伯仁，是周顗的表字。

王敦作为谋反逆臣，周顗有啥对不起他的呢？

余嘉锡先生在《世说新语笺疏》中考证道：周顗当年为荆州刺史时，为杜弢所困，多亏王敦发兵救援。

所以王敦记下了这笔恩惠。

周顗虽然是个重情重义的性情中人，但在大义面前从不含糊。他说：你以下犯上，我带兵阻击，不能取胜，这点确实对不住你。

戴若思、周顗既是司马睿最坚定的支持者，也是当世名士，在南北士族中享有盛望。他们的态度很大程度上能够代表当时豪门。

王敦起兵之初，他们保持观望，甚至默许，是希望王敦能敲打司马睿，将局面重新带回豪门共治的局面。现在目标已经实现，自然不希望王敦再进一步。以王敦的霸道、琅琊王氏的势力，若王敦真的执掌天下，那大多豪门的命运可能更加凄惨。

王敦能够猜出他们的心思，如果自己执意篡逆，很可能遭到其他家族的联合抵制，不得不慎重。

还有更为关键的一点：他没有得到王导的支持。

拿下石头城后，王敦曾跟王导委婉地提出了这个想法。王导没有听从。

为了说服王导，王敦甚至提到了当初劝进司马睿时的旧事。那时候王敦"惮帝贤明，欲更议所立"，王导固争不许。

他说：**不从吾言，几致覆族。**

当初不听我的话，差点导致家族覆灭。现在应该吸取教训了。

但真正该吸取教训的是王敦。

若论到对大局的洞察，王导总是比王敦更加清醒。这次行动到这里就可以了，再进一步，琅琊王氏可能就真的万劫不复了。

《晋书·王导传》记载，王导"犹执正议，敦无以能夺"。

见王导如此坚决，王敦终于遏制住了自己的野心。他不再想取代司马睿，重新回到了原来的战略目标：控制朝廷，与皇帝共治天下。

为了实现这一点，他必须剪除司马睿的羽翼，加强自己对朝廷的全面掌控。

他首先想到的是废掉当朝太子司马绍。

《资治通鉴》记载：**敦以太子有勇略，为朝野所向，欲诬以不孝而废之。**

前几日石头城之战，刁协、刘隗、王导等先后兵败。太子司马绍听说后，带着东宫将士驾车出击，想要决一死战。太子老师温峤劝阻，太子不从。直到温峤用剑斩断缰绳，并以天下安危相劝阻，司马绍才止兵回宫。

这时候的司马绍才二十三岁，稚嫩，冲动，血气方刚，但已露出雄武气象。王敦不得不防。

当初他阻止司马睿登基，也是怕他明睿难治。

他安给司马绍的罪名是不孝。司马氏以孝治天下，而司马睿多次想废掉司马绍，所以王敦找到这个借口。

他大会百官，质问太子老师温峤，声色俱厉，说：皇太子以何德称？

他无德不孝，怎么配得上太子之位？

温峤没有退步，说：太子敏锐洞察，远见卓识，不是一般人能了解的。至于孝，也完全符合礼仪要求。

群臣都以为信然，王敦只好作罢。

我不杀伯仁，伯仁由我而死

在废太子这件事上的失败并没有阻止王敦继续削弱司马睿的权势，他转而把目光投向了戴若思、周颚。在刘隗逃亡、刁协已死的情况下，他们二人已经成为司马睿的左膀右臂。前日石头城的对话还历历在目，他不能留此大患。

这件事很重要，他需要先找王导商量一下。

他试探道：周、戴二人为南北士族代表，应该给他们三公之位吧？

王导不答。显然是不认可这个方案。

王敦再问：不给三公，至少是尚书令或者尚书仆射吧？

王导还是不答。

王敦明白了他的意思，最后问道：这些都不行，恐怕就只能杀掉了吧？

王导"又不答"。这次已经是默许了。

谢鲲很快知道了王敦的心思，劝阻道：您此次起兵虽说是为了江山社稷，但天下仍有议论。如果您能重用戴若思、周顗，大家才会相信您的真心。

王敦被他的道德胁迫激怒，呵斥道：你这个人真是没见识。

他手下的参军也劝说道：奈何屠戮名士？并引用《诗经》"济济多士，文王以宁"之句告诉王敦，要收揽人才，重建太平。

王敦怒气更甚，欲斩之，幸亏谢鲲求情，才贬职了事。

戴若思、周顗就这样被抓了起来，拉往刑场砍头。

其实周顗原本有机会逃走。

《晋阳秋》载：王敦既下，六军败绩。顗长史郝嘏及左右文武劝顗避难。

王敦在南京打败司马睿的军队时，周顗幕僚劝他逃走，就像刘隗一样逃到北方胡族那里去。

周顗严词拒绝了，说：岂可草间求活，投身胡虏邪？

他就这样被抓了起来。

经过太庙时，周顗朗声道：贼臣王敦，倾覆社稷，枉杀忠臣；神祇有灵，当速杀之！

军士用戟捣他的嘴。血流了出来，顺着身体一直流到脚后跟上，周顗神色不变，观者为之流涕。

不久之后，王导整理宫中奏表时，突然看到了周顗之前上书为他求情的表文。那时候的他带着一家老小跪在宫门口请罪，正遇上周顗进宫面圣。

王导急忙大喊道：伯仁啊，我们一家百口的性命都靠你了。

周顗没有看他一眼，径直入宫。

稍后周顗大醉出宫。王导还跪在门外，又喊他。

周顗还是不跟他说话，只醉醺醺地跟周围人说道：今年杀了诸贼，换斗大一个金印。

王导因此恨他入骨，在王敦想要杀他的时候没有出言制止。

两人曾是至交好友，能够酒后相枕、嬉闹取笑。

越是如此，在关键时刻被抛弃的王导越是恨他。

但他完全误会了周顗，他当初虽然没有回应王导，但进宫后"言导忠诚，申救甚至"，出宫后虽然酒后胡言，但回到家后又给司马睿上表，申诉王导无罪，"言甚切至"。

王导看到的就是这封奏表，终于了解了周顗的真心。

王导执表大哭，说：**吾虽不杀伯仁，伯仁由我而死。幽冥之中，负此良友。**

周顗是个很奇怪的人，好酒如命，且酒后行事荒唐，为官也不称职。待人却至情至性，在大义面前从不退让，甚至以命相祭。这或许就是两晋的名士之风。

反观王导，政治能力和手腕都远远高过周顗，若论私情，则远不如周顗真诚。对方能相信他的忠心，他却不相信好友会在关键时刻救自己。恐怕这也是他能成为政治强人的原因吧。

处柔守慈，守慈曰强

杀掉周顗、戴若思后，王敦又改任百官。宗室司马羕改为太宰，虽是八公之首的至高位置，但有名无实。

真正的实权都归入琅琊王氏囊中：

王导任尚书令，总领政事；

王廙任荆州刺史；

王邃任青州、徐州、幽州、平州四州都督；

王含都督汉水以南诸军事；

王谅任交州刺史；

王敦自己还领宁州、益州都督。

东晋天下，尽归王氏之门。

司马睿原本还想任陶侃为湘州刺史，做最后的挣扎。但王敦不许，令陶侃仍回广州，给他加了散骑常侍的虚衔当作安抚。

做完这一切之后，王敦率兵回到了武昌。《资治通鉴》说他"竟不朝而去"，竟然没有入宫觐见，实属大不敬。但打败了皇帝的王敦，又怎么会在乎这些呢？

武昌才是他的根据地，他完全可以遥控南京朝廷。同时他还要回去处理甘卓、司马承等后患。

拿下南京不久，他就派人去见甘卓，令其罢兵。当时甘卓驻军猪口，也即今日湖北仙桃，距武昌不远。听说南京沦陷，甘卓流泪道：我之前担忧的正是这样的局面啊，现在我若再进军武昌，王敦一定狗急跳墙，杀死天子，以绝后患。我们不如回襄阳老家，在上游震慑王敦。

乐道融不认为已经到了山穷水尽的地步，他劝说道：如果我们进军彭泽，就能从中截断王敦大军，令其首尾不能相顾。

这是个很好的策略。彭泽位于江州东北方向，在武昌与南京中间，一旦甘卓占据此地，就能将王敦兵马斩为两截，先截断粮草，再各个击破。即使不能大败之，也能令王敦元气大伤，其他勤王势力可趁势集结，或许真有一线生机。

但甘卓不从。

乐道融昼夜泣谏，甘卓依然不听，坚决退兵，乐道融"忧愤而死"。

即使如此，王敦也没准备放过甘卓。这样首鼠两端的人，留着早晚成为祸患。返回襄阳不久，王敦就派人将其杀死。

接替甘卓镇守汉水中游的是周抚，他是原梁州刺史周访的儿子。不知道周访在九泉之下，见儿子为虎作伥，是何感受。

接下去就是处理司马承。

拿下南京后，王敦曾派人把这个消息用箭射入长沙城中，试图瓦解敌人军心。但司马承不是甘卓，他又坚持了百日之久，直到城破被擒。

史载，城破之时，长沙大族族长虞悝，也就是本次长沙保卫者的主要守将被擒将死，族人子弟对之哀号。虞悝慨然道：**人生会当有死，今阖门为忠义之鬼，亦复何恨？**

随后坦然赴死。

司马承则被收入囚车，送往武昌。他的属下大多逃亡，唯有桓雄、韩阶、武延三人脱掉官服，跟随在囚车之后，不离半步。

王敦表弟魏乂见桓雄举止雄武，将其杀死。

韩阶、武延继续跟随。

走到一半，王敦担心夜长梦多，又派堂弟王廙将司马承杀死。韩阶、武延依然没有放弃，他们继续将司马承灵柩送回南京，"葬之"，才最终离开。

永昌元年（公元 322 年）的闰十一月十日，武昌的王敦收到了另一个好消息，皇帝司马睿忧愤成疾，"崩"！看来这一年是王敦和琅琊王氏的大获全胜之年。

298

司马睿死后，《资治通鉴》对他有这样一段评价：**恭俭有余而明断不足，故大业未复而祸乱内兴**。大意是责备他过于软懦而没能控制王敦。

这个评价实在过于残忍。

司马睿承八王之乱、永嘉之祸，在江东忍辱负重，以退为进，才有东晋开国。他还未登基时就已预见王敦之祸，不可谓不"明"；登基伊始就实行新政，紧锣密鼓地布防琅琊王氏，不可谓不果断。

何来"明断不足"一说呢？

大概是司马光等人不乐见王敦以下犯上，动摇皇权，才有意贬低司马睿。实际上，相比司马越、司马冏等司马宗室，司马睿既长于隐忍，又刚断不屈，是司马家唯一可能重振皇权的人选。

在开创天下的过程中，他既能清楚地看见自己的弱势，又能敏锐地洞察王敦、王导的实力，于是隐忍地退居幕后，将权柄交给他们。

他不是没有野心，没有彰显自己的欲望，但是他足够清醒、足够克制。他知道真正重要的是能够在乱世中开创一份基业，这个目标在他心中始终不曾动摇。为此他可以忍受王敦的霸道，江东大族的轻蔑。古语说国君含垢，贵知时也。司马睿做到了这一点。

他躲开万众瞩目的视线，不动声色地筹划，在阴影中默默地积蓄力量。

他或许不该那么早就跟王敦、王导摊牌。他隐忍的本事，终究还是不如先祖司马懿。

但客观地说，司马懿面对的是自大的曹爽，是幼弱的曹魏皇帝，以他之雄才，自信能够从容应对。毕竟人为鱼肉，我为刀俎，等一等又何妨呢？

司马睿则不同，他遇到的王敦、王导，一个顾盼自雄、掌握三军、一个长袖善舞、深沉如渊。在风雨同舟的这么多年，他得益于二人的实力与手段。但与此同时，王氏兄弟每赢一次，他的心中就多积攒一分恐惧。再等下去，他终将成为琅琊王氏的笼中鸟。这是他不能接受的事情。

他从公元 307 年南渡江东，经营十年，方才登基。君临天下不到四年，就被曾经一手支撑他的琅琊王氏推翻。创业未半而中道崩殂，没有人能够想象司马睿临死之际的真实心境。

让他的死亡变得更加苦涩的是，他临死之前，依然不得不下诏让王导辅佐新帝。因为也唯有王导，才有能力协调王敦与新天子之间的关系。

那么此刻的王导心中有何感受呢？

《晋书·王导传》中留下这样一条线索：

自汉魏以来，群臣不拜山陵。导以元帝睠同布衣，匪惟君臣而已，每一崇进，皆就拜，不胜哀戚。

汉魏以来，大臣不再去皇帝的寝陵跪拜。但王导每次封官加爵后，还是忍不住去司马睿的皇陵磕头，神情哀痛。

他觉得自己跟司马睿不只是朝堂上的君臣关系，而是像民间的那些患难之交一样，相互挂念。"睠"（juàn）者，顾念之意也。

或许每次看到司马睿皇陵的那一刻，他都会想起当初在下邳的共事岁月。那时候的两人还都势单力孤，在危机重重的环境中相互支撑，彼此鼓励。这份真挚的情感让他俩有信心一同冒险南渡，在更加不确定的江南一起面对虎视眈眈的江东豪族。

困境和危险让他们相互依靠得更加紧密，凡是王导提出的策略，司马睿无不遵从。终于，他们从荆棘丛中爬了出来，开创了一份辉煌的、可延续百年的事业。

那是多么好的一段时光啊。

不过，他对司马睿的情感也只能到这里为止了，两人的深情厚谊并不足以阻止王导对王敦之乱的默许，甚至是支持。

权力的游戏从来都是这么残酷。

处柔守慈，守慈曰强。

这是王导一以贯之的风格。

或许从王敦起兵的那一刻起，他就已经预料到眼下的局面。他知道不管如何，最后都会是他来收拾局面。

于是，琅琊王氏大获全胜。他们当年的南渡之谋成功了，他们南渡之后的苦心经营，转战南北的功勋，也得到了最大程度的回馈。在这一刻，王敦、王导兄弟或许会想起当初在下邳城密谋时的焦虑、不安、恐惧。但一切都得到了回报，他们掌握了天下，琅琊王氏成为顶级门阀。

《资治通鉴》载，此时的东晋一朝，将相藩镇，尽出王氏门下。

至此，通过这场战争，门阀制度正式拉开序幕，琅琊王氏这样的豪门开始持久、稳定地控制朝政。高坐御榻的皇帝，大多时候只是配合大族演戏的傀儡。

在此之前的历史中，也偶有权臣出现，比如两汉时期的霍光、窦宪，他们与自己的家族一度威凌皇权、执掌天下。但这多是源于权臣的个人能力以及特殊机遇，比如他们多出自外戚、宦官，也就是皇权的衍生力量。他们的统治是暂时性的，既得不到官僚集团的认可，也没法在制度层面寻求合法的支持，早晚都将还权于帝室。

王敦、王导兄弟开创的门阀制度则迥然不同。上到司马睿，下到百官臣僚，恐怕都不得不承认两人不可替代的开创之功。

化用王敦的那句名言，就是：

王敦、王导不来江东，当有东晋地不？

那么江山由琅琊王氏和司马王室共同治理，也就无可厚非了。

在琅琊王氏之后，颍川庾氏、龙亢桓氏、陈郡谢氏相继崛起，接管天下，将门阀制度确立下来，将原来的君主专制变革为几大家族的寡头政治。这一传统将延续百年，直至东晋覆灭。

从这个角度来看，当初跟随王导一起南下的司马睿似乎只是一个工具，一个被琅琊王氏用来收服江东、稳定人心的傀儡。他们才是真正的幕后操纵者，是整个计划的设计者，以及秩序的塑造者，也是最后的受益人。

当然，我们不能说在王导等人提出南渡计划的开始，就有了这样叵测的心思。只是在后来的历史发展中，一切都不可避免地滑向了这样的结局。

但是，那么多的流血，那么多的仇恨，又怎么会因为王敦的退兵而就此烟消云散呢？

愤怒和屈辱正在暗处燃烧，复仇的种子正在悄然萌芽：

新登基的皇帝司马绍虽然年轻，却誓死复仇；

颍川的庾亮，刚刚以外戚的身份进入权力中枢；

王羲之未来的岳父郗鉴也被征召入朝，他是未来的北府军奠基人，东晋王朝的柱石；

远在广州的陶侃也蓄势待发。

针对琅琊王氏的力量正在集结，新一轮风暴即将在东晋王朝的中心卷土重来。

后记：门阀时代的风流与黑暗

我最早想写门阀这个题材，是看到两个很有意思的故事。

第一个故事出自《世说新语》：

谢公与人围棋，俄而谢玄淮上信至。看书竟，默然无言，徐向局。客问淮上利害。答曰："小儿辈大破贼。"意色举止，不异于常。

谢安跟客人下棋的时候，突然收到了一封加急信，看完之后就淡淡地放在一边，继续回到棋局。

客人见他什么都没说，忍不住开口问道：淮水那边的事情怎么样了？

客人忍不住是有道理的，因为写信的人叫谢玄。

他不只是谢安的侄子，还是东晋的建武将军，此时正领兵与前秦苻坚的百万之师大战于淮水一线。这就是后来名垂青史的淝水之战，将直接关乎东晋的国运存亡。

在前线领兵的是谢玄，但战争的整体谋划、排兵布局都是谢安一手操办。若说现在东晋天下有谁最关心战局胜负，也非他莫属。

现在谢玄写信来，一定是战局有了结果。但他看了信，神色却没有任何变化，"意色举止，不异于常"。

直到客人追问，他才风轻云淡地说了一句：

小儿辈大破贼归矣。

孩子们赢了，已经在回来的路上了。

在这样一件事情上如此举重若轻，谢安气度之恢宏潇洒，可以想见。这个故事被隆重地放在《世说新语·雅量》篇，以彰显谢安气量宽宏，喜怒忧惧不形于色。

另一个故事也源自《世说新语》，那就是王导杀王澄，我们在本书第八章已经讲过。琅琊王氏的王澄从荆州南下江州，去今天的南昌见同族兄弟王敦，却被他派人掐死。

因为具体动手杀人的是王敦，所以很多人都认为他是主谋，并将杀人动机解释为嫉妒。其实大家都想错了，真正的幕后主使是王导。

王导杀人，自然也不是出于嫉妒，而是因为经过他和王敦艰辛耕耘，江东的事业刚刚有起色。王澄名气、官职都在两人之上，却志大才疏，对琅琊王氏整个家族以及江左局面，都是隐患。

所以王导给王敦写信，偷偷告诉他：

不可复使羌人（指王澄）东行。

不要让他再来南京了。

这个故事有意思的地方在于，这件事似乎完全不符合王导的行事风格。历史记载中的王导克制谦退、风度悠然，大多时候都是一副笑而不语的姿态。即使不喜欢自己的政敌，比如庾亮，也只是拿扇子掩住自己的口鼻，含蓄隽永地说一句"元规尘污人"。庾亮那边的灰尘真大啊。

但杀王澄这件事大概率是王导主导的，从他杀伯仁这件事上也能找到佐证。他平时虽然不大臧否人物，不显山露水，但每到关键时刻，心机之深沉、残酷，下手之果断、狠辣，又在所有人之上。

谢安、王导是门阀时代最具代表性的人物，正好代表了两种截然不同的风格。前者风流潇洒，后者深沉暗黑。这似乎也正是魏晋时代给人留下的印象，华丽而黑暗。

这看起来有些自相矛盾，其实两者本来就水乳交融。王导、谢安两人的形象也是如此。王导有阴沉暗黑的一面，大多时候却是旷达超脱，闲庭信步。谢安是风流宰相，心机却同样深不可测。

第一个故事其实在《晋书》中还有个后续：

既罢，还内，过户限，心喜甚，不觉屐齿之折。

就是说客人走后，谢安回到屋子，心中的狂喜终于释放出来，走路都是跳着的，以至于脚上木屐的木齿撞在门槛上折断了，还浑然不觉。

《晋书》最后评价道：**其矫情镇物如此。**

也就是有意控制自己的情绪，不让他人猜度。

越是让人无法猜度，也就越令人遐想，用今天通俗的话来讲，也是一种"饥饿营销"。

当时人视谢安为宰辅之选，说"安石不肯出，将如苍生何"，这与谢安的矫情镇物不能说没有关系。

我讲这两个人的故事，是想说明，历史真正吸引我的是人的复杂性，更具体地说，是人在复杂境遇中的应对，以及命运流转。

很多人研究历史，读历史，是在寻找规律、真相。

但这不是我的目标，至少目前不是。

研究魏晋南北朝的史学大家不可胜数，陈寅恪先生、唐长孺先生、周一良先生、田余庆先生等。在这些人面前，没人轻易敢说自己也在研究规律、真相。我非科班出身，积累也非常有限，就更不敢有这个奢望。

更重要的原因，"真相"是一个很暧昧的词，尤其是对历史来说。不管是材料限制，还是学识局限，有时真的很难说清一个人到底是好是坏，是黑是白，或者说一个王朝的覆灭到底是不是源自某个非常具体的原因。

历史更多是一个复杂的、近乎不可捉摸的过程。

我想写的文本，不是一件事的结局到底怎样，而是它如何从开始走到了结局的这个过程。写人的重点也在他跟自己的环境是怎么互动的，怎么被塑造，又如何去反作用于环境。这个过程是非常迷人的。

北大历史系教授赵冬梅有这样一句话：

我认为历史学者能够提供给大家的就是有关过程的复杂故事。

我虽然不是学者，但于此深以为然。写作也是朝着这个方向在努力。

《门阀》会是一个漫长的、复杂的故事，记录了琅琊王氏、颍川庾氏、龙亢桓氏、陈郡谢氏等几大家族的百年博弈。

现在大家看到的是第一部，从南渡江东写到了王敦的第一次兵变。琅琊王氏就此掌握了东晋的朝政，开创了门阀与皇权共治的模式。接下去，他们将遭遇其他几大家族的挑战，故事也就更加复杂、迷人。

很多人看故事喜欢赶快跳到结局，但我觉得正像历史本身一样，过程永远比结局精彩，更有味道。愿你阅读愉快，享受这个过程。

南朝

2023 年 2 月 15 日

附录 参考书目

1. 顾祖禹：《读史方舆纪要》，北京，中华书局，2005

2. 宋杰：《中国古代战争的地理枢纽》，北京，中国社会科学出版社，2009

3. 宋杰：《三国兵争要地与攻守战略研究》，北京，中华书局，2020

4. 谭其骧：《中国历史地图集》，北京，中国地图出版社，1996

5. 史念海：《中国的河山》，陕西，陕西师范大学出版总社，2022

6. 吕宗力：《中国历代官制大辞典》，北京，商务印书馆，2015

7. 田余庆：《东晋门阀政治》，北京，北京大学出版社，2012

8. 王心扬：《东晋士族的双重政治性格》，北京，中华书局，2021

9. 唐长孺：《三至六世纪江南大土地所有制的发展》，上海，上海人民出版社，1957

10. 唐长孺：《魏晋南北朝史论拾遗》，北京，中华书局，1983

11. 宫崎市定：《九品官人法研究》，河南，大象出版社，2020

12. 杨筠如：《九品中正与六朝门阀》，上海，上海人民出版社，2020

13. 阎步克：《波峰与波谷》，北京，北京大学出版社，2017

14. 阎步克：《察举制度变迁史稿》，北京，北京师范大学出版社，2021

15. 陈寅恪：《隋唐制度渊源略论稿 唐代政治史论述稿》，北京，商务印书馆，2011

16. 陈寅恪：《陈寅恪魏晋南北朝史讲演录》，天津，天津人民出版社，2017

17. 司马光：《资治通鉴》，北京，中华书局，2011

18. 房玄龄：《晋书》，北京，中华书局，1996

19. 孔祥军：《晋书地理志校注》，北京，新世界出版社，2012

20. 严可均：《全晋文》，北京，商务印书馆，1999

21. 沈约：《宋书》，北京，中华书局，1974

22. 魏徵：《隋书》，北京，中华书局，1997

23. 刘义庆著，刘孝标注，徐传武校点：《世说新语》，上海，上海古籍出版社，2013

24. 习凿齿著，柯美成汇校通释：《汉晋春秋通释》，上海，人民出版社，2015

25. 陈运溶：《麓山精舍丛书》，湖南，岳麓书社，2008

26. 余英时：《士与中国文化》，上海，上海人民出版社，2013

27. 刘淑芬：《六朝的城市与社会》，江苏，南京大学出版社，2021

28. 吕思勉：《两晋南北朝史》，上海，上海古籍出版社，2005

29. 王仲荦：《魏晋南北朝史》，上海，上海人民出版社，2020

30. 川胜义雄：《魏晋南北朝》，北京，九州出版社，2022

31. 川胜义雄：《六朝贵族制社会研究》，上海，上海古籍出版社，2008

32. 唐翼明：《中华的另一种可能：魏晋风流》，北京，民主与建设出版社，2014

33. 唐翼明：《魏晋清谈》，北京，天地出版社，2018

34. 罗宗强：《玄学与魏晋士人心态》，北京，中华书局，2019

35. 叶嘉莹：《叶嘉莹说汉魏六朝诗》，北京，中华书局，2018

36. 何兹全：《读史集》，上海，上海人民出版社，1982